Kohlhammer

Inklusion in Schule und Gesellschaft

Herausgegeben von
Erhard Fischer, Ulrich Heimlich
Joachim Kahlert und Reinhard Lelgemann

Band 3

Horst Biermann (Hrsg.)

Inklusion im Beruf

Verlag W. Kohlhammer

Dieses Werk einschließlich aller seiner Teile ist urheberrechtlich geschützt. Jede Verwendung außerhalb der engen Grenzen des Urheberrechts ist ohne Zustimmung des Verlags unzulässig und strafbar. Das gilt insbesondere für Vervielfältigungen, Übersetzungen, Mikroverfilmungen und für die Einspeicherung und Verarbeitung in elektronischen Systemen.

1. Auflage 2015

Alle Rechte vorbehalten
Gesamtherstellung: W. Kohlhammer GmbH, Stuttgart

Print:
ISBN 978-3-17-025211-0

E-Book-Formate:
pdf: ISBN 978-3-17-025212-7
epub: ISBN 978-3-17-025213-4
mobi: ISBN 978-3-17-025214-1

Für den Inhalt abgedruckter oder verlinkter Websites ist ausschließlich der jeweilige Betreiber verantwortlich. Die W. Kohlhammer GmbH hat keinen Einfluss auf die verknüpften Seiten und übernimmt hierfür keinerlei Haftung.

Vorwort der Reihenherausgeber

Vor dem Hintergrund der UN-Behindertenrechtskonvention, die seit 2009 für Deutschland verbindlich gilt, entwickelt sich die Idee der Inklusion zu einem neuen Leitbild in der Behindertenhilfe. Sowohl in der Schule als auch in anderen gesellschaftlichen Bereichen sollen Menschen mit Behinderung von vornherein in selbstbestimmter Weise teilhaben können. Inklusion in Schule und Gesellschaft erfordert einen gesamtgesellschaftlichen Reformprozess, der sowohl auf die Umgestaltung des Schulsystems als auch auf weitreichende Entwicklungen im Gemeinwesen abzielt. Der Ausgangspunkt dieser Entwicklung wird in Deutschland durch ein differenziertes Bildungssystem und eine stark ausgeprägte spezialisierte sonderpädagogische Fachlichkeit bezogen auf unterschiedliche Förderschwerpunkte bestimmt. Vor diesem Hintergrund soll die Buchreihe »Inklusion in Schule und Gesellschaft« Wege zur selbstbestimmten Teilhabe von Menschen mit Behinderung in den verschiedenen pädagogischen Arbeitsfeldern von der Schule über den Beruf bis hinein in das Gemeinwesen und bezogen auf die unterschiedlichen sonderpädagogischen Förderschwerpunkte aufzeigen. Der Schwerpunkt liegt dabei im schulischen Bereich. Jeder Band enthält sowohl historische und empirische als auch organisatorische und didaktisch-methodische sowie praxisbezogene Aspekte bezogen auf das jeweilige spezifische Aufgabenfeld der Inklusion. Ein übergreifender Band wird Ansätze einer interdisziplinären Grundlegung des neuen bildungs- und sozialpolitischen Leitbildes der Inklusion umfassen.

Die Reihe wird die folgenden Einzelbände umfassen:
Band 1: Inklusion in der Primarstufe
Band 2: Inklusion im Sekundarbereich
Band 3: Inklusion im Beruf
Band 4: Inklusion im Gemeinwesen
Band 5: Inklusion im Förderschwerpunkt emotionale und soziale Entwicklung
Band 6: Inklusion im Förderschwerpunkt geistige Entwicklung
Band 7: Inklusion im Förderschwerpunkt Hören
Band 8: Inklusion im Förderschwerpunkt körperliche und motorische Entwicklung
Band 9: Inklusion im Förderschwerpunkt Lernen

Vorwort der Reihenherausgeber

Band 10: Inklusion im Förderschwerpunkt Sehen
Band 11: Inklusion im Förderschwerpunkt Sprache
Band 12: Inklusive Bildung – interdisziplinäre Zugänge

Die Herausgeber
Erhard Fischer
Ulrich Heimlich
Joachim Kahlert
Reinhard Lelgemann

Inhaltsverzeichnis

Einleitung 12

Horst Biermann

Berufliche Teilhabe – Anspruch und Realität 17

Horst Biermann

1	Internationale und nationale Entwicklungen	17
1.1	Internationale Aspekte	18
	UNESCO-Salamanca-Erklärung	18
	International Classification of Functioning and Health	18
	UN-Behindertenrechtskonvention	19
	Europäische Initiativen	20
1.2	Nationale Aspekte	21
	Der lange Weg zum Sozialgesetzbuch	21
	Aktuelle Implementierung des Inklusionsgebots	25
2	Segmentierte Ausbildungs- und Arbeitsmärkte	28
2.1	Der deutsche Sonderweg in der beruflichen Bildung	28
	Heterogenität als systemstiftendes Prinzip Beruflicher Bildung	28
	Modernisierung der Berufsausbildung	30
	Ökonomisierung des Ausbildungsangebots	31
	Funktionswandel des Berufsbildungssystems	33
2.2	Vom Facharbeitsmarkt zu segmentierten Arbeitsmärkten	35
	Wirtschaftswandel	35
	Wandel Qualifikationsstruktur	36
3	Inklusion in Arbeit und Beschäftigung – Vision vs. Ideologiekritik	38
3.1	Die Vision von Inklusion in Arbeit und Beschäftigung	38
3.2	Begrenztheit der Kategorie Inklusion für Ausbildung und Arbeit	39
	Normative Positionen	40
	Indices als behavioristisches Konzept	41

	Reproduktion sozialer Ungleichheit als sozialwissenschaftliches Konzept	43
3.3	Ideologisierung des Inklusionsprozesses	44
	Perspektive inklusive Arbeitswelt	50
	Literatur	51

Berufsbezogene Lehr- und Lernprozesse unter Inklusionsanspruch — 57

Richard Huisinga

1	Das gesellschaftliche Transformationsgefüge – Freisetzungen	57
2	Kategoriale Rückbezüge	64
2.1	Inklusion – eine sozialwissenschaftliche Interpretation	64
2.2	Beruf – zu seiner Entzauberung	66
2.3	Migration, Diversität, Heterogenität – pädagogisch hilfreiche Kategorien?	71
2.4	Übergang – eine Münze als Bezahlung für den Fährmann?	75
3	Klassische Konzepte: Kompensatorik und Prophylaxe	77
3.1	Das Grundproblem	77
3.2	Erscheinungsformen des Prinzips Kompensatorik im Übergangssystem unter dem Gesichtspunkt ihres fördernden Gedankens	81
3.2.1	Sozialpädagogisch orientierter Ansatz	81
3.2.2	Entwicklungsaufgaben nach Havighurst	84
3.2.3	Entwicklung nach Wygotski: Die Zone der nächsten Entwicklung	85
3.2.4	Biographischer Ansatz	86
3.3	Konzepte des Förderns in Schule und Ausbildung	87
3.3.1	Theorien zur kognitiven Entwicklung im Überblick	87
3.3.2	Theorien der sozial-emotionalen Entwicklung im Überblick	92
4	Subjektentwicklung ohne Arbeit – eine Chance?	98
5	Empfehlungen zur Sicherung von Lehr- und Lernprozessen mit Ausbildungsbezug unter Inklusionsanspruch	100
	Literatur	110

Universelles Design des Lernens und Arbeitens — 118

Christian Bühler

1	Universelles Design in der UN-BRK	118
1.1	Inklusion und Universelles Design	118
1.2	Definition des Universellen Designs	119
1.3	Anwendungsbereiche	120
2	Prinzipien des Universellen Designs	121
3	Verwandte Designkonzepte	126
4	Universelles Design des Lernens	127
5	Universelles Design am Arbeitsplatz (Beispiel Computer und Software)	129
5.1	Räumliche und organisatorische Aspekte	129
5.2	Universal Design und Computer	129
6	Managementaspekte	135
	Literatur	136

Ziele, Prozesse und Strukturen beruflicher Rehabilitation – Situationsaufriss und Perspektivbetrachtung — 139

Wolfgang Seyd

1	Einführung und Überblick über das System beruflicher Rehabilitation	139
2	Der gesellschaftliche Umgang mit behinderten Menschen sowie ihrer allgemeinen und beruflichen Bildung im geschichtlichen Rückblick	143
3	Auftrag und Kontrolle beruflicher Rehabilitation	147
4	Struktur und Situation der Spezialeinrichtungen und ihres Teilnehmerkreises	148
4.1	Berufsbildungswerke (BBW)	148
4.2	Berufsförderungswerke (BFW)	150
4.3	Werkstätten für behinderte Menschen (WfbM)	151
4.4	Kliniken zur medizinisch-beruflichen Rehabilitation (mbR)	152
4.5	Berufliche Trainingszentren psychisch behinderter Menschen (Btz)	153
4.6	Rehabilitation psychisch kranker Menschen (RPK)	154
5	Träger der beruflichen Rehabilitation	154
5.1	Die Bundesagentur für Arbeit (BA)	154

5.2	Die Deutsche Rentenversicherung (DR)	156
5.3	Die Unfallversicherung/Berufsgenossenschaften (UV/BG)	157
6	Interessenverbände	158
6.1	Sozialverband VdK	158
6.2	Sozialverband Deutschland (SoVD)	159
6.3	Bundesarbeitsgemeinschaft für Rehabilitation	159
6.4	Deutsche Vereinigung für Rehabilitation (DVfR)	160
7	Rechtsgrundlagen der beruflichen Rehabilitation	161
7.1	Zweites Buch des Sozialgesetzbuchs (SGB II): Grundsicherung für Arbeitsuchende	162
7.2	Drittes Buch des Sozialgesetzbuchs (SGB III): Arbeitsförderung	162
7.3	Fünftes Buch des Sozialgesetzbuches (SGB V): Gesetzliche Krankenversicherung	163
7.4	Sechstes Buch des Sozialgesetzbuches (SGB VI): Gesetzliche Rentenversicherung	164
7.5	Siebtes Buch des Sozialgesetzbuches (SGB VII): Gesetzliche Unfallversicherung	164
7.6	Neuntes Buch des Sozialgesetzbuches (SGB IX): Rehabilitation und Teilhabe behinderter Menschen	164
7.7	Berufsbildungsgesetz (BBiG) und Handwerksordnung (HwO)	166
8	Didaktische Situation in den Bildungseinrichtungen	167
8.1	Berufsbildungswerke	167
8.2	Berufsförderungswerke	171
9	Aktuelle Herausforderungen	174
	Literatur	175

Betriebliche Inklusion auf dem Ausbildungs- und Arbeitsmarkt 180

Dennis Klinkhammer/Mathilde Niehaus

1	Zielgruppenbestimmung	180
1.1	Junge Menschen mit Förderbedarf vor Eintritt in den Ausbildungs- und Arbeitsmarkt	181
1.2	Junge Menschen mit Behinderung/Schwerbehinderung als Auszubildende	183
1.3	Menschen mit Behinderung/Schwerbehinderung im erwerbsfähigen Alter	184

1.4	Leistungsgewandelte Arbeitnehmerinnen und Arbeitnehmer im betrieblichen Kontext	187
1.5	Rehabilitandinnen und Rehabilitanden im System der beruflichen Rehabilitation	187
2	Bedingungen auf dem Ausbildungs- und Arbeitsmarkt	188
2.1	Menschen mit Behinderung/Schwerbehinderung zur Sicherung des zukünftigen Fachkräftepotentials	188
2.2	Junge Menschen mit Behinderung/Schwerbehinderung in der Berufsausbildung	190
2.3	Menschen mit Behinderung im System der beruflichen Rehabilitation	195
2.4	Menschen mit Behinderung/Schwerbehinderung auf dem Arbeitsmarkt	199
2.5	Darstellung der Arbeitslosigkeit von Menschen mit Behinderung/Schwerbehinderung	203
3	Barrieren und Förderungsmöglichkeiten im betrieblichen Kontext	206
3.1	Barrieren und Lösungsstrategien bei der Rekrutierung und Einstellung von Menschen mit Behinderung/Schwerbehinderung	206
3.2	Darstellung des Quotensystems und der betrieblichen Ausgleichsabgabe	207
3.3	Das Instrument der Integrationsvereinbarung für die Beschäftigung schwerbehinderter Menschen	209
3.4	Betriebliches Eingliederungsmanagement (BEM) in der Praxis	209
3.5	Das Instrument der betrieblichen Schwerbehindertenvertretung	210
3.6	Zusammenfassung und Handlungsempfehlungen	212
	Literatur	214

Die Autoren   216

Einleitung

Horst Biermann

Seit zwei Jahrzehnten wird die gesellschaftliche Teilhabe bei Handicaps, Behinderung, Beeinträchtigung und Benachteiligung auf internationaler Ebene diskutiert, national aber sehr unterschiedlich gesehen. Der Umgang mit Minderheiten wie auch der Bildungs- und Arbeitsbegriff haben sich – zum Teil widersprüchlich – verändert: Normalarbeitstag, Durchschnittsbürger, Mittelschichtsnormen liefern nur noch begrenzt eine Orientierung für die angestrebte Teilhabe. Inklusion, verstanden als das über Integration hinausgehende Konzept von Verschiedenheit und Vielfalt, das alle Lebensbereiche einschließt und als kontinuierlicher gesellschaftlicher Prozess verläuft, ist letztlich eine Vision. Inklusion wird dabei als Weg gesehen, Heterogenität als »normal« zu betrachten. Kehrseite dieser Betrachtung sind die sich im gesellschaftlichen Wandel der Bundesrepublik herausgebildeten parallelen Sub-Kulturen sowie die soziale Segregation und die Arbeitsmarktsegmentierung.

Differenziert man in Anlehnung an Urie Bronfenbrenner (1981) die vieldeutige Kategorie Inklusion nach Ebenen, so ergeben sich auf der gesellschaftlichen Makro-Perspektive Fragen nach der Legitimation, dem Rechtsrahmen, der Ordnungspolitik und den politischen Strategien im Umgang mit Minderheiten und den sich daraus ergebenden besonderen Aufgaben. Auf der Meso-Ebene wäre zu fragen, wie sich Institutionen, Organisationen, Verbände und Unternehmen positionieren, organisieren, professionalisieren, und auf der Mikro-Arbeitsebene stehen dann die konkreten Handlungen und Aktivitäten im Vordergrund. Entscheidend dabei ist, diese Differenzierung in Ebenen zu einem holistischen – im Sinne Bronfenbrenners ökologischen – System zusammenzuführen. Darüber hinaus besteht bei einer isolierten Betrachtung – gerade bei normsetzenden Politikern und Juristen – die Gefahr, dass Anspruch, Postulate, Paradigmen einerseits und Realität, Implementierung, Lebenssituation andererseits gleichgesetzt werden. Der Paradigmenwechsel von der »Fürsorge« zur selbstbestimmten Teilhabe wird pauschal angenommen und angesichts der fehlenden Beteiligung am Erwerbsleben wird auf eine noch zu leistende Implementierung verwiesen (Behindertenbericht 2009, S.7).

Betrachtet man unter den Aspekten Inklusion und Integration exemplarisch das Ruhrgebiet als großen industriellen Komplex, der seit Mitte des 19. Jahrhunderts von Migration und Wandel geprägt ist, so tritt in historischer Sicht der Unterschied zur heutigen Situation deutlich zu Tage. Während die ersten Zuwanderer eine Erwerbschance durch Industriearbeit erhielten und darüber hinaus auch noch durch Werkssiedlungen und Freizeitaktivitäten in eine »Firmenfamilie« eingebunden wurden, ist in einer segmentierten Gesellschaft zwischen Minderheiten eher eine Konkurrenzsituation gegeben. Intervenieren staatliche Einrichtungen auf Bundesebene, z. B. durch Arbeitsmarktförderungsinstrumente, zugunsten einer Gruppe, so führt dies zu Verwerfungen und Nachteilen für andere betroffene Gruppen. Außerdem zielen Interessenorganisationen, Selbsthilfeverbände durchaus auf Abgrenzungen zu anderen Minoritäten. Ebenso erfolgt auch eine sozialräumliche Segmentierung beim Wohnen, der Beschulung, der Lebensstandards und in der Freizeit.

Während Inklusion häufig auf Frühförderung behinderter Kinder oder auf gemeinsamen Unterricht in Schule fokussiert wird, lässt sich diese Verengung bei beruflicher Bildung und bei der Frage der Erwerbsarbeit nicht aufrechterhalten. Inklusion in Ausbildung und Beschäftigung als Umgang mit Heterogenität definiert, beinhaltet neben barrierefreien Zugängen zu regulärer Arbeit, Antidiskriminierung, lebenslangem Lernen, zugleich aber auch exklusive Prozesse wie Frühberentung, Langzeitarbeitslosigkeit, Konkurrenz und Ungleichheit.

Strukturelle Lösungen bedingen Regelungen, die ein vollständiges Ausleben von Verschiedenheit nicht realistisch erscheinen lassen und damit auf die Begrenztheit und den harmonistischen Charakter der Kategorie Inklusion verweisen. Vor diesem Hintergrund ist die Forderung des Deutschen Vereins für öffentliche und private Fürsorge nach einer sozialraumorientierten Inklusion einzuordnen. Konflikte und Lösungen würden auf die kommunale Ebene verlagert. Die Stiftung Bildungspakt Bayern geht in ihrem Modellversuch »Inklusive Berufliche Bildung« von einem Konsens der beteiligten gesellschaftlichen Gruppen aus. Auch die Weinheimer Initiative verfolgt das Konzept, die örtlichen Ressourcen zugunsten benachteiligter Schul-drop-outs zu nutzen und verweist dabei auf die Schwierigkeiten beim Abgleich der Interessen auf verschiedenen Ebenen (Stiftung Bildungspakt Bayern 2013; Kruse/Paul-Kohlhoff 2011).

Inklusion im Beruf muss im Vergleich zur schulischen Inklusion eine Vielzahl von weiteren Kontextfaktoren einbeziehen. Der Arbeits- und Berufsbegriff variieren historisch und international, ebenso unterliegen die sozialen Sicherungssysteme im Arbeitsleben radikalen Veränderungen.

Nicht zuletzt stellt berufliche Teilhabe eine existenzielle Frage dar, deren Beantwortung sich auch auf alle anderen Lebensbereiche sowie die Identität der Betroffenen auswirkt. Die Bedeutung für die Persönlichkeit, die gesundheitlichen und ökonomischen Risiken von Minderbeschäftigung werden zwar allgemein gesehen, aber der geringen Beschäftigungsquote wird meistens mit einem erweiterten Arbeitsbegriff begegnet, der auch Freizeit, Kultur, Reproduktion und selbst Trauer als Arbeit etikettiert. Umfassende Interventionen, wie der »Nationale Ausbildungspakt«, sind kostenintensiv und wegen der Bewirtschaftung von Leistungsansprüchen meistens auch mit erheblichem bürokratischem Aufwand verbunden, stehen also faktisch im Gegensatz zur mit Inklusion intendierten autonomen, selbstbestimmten Lebensführung, zu Wunsch- und Wahlrecht auch bei Beeinträchtigungen, Behinderungen und Benachteiligungen. Ein Bildungsrecht und die Akzeptanz einer Bildungsfähigkeit aller, auch bei schweren und mehrfachen Beeinträchtigungen, scheint sich allgemein durchzusetzen, wenn auch Berufsschule und erst recht die zielgruppenbezogenen Qualifizierungsmaßnahmen immer noch für Absolventen des Förderschwerpunkts »geistige Entwicklung« in aller Regel verschlossen bleiben. Einem uneingeschränkten Recht auf Arbeit und der Akzeptanz einer Arbeitsfähigkeit aller steht in Deutschland nach dem neunten Teil des Sozialgesetzbuches (§§ 136 u. 138 SGB IX 2001) die Feststellung eines Mindestmaßes an individuell zu erbringendem wirtschaftlichem Arbeitsergebnis gegenüber, so dass denen, die diesen Anforderungen nicht genügen, selbst ein arbeitnehmerähnlicher Status mit entsprechender Entlohnung verwehrt bleibt und sogar innerhalb der Werkstätten für behinderte Menschen, die wie in NRW dem Prinzip der einheitlichen Werkstatt folgen, eine Separierung in besondere Gruppen oder angegliederte Einrichtungen wie Förderbereiche parallel und abgegrenzt vom Arbeitsbereich vorzusehen ist (§ 136, Abs. 3). Im Vergleich zur Inklusion in der allgemeinen Schule, wo der Staat sehr wohl intervenieren und Förderung vorhalten bzw. alimentieren kann, sind in den Bereichen Berufsbildung und Erwerbsarbeit seine Kompetenzen und Möglichkeiten begrenzter, punktuell oder zeitlich befristet. Selbst der Verweis auf Fachkräftebedarf und demografische Trends führen nicht quasi automatisch zu einer Arbeitsmarktintegration behinderter Bürger. Selbst wenn Ausbildung und Arbeitspflicht Verfassungsrang hätten, wie in der früheren DDR, ergeben sich Beschäftigungsbarrieren bei umfänglichen sowie komplexen, mehrfachen Behinderungen. Auch latente Diskriminierungen, Mobbing, fehlende Akzeptanz und Kollegialität lassen sich nicht auf dem Erlass- und Verordnungsweg in der betrieblichen Praxis verhindern. So wird das vom Gesetzgeber progressiv intendierte Betriebliche

Eingliederungsmanagement (BEM) in der Umsetzung durchaus als Ausgliederungsmanagement gesehen.

Im ersten Kapitel verweist der Herausgeber dieses Bandes auf den langen Weg zur Inklusion im Beruf und stellt über die üblichen Definitionen von Inklusion hinaus die Postulate und Programme ideologiekritisch in Frage. Ob die Vision einer humanen Arbeitswelt und humanen Gesellschaft durch die nationale Aktionsplanung erreicht werden kann und soll, wird eher mit der Annahme eines nicht vollzogenen Paradigmenwechsels beantwortet. Der deutsche Sonderweg in der Sozial- und Rehabilitationspolitik und in der Berufsbildung und Arbeitsmarktgestaltung nähert sich durch die Outcome-Orientierung des beruflichen Trainings und die Zielvorgabe der Employability immer mehr angelsächsischen Konzepten und Strategien der EU an, so dass eher von Prozessen des Einfügens in niederen sozialen Status und von struktureller Ausgrenzung auszugehen ist. Allerdings können punktuelle Konzepte Modelle mit assistiver Hilfe durchaus zu einem Mehr an Lebensqualität führen.

Eine Besonderheit in den didaktischen Konzeptionen ist die Spanne von personenbezogenen, auf Assessment, Diagnostik und Berufsprognose beruhenden Maßnahmen über die besonderen Berufsqualifizierungen in Einrichtungen der beruflichen Rehabilitation bis hin zu dem am Regelsystem orientierten Handlungslernen in Arbeits- und Geschäftsprozessen. Das Universal Design for Learning geht von einer Generalisierung der Gestaltung der (Lern-)Umwelt für alle aus, nach dem Motto: was gut ist für Personen mit Beeinträchtigungen, kommt auch denen ohne Handicap zugute. Im Alltag erfahren wir die Umsetzung dieses Konzeptes bei optimierter Mobilität im ÖPNV, beim Wohnen oder beim Gebrauch von Maschinen und Utensilien, ohne dass es einem überhaupt bewusst wird.

Der dritte Themenblock bezieht sich auf die Entwicklung vom institutionalisierten Netz von Rehabilitationseinrichtungen hin zu individualisierten Leistungen zur Teilhabe am Arbeitsleben und der Gestaltung besonderer Lern- und Arbeitsbedingungen. Das in Deutschland hoch entwickelte und durchaus effiziente System mit den Säulen »Berufsbildungswerke« für jugendliche Rehabilitanden, »Berufsförderungswerke« für Arbeitnehmer mit erlittenem Handicap, »Werkstätten für behinderte Menschen« mit einem Sonderausbildungsbereich und erwerbslebenslangen Arbeitsbereich, wird von vielen Organisationen und den Arbeits- wie Sozialministerien im Zuge der Inklusionsdebatte radikal in Frage gestellt. Dem Betrieb als Lernort und Arbeitsstätte wird Priorität bei der Verwirklichung der Inklusion zugemessen (Zeitschrift für Inklusion Nr. 3/2013). Aufgezeigt werden die

Prozesse und Entwicklungen und Aspekte einer Perspektive beruflicher Teilhabe.

Eine Analyse der Ausbildungen und Erwerbschancen bei Beeinträchtigungen, Behinderung, Handicap schließt den Band ab. Die Deutsche Vereinigung für Rehabilitation folgert, dass die Teilhabe am Arbeitsleben ein Gradmesser für die gelungene gesellschaftliche Teilhabe ist (DVfR 2008, S. 95-108), und damit stellt sich Frage der Teilhabe an Arbeit und Beschäftigung in Sinne des Artikels 27 der UN BRK und der Umsetzung im Nationalen Aktionsplan erneut als Vergleich von Anspruch und Realität.

Literatur

Bronfenbrenner, U. (1981): Die Ökologie der menschlichen Entwicklung. Stuttgart.

BMAS (2009): Behindertenbericht 2009. Bericht der Bundesregierung über die Lage von Menschen mit Behinderungen für die 16. Legislaturperiode. Bonn.

DVfR (2008): Welche Bordmittel braucht die inklusive Schule? Pädagogische Perspektiven zwischen behindertenpolitischen Idealen, Pragmatismus und fiskalischen Rahmensetzungen. Bericht über die Fachtagung der DVfR am 9. Oktober 2008 in Kassel. Vortrag Biermann, H.: Gelingender Übergang junger Menschen in das Berufsleben – Die Nagelprobe für den Schulerfolg, auch und gerade bei Behinderungen! Heidelberg, S. 95-108. http://www.dvfr.de/fileadmin/download/Veranstaltungen/Tagungsbericht_M%C3%A4rz_2009.pdf.

Stiftung Bildungspakt Bayern (2013): Schulversuch IBB – Inklusive berufliche Bildung in Bayern«. http://www.bildungspakt-bayern.de [Abruf 1.4.2014].

Kruse, W./Paul-Kohlhoff, A. (2011): Benachteiligtensensibles Übergangsmanagement – die Arbeitsgemeinschaft Weinheimer Initiative. In: Biermann, H./Bonz, B. (Hrsg.): Inklusive Berufsbildung. Didaktik beruflicher Teilhabe trotz Behinderung und Benachteiligung. Baltmannsweiler, S. 146-150.

Zeitschrift für Inklusion – online.net (2013): Themenausgabe Arbeit (beruflicher Übergang) und Inklusion. Nr. 3. http://www.inklusion-online.net/index.php/inklusion-online/issue/view/1 [Abruf 1.4.2014].

Berufliche Teilhabe – Anspruch und Realität

Horst Biermann

1 Internationale und nationale Entwicklungen

Auf internationaler Ebene werden vor allem durch die in einem langjährigen Prozess entwickelte Behindertenrechtskonvention der Vereinten Nationen (UN BRK), durch die Klassifikationen der Weltgesundheitsorganisation, aber auch durch die Entwicklungsstrategien der EU Vorgaben für nationale Politik gemacht. In die öffentliche Diskussion fließen auch Studien, Berichte und Evaluationen weiterer Organisationen wie OECD, ILO oder Weltbank ein. Bereits Anfang des 20. Jahrhunderts etablierte sich Rehabilitation International (RI) als weltweites Netzwerk. Die Deutsche Vereinigung für Rehabilitation (DVfE) sowie die Bundesarbeitsgemeinschaft Rehabilitation (BAR) vertreten die deutschen Verbände, Träger und Einrichtungen. Die jeweils nationale Umsetzung des Inklusionsgebots als Menschen- und Bürgerrecht und die Gestaltung einer inklusiven Gesellschaft sind Themen internationaler Konferenzen von »Reha International« (RI 2010). Während einige Länder eine bottom-up-Strategie verfolgen, ratifizierte die Bundesrepublik die UN-Konvention sofort und klärt erst jetzt in einem jahrelangen Implementierungsprozess die Folgen für Gesetzgebung, Finanzierung und Konzeptionierung der Rehabilitation und Teilhabe. Dabei werden die Bevölkerung und Wirtschaft erst jetzt vor allem durch Kampagnen, Öffentlichkeitsarbeit, Leuchttürme in diesen Prozess eingebunden (BMAS 2011b, 2013b). Die Umsetzung bleibt aber weiterhin eine Aufgabe von Experten. So ist auf bundespolitischer Ebene vorgesehen, den Vorschlag der Arbeits- und Sozialminister für ein Bundesteilhabegeld in den nächsten Jahren gesetzlich zu regeln und – nach rund zwei Jahrzehnten postulierten Paradigmenwechsels – in der nächsten Legislaturperiode die erforderlichen fünf Milliarden Euro im Haushalt zu sichern. In Deutschland besteht die paradoxe Situation, dass ein weltweit einmaliges, gesetzlich abgesichertes und flächendeckendes System der beruflichen Rehabilitation wegen seiner Sondereinrichtungen in Frage gestellt wird, wobei auch die vorgesehenen neuen Instrumente zur Teilhabe am Arbeitsleben in hohem Maße Besonderheiten in Unternehmen schaffen.

1.1 Internationale Aspekte

UNESCO-Salamanca-Erklärung

Der Anspruch auf Inklusion wird international vor allem von Bildungs- und Gesundheitsorganisationen der Vereinten Nationen forciert, weniger von der Internationalen Labor Organisation (ILO). Auf der UNESCO-Konferenz von Salamanca 1994 ging es vor allem um das Recht aller Kinder, unabhängig vom Geschlecht, vom sozialen Status oder von der Zugehörigkeit zu einer Minderheit, eine Schule zu besuchen (Unesco 1994). Berufliche Bildung blieb weitgehend ausgeklammert, verständlich, da die Systeme im internationalen Vergleich stark voneinander abweichen. Nicht geklärt wurden auch die Übersetzungsprobleme aufgrund der unterschiedlichen Kontexte: Education vs. Bildung; Berufsbildung vs. Training und Integration vs. Inklusion. Aufgegriffen wurde die Salamanca-Erklärung von der »Integrationspädagogik« in Deutschland, die damit gemeinsamen Unterricht von behinderten und nicht behinderten Kindern legitimierte.

International Classification of Functioning and Health

Die Weltgesundheitsorganisation einigte sich 2001 auf einen sozialwissenschaftlich begründeten Begriff von Behinderung und legte mit der International Classification of Functioning and Health (ICF 2001) ein »bio-psycho-soziales Modell« und Instrumentarium vor, das international Sozialstatistiken vergleichbar macht und das individuelle körperlich-psychisch-geistige Beeinträchtigungen in einen gesellschaftlichen Kontext stellt. Es wird danach gefragt, ob Aktivitäten und Partizipation barrierefrei zugänglich sind, wobei sich Einschränkungen durch Umweltfaktoren zu einer Behinderung verfestigen können (DIMDI 2005, S. 23). Die 1424 Codes über die Zustände einer Person operationalisieren, immer bezogen auf eine relevante Vergleichsgruppe, in einem Kontinuum den Grad der Beeinträchtigung und heben damit einen absoluten Behinderungsbegriff in Abgrenzung zur Kategorie »Gesundheit« auf. Besonders die Schweiz verfolgt mit diesem Ansatz, beginnend mit der Frühförderung, Zug um Zug pragmatisch und im Dialog mit den Betroffenen die Entwicklung einer sozialräumlichen Inklusion (Hollenweger/Lienhard 2006). Für berufliche Bildung in Deutschland wurde lediglich die Definition von Behinderung übertragen, eine praktische Umsetzung des ICF in der beruflichen Rehabilitation und Teilhabe steht jedoch bis heute noch aus und wird lediglich im Rahmen eines Modellversuchs erprobt (BAG BBW 2014).

UN-Behindertenrechtskonvention

Eine Zäsur in der internationalen Diskussion über den Status von Minderheiten stellt die Behindertenrechtskonvention (BRK) der Vereinten Nationen (UN) dar. Diskutiert wurde über Jahre, ob eine gesonderte Konvention für behinderte Menschen, die über die allgemeine Erklärung der Menschenrechte hinausgeht, trotz ihrer positiven Intention nicht auch eine Diskriminierung darstellt. 2006 nahm die Generalversammlung der UN die »Convention on the Rights of Persons with Disabilities« an (CRPD, UN 2006). Folgende Prinzipien werden zugrunde gelegt und in 50 Artikeln konkretisiert: Würdigung individueller Autonomie, Entscheidungsfreiheit, Nichtdiskriminierung, Akzeptanz von Unterschiedlichkeit, Geschlechtergleichheit sowie Chancengleichheit und Barrierefreiheit. Artikel 27 befasst sich zwar mit der Inklusion in »Arbeit und Beschäftigung«, geht aber nicht weiter auf die Gestaltung einer inklusiven Berufsbildung ein. Auch im Artikel 24 über Bildung und im Artikel 26 zur Habilitation und Prävention wird Berufsbildung nicht weiter ausgeführt, sondern eher als Voraussetzung gesehen, um Selbstständigkeit durch Erwerbsarbeit zu erlangen und zu sichern. So argumentiert auch der Weltbehindertenbericht der WHO (2011). Da die Berufsbildungssysteme weltweit unterschiedlich organisiert sind – einmal mehr schulisch, einmal mehr betrieblich ausgerichtet oder wie im deutschen Kulturraum dual im Sinne einer Public-Private-Partnership verfasst – ist verständlich, dass die Konvention vor allem einen barriere- und diskriminierungsfreien Zugang zur landesüblichen Berufsbildung fordert. Damit intendiert die BRK vor allem Chancengleichheit zu sichern, nicht aber konkret Ausbildungs- und Arbeitsplätze bereitzustellen. Es bleibt Aufgabe des jeweiligen Staates, geeignete Maßnahmen und Regelungen zu treffen, um in Arbeit zu inkludieren. Dabei kann das Marktgeschehen generell nicht außer Kraft gesetzt werden, z. B. im Sinne eines verbrieften Rechts auf Ausbildung und Arbeit bzw. einer Pflicht hierzu. Allerdings soll dem öffentlichen Sektor eine Vorbildfunktion beim Zugang zu Arbeit und Beschäftigung zukommen. Neben den programmatischen Aussagen der Konvention ist eine kontinuierliche Berichterstattung der Staaten vorgesehen und es finden internationale Konferenzen zur Frage der Fortschreibung und Umsetzung der Inklusion statt. Die Bundesrepublik hat die UN-BRK 2009 ratifiziert und 2011 einen »Nationalen Aktionsplan« sowie einen entsprechenden Staatenbericht vorgelegt (BMAS 2009 u. 2011 a, b). Aufgrund des föderativen Staatsaufbaus wird den Ländern und Gemeinden die weitere Implementierung überlassen.

Europäische Initiativen

Die Entwicklung von Konzeptionen für Bürger der EU mit Behinderungen wurde besonders durch die Diskussion um die Öffnung der Psychiatrie gefördert. Gerade neue Formen von Arbeit wie Integrationsfirmen wurden entwickelt und Netzwerke sowie Unterstützerkreise gebildet. Die Madrider Deklaration des Europäischen Behindertenkongresses (2002) formulierte bereits mit Blick auf das Europäische Jahr des Menschen mit Behinderung (EJMB 2003) viele Aspekte der Salamanca-Konferenz und der UN-BRK (vgl. Theunissen 2013, S. 8f.). Behinderung wurde nicht mehr pathologisch als Defizit aufgefasst, sondern als gesellschaftliches Konstrukt. Menschen mit Behinderung sollten Experten in eigener Sache sein. Auch die Standardregeln der UN, die mit der Agenda 22 am Ende der UN-Dekade der Behinderten (1982-1992) auf kommunaler und regionaler Ebene umgesetzt werden sollten, wurden vor allem von Schweden forciert und in Deutschland durch die Deutsche Vereinigung für Rehabilitation Behinderter (DVfR) aufgegriffen und auch im Hinblick auf Bildung und Berufsbildung diskutiert (Fürst Donnersmarck-Stiftung/DVfR 2004). Parallel zu diesem Prozess der Veränderung der Situation behinderter Bürger und der Formulierung einer EU-Sozialcharta erfolgte allerdings eine eher ökonomisch ausgerichtete Strategie der Entwicklung der EU, die Freizügigkeit und Abbau finanzieller Barrieren vorsah.

Der Europäische Rat befasste sich auf der Konferenz von Lissabon im Jahr 2000 mit Bildung als einer Strategie zur Erreichung des Ziels, weltweit einen wissensgeschützten und wettbewerbsfähigen Wirtschaftsraum zu entwickeln (Fahle/Thiele 2003). Zwar forcierte die EU seit Mitte der 1980er Jahre mit Hilfe von Aktionsprogrammen speziell die berufliche Bildung, allerdings erst mit dieser »Lissaboner Strategie« wurde Bildung explizit als Voraussetzung für ökonomische Prosperität angesehen. In der Erklärung von Kopenhagen wurde 2002 – analog zum Bologna-Prozess zur Schaffung eines europäischen Hochschulraums – ein europäischer Berufsbildungsraum beschlossen. Lebenslanges Lernen unter Einbeziehung informellen Lernens soll allen Bürgern ein Mehr an Chancen eröffnen und auch Benachteiligte einbeziehen. Die Vergleichbarkeit der Berufsbildungssysteme erfolgt durch ein neues Klassifizierungsverfahren, den Europäischen Qualifikationsrahmen (EQF), der national umzusetzen ist. Dabei sieht der deutsche Qualifikationsrahmen (DQR) acht Niveaustufen vor und legt die Anforderungen kompetenzorientiert fest. Darüber hinaus soll ein Credit-Point-System eingeführt werden. Damit verschiebt sich die Bedeutung von Lernorten und Bildungsträgern hin zu einer Outcome-Orientierung und von schultypischen Unterrichtsfächern in der Berufsschule hin zu realen Arbeits- und Geschäftsprozessen. Spezielle Programme für behinderte Bürger, wie Horizon, werden aufgegeben zugunsten eines »disability mainstreamings« in allen EU-Programmen, so in Leonardo da Vincy zur beruflichen Bildung, in Grundtvig zur Erwachsenenbildung oder anderen Gemeinschaftsinitiativen.

1.2 Nationale Aspekte

Der lange Weg zum Sozialgesetzbuch

Parallel zur internationalen Diskussion um Menschen- und Bürgerrechte zeigt die Genese der gesetzlichen Vorgaben in Deutschland idealtypisch die Entwicklung der Rehabilitations- und Sozialpolitik sowie der Berufsbildungs- und Arbeitsmarktpolitik auf und verdeutlicht strukturelle Widersprüche bei staatlicher Interventionspolitik. Einerseits forcierte und verantwortete das Arbeits- und Sozialministerium flächendeckend ein Netz von beruflichen Rehabilitationseinrichtungen, andererseits stellen gerade die Arbeits- und Sozialminister von Bund und Ländern mit individualisierten, flexiblen und trägerübergreifenden Leistungen zur Teilhabe am Arbeitsleben eben diese institutionelle Förderung in Frage:

Das sogenannte 131er-Gesetz von 1951 eröffnete freigesetzten öffentlich Bediensteten, insbesondere auch Kriegsversehrten, eine neue Erwerbschance durch die bevorzugte Vermittlung in öffentliche Einrichtungen (BGBl Nr. 122, 1951, S. 307ff.). Damit gelang eine umfassende staatliche Beschäftigungsintervention. Grundsätzlich wird bis heute das (zivile) Schwerbehindertenrecht vom Bundesleistungsgesetz für Militärs oder ähnliche Personen, die im Rahmen ihres Dienstes Schädigungen erhalten haben, abgegrenzt.

Das Bundessozialhilfegesetz (BSHG) markierte 1961 den Aufbau einer sozialstaatlichen Sicherung auf der Grundlage der Weiterentwicklung des Fürsorgegedankens. Individuelle Hilfen und die Befähigung zur Selbsthilfe gelten allgemein, bei Behinderung besteht die Möglichkeit von Eingliederungshilfen, so dass der Lebensunterhalt bestritten werden kann. Heute steht eine weitgehende Reform des Leistungsrechts gerade bei behinderten Bürgern an, wobei die Eingliederungshilfe im Rahmen des ASMK-Prozesses im Sozialgesetzbuch geregelt werden soll.

Für die Reformphase um 1970 stehen das Arbeitsförderungsgesetz (AFG 1969) und das Berufsbildungsgesetz (BBiG 1969). Propädeutische Arbeitsmarktpolitik wollte durch berufliche Qualifizierung vor unterwertiger Beschäftigung und vor Erwerbslosigkeit schützen. Die progressiv gemeinten Arbeitsförderungsinstrumente galten allgemein für alle Arbeitnehmer, ergänzt um spezifische Instrumente bei Behinderung. Auch für künftige Beitragszahler, also Jugendliche, wurden aus Versicherungsbeiträgen der Bundesanstalt für Arbeit Lehrgänge zur Förderung der Berufsreife (LFB) und Lehrgänge zur Verbesserung der Eingliederungsmöglichkeiten (LVE) sowie Grundausbildungslehrgänge im Sinne einer Kurzausbildung etabliert.

Das Berufsbildungsgesetz (BBIG 1969) sowie im gleichen Wortlaut die Handwerksordnung (HwO) waren die erste wesentliche gesetzliche Steuerung der Berufsbildung, allerdings nur für deren betrieblichen Teil. Die ausbildungsbegleitende Berufsschule ebenso wie die vollzeitschulischen Berufsfachschulen und die höheren berufsbildenden Schulformen blieben in der Zuständigkeit der Länder. Aufgrund des Ausschließlichkeitsgrundsatzes durfte nur in anerkannten Ausbildungen gelernt werden, Anlernberufe waren somit für Jugendliche nicht zulässig. Zuständig für Ausbildung sind weiterhin in aller Regel die verschiedenen Kammern, die auch die Qualifizierung behinderter Auszubildender in eigener Kompetenz individuell regeln konnten (§§ 48 BBiG; 42 b HwO). Behindertenberufe waren ursprünglich nicht beabsichtigt, entstanden aber faktisch im Laufe der Zeit und waren mit Helfer- oder Werker-Etikett in der Berufsbezeichnung versehen, z. B. Metallwerker oder Lagerfachhelfer.

Das Bundesministerium für Arbeit und Soziales (BMAS) legte 1970 einen Aktionsplan zur beruflichen Rehabilitation auf (vgl. Biermann 2008, S. 52-96). In Abgrenzung zu den »Kriegsopfern« sollten die »Arbeitsopfer« in Berufsförderungswerken (BFW) umgeschult oder weitergebildet werden, vorausgesetzt die Betroffenen hatten in die Sozialsysteme eingezahlt und ein Kostenträger hatte die Weiterbildungseinrichtung BFW mit der Qualifizierung beauftragt. Für Jugendliche mit angeborenen oder früh erworbenen Beeinträchtigungen wurde ein institutionelles Netz von Berufsbildungswerken (BBW) etabliert. Über den »Lernumweg« eines gut ausgestatteten Lernortes mit (Sonder-)Berufsschule und Werkstätten sowie einem Wohn- und Freizeitangebot sollten jugendliche Schulabgänger in anerkannten oder sondergeregelten Ausbildungen in Erwerbsarbeit vermittelt werden. Als dritte Gruppe identifizierte der Aktionsplan diejenigen, die aufgrund der Art und Schwere der Beeinträchtigung nicht oder noch nicht in Ausbildung und Arbeit eingefügt werden konnten. In aller Regel wurde an Absolventen der damaligen Sonderschulen für Geistigbehinderte gedacht. Die Bundesvereinigung »Lebenshilfe für das geistig behinderte Kind« forderte Werkstätten mit schützendem Charakter nach niederländischem Vorbild, wobei die Standardisierung der Qualität zu großen, industrietypischen Unternehmen führte, den Werkstätten für behinderte Menschen (WfbM), die neben einem Arbeits- auch einen Berufsbildungsbereich anbieten. Dieses Prinzip der Werkstatt führte zu einem gesetzlich geregelten Doppelauftrag, sowohl für den Arbeitsbereich der Werkstatt selber als auch ggf. für den allgemeinen Arbeitsmarkt hin vorzubereiten. Ausländische Konzepte sehen dagegen eine Differenzierung nach Leistungsvermögen vor. Gesteuert werden die Übergänge in die jeweiligen Einrichtungen Rehabilitation durch eine besondere Berufsberatung für behinderte Schüler und durch die Kostenträger der beruflichen Rehabilitation. Dieses institutionelle Netz von BBW, BFW und WfbM wurde mit dem Aktionsplan 1980 rein quantitativ fortgeschrieben und 1990 bruchlos auf die dem Bund beigetretenen Länder übertragen.

Durch das Schwerbehindertengesetz (SchwbG 1974) wurde die Situation von Arbeitnehmern mit Beeinträchtigungen verrechtlicht. Mit dem Schwerbehindertenstatus erfolgte eine formalisierte Anerkennung durch das jeweilige Versorgungsamt bzw. Amt für soziale Angelegenheiten als Verwaltungsakt, von Art und Grad der Behinderung. Besondere Schutz- und Unterstützungsmaßnahmen konnten so einem definierten Personenkreis zugesprochen werden z. B. Arbeitsplatzgestaltung, Kündigungsschutz, Schwerbehindertenvertretung, begleitende Hilfen. Der Begriff und die Aufgaben der Werkstätten für Behinderte (WfB) wurden im Rahmen dieses Gesetzes (SchwbG § 54) ebenfalls präzisiert und beinhalteten bei erwachsenen Arbeitnehmern, die nicht oder noch nicht wegen Art und Schwere ihrer Behinderungen auf dem allgemeinen Arbeitsmarkt vermittelbar sind, auch die Förderung der Persönlichkeit. Eine Anerkennung als Schwerbehinderter ist nicht Voraussetzung für die Aufnahme in eine Werkstatt. Erst die Werkstättenverordnung (WVO 1980) präzisierte Jahre später die Konzeption, Standards (personelle Ausstattung, Mittelverwendung, Zielgruppen) und stellte somit klar, dass die Werkstätten keine Erwerbsbetriebe, sondern Einrichtungen der beruflichen Rehabilitation sind, somit eigentlich auch kein Teil des allgemeinen Arbeitsmarktes. Die Unterscheidung zwischen Personen mit einem arbeitnehmerähnlichen Status, die dauerhaft in Werkstätten tätig und denen, die mit Förderung in betriebliche Arbeit vermittelbar sind, führt bis heute um die Diskussion über das Prinzip der einheitliche Werkstatt, Mindestlöhne, Arbeitslosen- und Sozialversicherung sowie – angesichts von unter ein Prozent Vermittlung – um Fehlbelegungen. Diese Kritik, u. a. durch Bundeskanzler und Bundesminister legitimierte auch die Kürzungen im Zuge der Sozialreformen und Haushaltskonsolidierungen in den 90er Jahren (vgl. Springmann 2013, S. 1-8). Die Werkstätten, 2001 im SGB IX als Werkstätten für behinderte Menschen (WfbM) in ihrem Doppelauftrag und Aufgaben bestätigt, entwickelten sich oft zu industrietypischen Unternehmen mit zum Teil zweitausend behinderten Beschäftigten. Exemplarisch wird an diesen Einrichtungen der Widerspruch zwischen progressiven Ansprüchen, gesetzlichen Vorgaben und permanenter Unterfinanzierung sowie unzulänglichen Rahmenbedingungen deutlich.

Ende der 1990er Jahre wurden die vielfältigen Einzelgesetze und Regelungen in einem einheitlichen Sozialgesetzbuch (SGB) in zwölf Teilen zusammengefasst, so die »Arbeitsförderung« im SGB III (1999), die »Rehabilitation und Teilhabe« im SGB IX (2001) und die Sozialhilfe im SGB XII (2003). Prinzip aller Förderung ist es, zunächst sogenannte allgemeine Leistungen vorzusehen, die für alle Arbeitnehmer angeboten werden, und erst nachrangig spezifische Leistungen festzulegen. Dabei greift das SGB IX die Behinderungsdefinition der ICF auf und legt auch die Aufgaben von BFW, BBW und WfbM erneut fest. Das SGB IX zeigt den gesetzlich vorgenommenen Paradigmenwechsel in der beruflichen Rehabilitation auf: Stärkung der Selbstbestimmung, Umkehrung des »Leistungsdreiecks« zwischen Kosten-, Durchführungsträger und Betroffenen durch individualisierte und budgetierte Leistungen, die der Betroffene in eigener Regie »einkauft«. Weiter flexibilisiert das SGB IX die »ambulanten« Leistungen bei Rehabilitationsbedarf. Durch EU-Modellversuche wurden nach angelsächsischem Muster die »Unterstützte Beschäftigung« (UB) mit Hilfe von Arbeitsassistenz und Job-Coaching erprobt. Voraussetzung für diese ambulanten Leistungen sind Integrationsfachdienste (IFD), die Schwerbehinderte beraten, vermitteln, im Betrieb begleiten, zugleich auch Ansprechpartner für Arbeitgeber sind. 2009 wurde die Unterstützte Beschäftigung als Regelleistung in das novellierte SGB IX aufgenommen, wobei zur Zielgruppe, entgegen dem ursprünglichen Konzept, vor allem Lernbeeinträchtigte zählen. Im Zuge der Novellierung des Gesetzes wurde auch das Betriebliche Eingliederungsmanagement (BEM) für *alle* Arbeitnehmer – also nicht nur bezogen auf Behinderung – eingeführt. Damit gewinnt individuell zu regelnde Vereinbarungskultur an Bedeutung mit dem Ziel, Arbeitnehmer in Beschäftigung zu halten.

Die Regierungsbildung 2002 führte zu einem Neuzuschnitt der Ministerien, wobei die Aufgaben des BMAS neu aufgeteilt wurden. Es entstand ein Ministerium für Wirtschaft und Arbeit, der Bereich Soziales und damit auch die berufliche Rehabilitation gingen auf das Gesundheitsministerium über, das vorrangig das Ziel einer Vermittlung schwerbehinderter Arbeitnehmer durch eine Liberalisierung der Ausgleichsabgabe für die Betriebe anstrebte. Nach einem kurzfristigen Erfolg, der vor allem vor statistischen Effekten zu sehen ist, stieg die Zahl der erwerbslos gemeldeten Arbeitnehmer mit Schwerbehindertenstatus erneut, zugleich brach das Finanzierungsaufkommen zur Förderung von Arbeitsmarktleistungen ein. Verbunden war diese Entwicklung mit einer Umschichtung der Gelder von einer institutionellen auf eine sogenannte ambulante Förderung. 2005 wurden die Ministerien neu zugeschnitten in Wirtschaft und Technologie sowie Arbeit und Soziales, das wieder für berufliche Rehabilitation und Teilhabe zuständig ist.

Aktuelle Implementierung des Inklusionsgebots

Inklusion findet auf der politischen Makroebene vor allem durch gesetzgeberische Initiativen ihren Ausdruck: vom Bundesbehindertengleichstellungsgesetz, dem Allgemeinen Gleichbehandlungsgesetz bis hin zu Bestrebungen für ein Teilhabeleistungsgesetz, das außerhalb der Sozialhilfe steht. Begleitet wird die rechtliche Normgebung durch politische Kampagnen, Aktionspläne, Kongresse. Auch die Länder setzen das Inklusionsgebot in ihren Kompetenzbereichen um, so vor allem in einer novellierten

Schulgesetzgebung. Dabei stehen besonders Frühförderung und gemeinsamer allgemeiner Unterricht im Vordergrund, zum Teil auch eine reformierte Lehrerbildung. Die berufliche Bildung findet dabei kaum Beachtung. Dachorganisationen – wie die Kultusministerkonferenz oder die Konferenz der Arbeits- und Sozialminister – steuern den Prozess durch Beschlüsse und Empfehlungen.

Das deutsche Sozialgesetzbuch greift in seinem neunten Teil »Rehabilitation und Teilhabe behinderter Menschen« den Behindertenbegriff des ICF auf und operationalisiert Behinderung bei Arbeitnehmern:

> »Menschen sind behindert, wenn ihre körperliche Funktion, geistige Fähigkeit oder seelische Gesundheit mit hoher Wahrscheinlichkeit länger als sechs Monate von dem für das Lebensalter typischen Zustand abweichen und daher ihre Teilhabe am Leben in der Gesellschaft beeinträchtigt ist. Sie sind von Behinderung bedroht, wenn die Beeinträchtigung zu erwarten ist.« (§ 2 Abs. 1 SGB IX, 2001).

Die Inanspruchnahme von Leistungen zur Teilhabe am gesellschaftlichen Leben und an Arbeit setzt auch beim Partizipationsmodell der ICF voraus, individuelle Teilhabeziele zu ermitteln auf der Grundlage subjektiver Bedürfnisse einerseits und objektivierten Bedarfs andererseits. Verfahren, Instrumente, Methoden müssen vor allem von den Kostenträgern bestimmt werden und die Feststellung der »Teilhabeeinschränkungen« ist durch den Reha-Träger unter Berücksichtigung der Funktionen und Kontextfaktoren Grundlage für den zu ermittelnden Bedarf, wobei die Teilhabeziele erreichbar sein und Gegenstand, Umfang, Ausführung geklärt werden müssen (vgl. § 10 Abs. 1 SGB IX).

Die konkrete Umsetzung der Inklusionspolitik erfolgt föderativ und mit unterschiedlichen Akzenten. Der Nationale Aktionsplan (BAMS 2011) fasst in seinen analog zur UN-BRK ausgewiesenen Handlungsfeldern somit auch Maßnahmen zu »Arbeit und Beschäftigung« (Artikel 27). Gestützt wird diese Palette durch die »Initiative Inklusion«. Deren Handlungsfelder sind ein verbesserter Übergang von der Schule in den Betrieb, also Berufsorientierung und Berufsberatung speziell für Jugendliche mit Förderbedarf, ferner zusätzliche Ausbildungs- sowie Arbeitsplätze für über 50-Jährige und eine Stärkung der Inklusionskompetenz der Kammern, also zusätzliche Kapazitäten für Beratung von Betrieben. Das BMAS koordiniert federführend die Inklusionspolitik des Bundes als sogenannter »focal point«. Es hat aufgrund der Erfahrungen mit dem mehrjährigen Programm »job – Jobs ohne Barrieren« als Folgemaßnahme JOB4000 aufgelegt, um gezielt schwerbehinderte Arbeitnehmer betrieblich zu vermitteln.

Eine weitere gemeinsame Inklusionsinitiative »Ausbildung und Beschäftigung« der Sozialpartner und Ministerien fördert regional den Gedanken der inklusiven Arbeit (BMAS 2013). Die Spannbreite der besonderen Programme und Projekte umfasst Lernortkooperationen von Berufsbildungswerken mit Betrieben (vgl. Biermann/Bonz 2011, S. 146-218), die Forcierung von Ausbildungs- und Qualifizierungsbausteinen zur Teilanerkennung von Ausbildungsleistungen und die Schaffung neuer Ausbildungsberufe mit der neuen Berufsbezeichnung Fachpraktiker (GPC des BIBB 2014). Das Bundesministerium für Bildung und Forschung (BMBF) hat als zuständiges Ministerium im Rahmen der UN-Dekade der Alphabetisierung eine nationale Strategie zur Grundbildung und zum funktionalen Analphabetismus aufgelegt, das sich auch auf ältere Arbeitnehmer hin orientiert (BMBF 2011). Ein Programmschwerpunkt ist dabei auch Arbeit und Beschäftigung, seit 2006 hat »aphabund« rund 150 Projekte gefördert. Auch die Nachqualifizierung von ungelernt gebliebenen jungen Erwachsenen wird als Bundesprogramm aufgelegt. Neben den verschiedenen Zielgruppenprogrammen findet im Sinne von »disability mainstreaming« analog zu den EU-Programmen ein Einbezug von Projekten mit Förderanspruch in alle Programmbereiche statt – von der Mediennutzung bis zu neuen Wohnkonzepten.

Parallel zu allen Programmen wird die Öffentlichkeitsarbeit als wichtiges Ziel gesehen, um Arbeitgeber und Bürger für die Belange von behinderten Mitbürgern zu sensibilisieren und um eine gesellschaftliche Atmosphäre zu schaffen, die Inklusion ermöglich, so die BMAS Kampagne zum Nationalen Aktionsplan (NAP). Vor der Wahl zum 18. Deutschen Bundestag haben sich alle Parteien in Tagungen und Erklärungen zur Frage der Inklusion zustimmend positioniert. Allerdings vertagte die 90. Konferenz der ASMK die lange vorgesehenen Reformen zu Teilhabeleistungen auf die neue Legislaturperiode (ASMK 2013). Auch die Deutsche Unesco-Kommission hat erst 2014 einen Inklusionsgipfel »Die Zukunft der Bildung« durchgeführt, der allerdings nur am Rande auch Berufsbildung thematisiert (DUK 2014).

Ein besonderes Konzept zur beruflichen Teilhabe stellt RehaFutur dar, weil es auf alle institutionalisierten Maßnahmen zu beziehen ist und weil das Konzept wissenschaftlich begründet wurde (Dt. Akademie f. Reha. 2009). Unter dem Dach der Deutschen Akademie für Rehabilitation und der Deutschen Vereinigung für Rehabilitation (DVfR) haben faktisch alle Rehabilitationswissenschaftler aus dem Bereich der UN-BRK Art. 27 »Arbeit und Beschäftigung« im Auftrag des BMAS zwischen 2007 und 2011 eine Strategie zur Neugestaltung der beruflichen Rehabilitation entwickelt.

Dabei sind die demografische Situation einer alternden Gesellschaft, aber auch technischer Wandel und veränderte Erwartungen der Betroffenen und die reha-politischen Rahmenbedingungen berücksichtigt worden. Charakteristisch sind die Mitwirkung von Peers, die Steuerung des Prozesses durch Case-Management sowie die Flexibilisierung aller Instrumente auf der Grundlage eines Reha-Assessments: Variabel sollen Wege, Orte, Dauer, Inhalte und Kosten zu einem optimierten Erfolg führen. Vier Arbeitsgruppen präzisieren Handlungsfelder und schreiben diese in weiteren Projekten wie dem »Neuen Reha-Modell« der Berufsförderungswerke fort (ARGE BFW 2014). 2013 erfolgte die Präsentation zahlreicher Projekte zur beruflichen Inklusion in dem Unternehmen Boehringer, das als eines der ersten Konzerne einen betrieblichen Inklusionsplan entwickelt hat.

2 Segmentierte Ausbildungs- und Arbeitsmärkte

2.1 Der deutsche Sonderweg in der beruflichen Bildung

Heterogenität als systemstiftendes Prinzip Beruflicher Bildung

Um 1900 differenzierten sich Sonder-, Sozial- und Berufspädagogik als pädagogische Spezialdisziplinen heraus. Während die Sonderpädagogik vor allem die von ihr als defizitär etikettierten Schüler im Blick hatte und diese durch Separation fördern wollte, grenzte sich traditionelle Sozialpädagogik durch Schulferne und die Betonung von eigenen Methoden, wie Einzelfall-, Gruppen- und Gemeinwesenarbeit ab. Berufspädagogik setzte im deutschen Wirtschaftsraum dagegen auf den Beruf als didaktisches und organisatorisches sowie legitimatorisches Prinzip. Unterschieden wurde nach Berufserfahrung in bestimmten Lehrberufen, nicht bzw. erst sekundär nach allgemeiner schulischer Vorbildung. Damit stand die Frage des gelernten vs. ungelernten zu beschulenden Jugendlichen als pädagogische Herausforderung im Vordergrund. Der Staat überließ die Organisation der Qualifizierung und Zertifizierung weitgehend der Selbstverwaltung der Wirtschaft und regelte lediglich einen ausbildungsbegleitenden Unterricht. Im Prinzip konnten auch Absolventen mit Handicaps eine anerkannte Ausbildung durchlaufen, sofern sie einen entsprechenden Ausbildungsbetrieb und Ausbildungsberechtigten fanden. Geregelt wurde diese Form der dualen, auf zwei Lernorte konzentrierten Berufsbildung durch einen privatrechtlichen Vertrag und später zusätzlich durch Tarifrecht. Eine freie Wahl der Ausbildungs- und Arbeitsstätte ist grundgesetzlich gewährleistet, es besteht keine Ausbildungspflicht. Der Marktmechanismus von Angebot und Nachfrage führt zu einer Hierarchie der Ausbildungen, die das Image und die Arbeitsbedingungen der verschiedenen Berufe widerspiegeln. Eingebettet ist dieses duale System in vollzeitschulische Berufsfachschulen, die vor allem berufsvorbereitenden und grundbildenden Charakter haben und meistens zu allgemeinen höheren Schulabschlüssen führen. Während die technisch-gewerblichen Berufe vorwiegend dual junge Männer ausbilden, werden die Berufsfachschulen vor allem in sekundären Dienstleistungen, in den kaufmännischen und pflegerischen Tätigkeiten angeboten und von jungen Frauen bevorzugt.

Der deutsche Sonderweg der Berufsbildung ist durch eine geringe formale Regelungsdichte geprägt, ist regional und branchenmäßig ausgesprochen flexibel auch hinsichtlich der inhaltlichen Gestaltung, besonders im Vergleich zu stärker marktorientiert-betriebsförmigen Modellen wie in Japan oder U.S.A. oder zu bürokratisch-schulischen Modellen wie in Schweden oder Frankreich (vgl. Greinert 1990). Betrachtet man die Ausbildungschancen behinderter Jugendlicher, so ergeben sich zunehmende Ausgrenzungstendenzen wie die Zäsuren seit 1970 zeigen:

Waren die 1950er Jahre noch von der »Berufsnot der Jugend« (Schelsky 1953) geprägt, sah Bundeskanzler Erhardt für die 1960er Jahre keinen Reformbedarf des deutschen Lehrlingssystems, gleichgesetzt mit dualer Ausbildung. Vor der Reformphase um 1970 gelang es, rund einem Fünftel der Sonderschulabsolventen ohne zusätzliche Hilfen direkt ein anerkanntes Ausbildungsverhältnis besonders in handwerklichen Berufen aufzunehmen. Die Situation der Jugendlichen ohne Ausbildungsvertrag wurde der Sonderpädagogik nicht zum Problem, auch wenn bei den männlichen Ungelernten Jugendliche ohne (Volks-)Hauptschulabschluss dominierten (Schweikert u. a. 1976; Klein 1974). Traditionelle Sonderpädagogik forderte über die Sonderregelungen für »geistig, körperlich, seelisch Behinderte« nach dem Berufsbildungsgesetz hinaus (§ 48 BBiG 1969), das Alles-oder-Nichts-Prinzip der Facharbeiter- und Gesellenausbildung aufzugeben. So sah das formal auf drei Niveaustufen konzipierte Mainzer Modell eine auf Tests beruhende Einfügung in Helferberufe (gleich oder kleiner 60 IQ-Punkte), in Werkerberufe (80 IQ-Punkte) und anerkannte Berufe vor (100 und größer IQ-Punkte) (Bach 1974). Tatsächlich gelang es in der Industrie, Berufe zu differenzieren und besonders im Metallbereich Anlern-Tätigkeiten für behinderte Arbeitnehmer zu schaffen (Duisburger Arbeitskreis 1971). Demgegenüber zielten alle großen Reformvorhaben, so die Berufsgrundbildung und die Integration allgemeiner und beruflicher Bildung in Kollegschulen, auf eine Ausbildung *aller* Jugendlichen ab. Auch der Deutsche Bildungsrat und die Bund-Länder-Kommission für Bildungsplanung und Forschungsförderung sahen im Bildungsgesamtplan 1973 eine Reduzierung der Ungelernten auf zwei bis drei Prozent vor (BLK 1974). Überlagert wurden diese Reformpläne durch die Mitte der 1970er Jahre beginnende strukturelle Jugendarbeitslosigkeit. Alle als Kompensationspädagogik für Jugendliche mit Förderbedarf gedachten Berufsvorbereitungsmaßnahmen – schulische Berufsvorbereitungsjahre, Sonderberufsfachschulen, Werkklassen sowie die Lehrgänge der Bundesanstalt für Arbeit bei freien Trägern – wurden faktisch Regelangebot für Ausbildungsstellensuchende, wobei die Etikettierung »Berufsunreife« beibehalten wurde. Absolventen des nach Behinderungsformen ebenfalls stark ausgebauten Sonderschulwesens gelang es nur über den Umweg einer solchen Maßnahme, anschließend in Ausbildung einzutreten. Real aber ergaben sich für die Mehrzahl der Jugendlichen »Maßnahmekarrieren« und die Berufsvorbereitung trat meistens an die Stelle von Ausbildung (Collingro/Kaufmann-Sauerland 1985). Die ursprünglich akzeptierte Heterogenität der Lehrlingsgruppen kehrte sich in Folge staatlicher Interventions- und Förderpolitik um in ein System verästelter Maßnahmen und dem Bestreben noch Homogenität der Zielgruppen.

Modernisierung der Berufsausbildung

Ende der 1980er Jahre regelten die Sozialpartner die industrielle Metall- und Elektroausbildung neu, um Fachkräfte für den globalen Wettbewerb zu qualifizieren. Theoretisierung und Entspezialisierung wurden gefordert und Grundberufe entwickelt. Eine tätigkeitsorientierte Qualifizierung erfolgte erst in der letzten Phase der auf dreieinhalb Jahre verlängerten Ausbildung. An die Stelle der Vermittlung von Fertigkeiten und Kenntnissen setzte die Wirtschaft ein Kompetenzmodell, das Fach-, Methoden- und Sozialkompetenz umfasste. Der Aneignung der Qualifikation sollte auf Handlungslernen beruhen und beinhaltete als Prozess der »vollständigen Handlung« eigenständige Zielsetzung, Planung, Durchführung und Evaluation der Arbeiten. Modellhaft wurden Leittexte gerade bei lernungewohnten Jugendlichen erprobt, die ähnliche Phasen des Arbeitens und Lernens vorsahen (Koch u. a. 1992). Die Rolle des Ausbilders wandelte sich zu der eines Moderators und Lernberaters, die der Auszubildenden zu eigenständig Lernenden. Als neuer Lernort entstand das industrielle Qualifizierungszentrum. Dieses Konzept der »Neuordnung« wurde mit der Begründung gestiegener Anforderungen im globalen Wettbewerb auf alle Ausbildungen übertragen, auch auf handwerkliche Lehren, Pflege- und Hauswirtschaftsberufe. Damit gelang es Jugendlichen aus Förderschulen und später aus schulformunabhängigen Förderschwerpunkten (KMK-Empfehlung 1994) faktisch nicht mehr in anerkannte betriebliche Ausbildungen einzutreten. Die Bundesagentur für Arbeit, die Ende der 80er Jahre den Benachteiligten-Modellversuch des Bundesbildungsministeriums (BMBW) als Regelleistung übernommen hatte, bot jetzt nach einer berufsvorbereitenden Maßnahme eine Berufsausbildung in außerbetrieblichen Einrichtungen an. Freie Träger mit einem Team aus Meistern, Stützlehrern und Sozialpädagogen bildeten mit dem Konzept der »sozialpädagogisch orientierten Berufsausbildung« Jugendliche in anerkannten Berufen aus oder boten ausbildungsbegleitende Hilfen (abH) zur betrieblichen Lehre an (BMBW 1992). Schwerpunkte der Ausbildungen bei freien Trägern waren Baunebenberufe, grob schlosserische Metallberufe sowie bei jungen Frauen die (ländliche) Hauswirtschaft. Aus der in der Neuordnung begonnenen Verknüpfung von Theorie und Praxis erwächst didaktisch ein Legitimationsproblem, weil die bisherige Aufgabenteilung zwischen Berufsschule und Betrieb, also Berufstheorie und Berufspraxis, aufgehoben werden müsste. Dieses Dilemma sollte mit dem KMK-Lernfeldkonzept gelöst und in der ausbildungsbegleitenden Berufsschule betrieblichen Anforderungen Rechnung getragen werden. Ausgangspunkt für heutigen Berufsschulunterricht sind daher die Geschäfts- und Dienstleistungsprozesse in Betrieben, die handlungsorientiert vermittelt werden. Übliche berufsbezogene Unterrichtsfächer gehen damit im Lernfeldkonzept auf (KMK 1996).

Ökonomisierung des Ausbildungsangebots

Seit etwa 2000 werden Jugendliche, die den Anforderungen der neuen »Eliteausbildung« nicht gewachsen sind oder die den Erwartungen der Betriebe nicht entsprechen, als »Modernisierungsverlierer« zunehmend in die Angebote der Berufsvorbereitung, die Ausbildung bei freien Trägern oder in noch weiter flexibilisierte Berufsbildungen mit neuen praxisorientierten sowie verkürzten Ausbildungen gelenkt. Begründet wird dies vor allem mit der »Berufsunreife« der Jugendlichen, die durch Reduzierung von Umfang und Niveau oder durch die Addition von »Bausteinen« noch eine Ausbildungschance erhalten sollen. So geht der Kriterienkatalog des Pakts für Ausbildung und Fachkräftenachwuchs von dieser Defizitorientierung aus (BA 2006). Neben den didaktisch-organisatorischen Flexibilisierungen erfolgte eine Ökonomisierung der kostenintensiven neugeordneten

Ausbildung. Viele der nach pädagogischen Konzeptionen entworfenen industriellen Qualifizierungszentren entwickelten sich zu Profit-Centern, die über Erstausbildung hinaus alle Formen der Qualifizierung durchführen, auch die Ausbildung von behinderten Jugendlichen und Erwachsenen, sofern sie refinanziert wird.

Parallel zu der Modernisierung der betrieblichen und berufsschulischen Fachausbildung, der Positionierung der beruflichen Rehabilitation in Berufsbildungswerken durch Lernortkooperationen und damit verbundener Diversifizierung der Ausbildungsangebote für leistungsstärkere junge Erwachsene und der konzeptionellen Weiterentwicklung des Arbeitstrainingsbereichs der Werkstätten zu einem Bereich Berufliche Bildung (BBB) – allerdings ohne zertifizierte anerkannte Ausbildungsgänge und ohne professionalisiertes berufspädagogisches Personal – verästelte sich das Subsystem der Benachteiligtenförderung weiter. Das Konsortium Bildungsberichterstattung bzw. die spätere Autorengruppe fasste unter dem Etikett Übergangssystem sowohl die verschiedenen berufsvorbereitenden berufsschulischen Angebote als auch die Maßnahmen der Bundesagentur (BA) zusammen, mit schwierigen Zuordnungsfragen (Konsortium 2006; Autorengruppe 2008ff.). Bereits 2004 hatte die Bundesagentur noch vor Ablauf eines Modellversuchs alle berufsfördernden Lehrgänge zu einer einheitlichen Berufsvorbereitenden Bildungsmaßnahme (BvB 2004) umgestaltet. Stichworte des neuen Konzepts sind eine modularisierte an Ausbildung und Erwerbsarbeit orientierte Qualifizierung, flexible Angebote auch in der Dauer mit entsprechender Bildungsbegleitung und heterogene Zielgruppen, so dass die bisherigen zielgruppenspezifischen Lehrgänge entfallen konnten. Bereits 2006 wurden erneut reha-spezifische BvB etabliert (BA 2006), allerdings trotz zeitlicher Ausweitung nur noch mit dem Ziel der Employability und 2012 gelang es, ein weiteres Fachkonzept zu vereinbaren für die Gruppe der Lernbeeinträchtigten in Produktionsschulen (BA 2012). Mit der Kompensationspädagogik in der Berufsvorbereitung, die in aller Regel an die Stelle von Erstausbildung angeboten wurde, und mit der typisch angelsächsischen Konzeption der modularisierten Kurzanlernung gelang es nicht, die große Zahl der Nicht-Formal-Qualifizierten (NFQ) nachträglich zu Fachkräften auszubilden, so dass innerhalb eines Jahrzehnts rund 1,5 Millionen NFQ vom Berufsbildungssystem, speziell von der Benachteiligtenförderung der BA und den freien Trägern der Wohlfahrtsverbände ohne Evaluation der Maßnahmen unkritisch »produziert« worden sind (BMBF 2003; Pütz 1993).

Im Sinne einer Flexibilisierung und zielgruppenorientierten Berufsbildung wurde das Berufsbildungsgesetz novelliert (BBiG 2005). Bereits seit

Längerem waren die Ordnungsmittel und Ausbildungsformen liberalisiert und neue, theoriegeminderte Berufe mit zweijähriger Ausbildungsdauer eingeführt worden. Zusätzlich sollten praktikumsähnliche Einstiegsqualifizierungsjahre (EQ) jugendliche Schulabgänger für Ausbildung und betriebliche Arbeit motivieren. Der Nationale Pakt für Ausbildung und Fachkräftesicherung, später -nachwuchs, scheiterte nicht zuletzt an der Frage der sogenannten berufsunreifen jungen Erwachsenen (vgl. die 10 Leitlinien des BMBF 2007). Das novellierte Gesetz wies über Erstausbildung und Weiterbildung hinaus, nun auch die Berufsausbildungsvorbereitung als neue Aufgabe der Berufsbildung aus (§ 68), allerdings ohne die erhoffte Finanzierung für die Maßnahmen der freien Träger damit sicherzustellen. Neu geregelt wurden auch die Angebote für behinderte Auszubildende. Vorrang sollte die anerkannte Ausbildung haben, gesichert durch Nachteilsausgleichsregelungen, z. B. Verlängerung von Prüfungszeiten bei Sehbehinderung. Nur wenn diese Nachteilsausgleiche nicht hinreichend sind, sollen gesonderte Ausbildungen entwickelt werden, die sich an den Ordnungsmitteln anerkannter Ausbildungen orientieren sollen, aber in der Berufsbezeichnung klar von diesen abzugrenzen sind. So bezeichnen Fachpraktiker für »Lernbehinderte« neue Ausbildungen, entwickelt vor allem von Vertretern der Berufsbildungswerke (§§ 64-66 BBiG). Eine Evaluation des Gesetzes dürfte gerade in diesen Regelungen zu erneuten Klarstellungen führen, denn unter dem Anspruch der Förderung und Durchlässigkeit (kein Abschluss ohne Anschluss) wird exkludiert, nicht in Berufsbildung inkludiert.

Das Ergebnis dieser Phase der Modernisierung ist eine Ökonomisierung der Berufsbildung, wobei die ausbildende Wirtschaft sich die Entscheidungskompetenz für Ausbildung insgesamt sichert, aber nicht mehr in alle Jugendlichen investiert, während der Staat bzw. die Arbeitsagentur zwar benachteiligte und behinderte Jugendliche aus sozialem Legitimationsdruck qualifiziert, aber die Ausbildungsformen fallen hinter das anspruchsvolle pädagogische Konzept der Neuordnung zurück.

Funktionswandel des Berufsbildungssystems

Herausgebildet hat sich aus dem tradierten System Berufsbildungssystem ein segmentiertes Angebot mit drei Subsystemen: Regelausbildung, Benachteiligtenförderung, berufliche Rehabilitation. Neben das flexibilisierte Regelsystem mit anerkannten betrieblichen Ausbildungen und berufsfachschulischen Abschlüssen steht die Benachteiligtenförderung, heute auch als »Übergangssystem« bezeichnet, mit eigenen Finanzierungen, didaktischen Ansätzen, Personalstrukturen, Abschlüssen und Zuständigkeiten. Auch dieses Subsystem ist in sich wiederum in die den Ländern unterstehenden berufsschulischen Jahre und in die Arbeitsförderungsmaßnahmen auf der Grundlage des SGB III bei Freien Trägern differenziert. Als drittes Subsystem kommt die berufliche Rehabilitation hinzu, weitgehend im Kompetenzbereich des SGB IX geregelt. Mit der Umsetzung des SGB IX wurde der Wandel von einem institutionellen Netz und Maßnahmeangebot hin zu einem flexibilisierten, ökonomisch bestimmten Leistungssystem eingeleitet, wobei zurzeit beide Reha-Systeme nebeneinanderstehen und zum Teil ineinander aufgehen. Auch hier unterscheiden sich Kostenträger, meistens auch Abschlüsse, Personal, Organisation, Legitimation und Lernorte sowohl vom Regelsystem als auch von der Benachteiligtenförderung.

Berufsbiografisch verlängert sich die in der vorschulischen und schulischen Bildung erfolgte soziale Selektion des separierenden Bildungssystems jetzt auch in die Berufsbildung hinein und findet in einem heute ebenfalls segmentierten Arbeitsmarkt ihre Verfestigung. Verbunden ist die Entwicklung zur Segmentierung der deutschen Berufsbildung mit ihrem gesellschaftlichen Funktionswandel. Während es der traditionellen Lehre gelang, bei unterschiedlicher Vorbildung und heterogenen Voraussetzungen weitgehend einen ganzen Schulentlassjahrgang über das Vehikel eines Ausbildungsberufs bei faktisch unterschiedlichen, aber formal gleichen Anforderungen als Geselle, Gehilfe, Facharbeiter in die Gesellschaft zu integrieren, geht diese Integrationsleistung durch Differenzierung bei der heutigen Segmentierung in Sub-Systeme verloren (Greinert 1998). Die Leistungsanforderungen sind inzwischen auch formal unterschiedlich und die Zuweisungen in Erwerbsarbeit oder auch die Ausgrenzungen von Ausbildung und Arbeit sind gebunden an die Bedingungen des jeweiligen Subsystems. Dabei haben die Freien Träger im »Übergangssystem« der Benachteiligtenförderung die traditionelle Rolle der Handwerksbetriebe übernommen, nämlich Jugendliche mit Lern- und Verhaltensschwierigkeiten gesellschaftlich zu integrieren. Rehabilitanden dagegen genießen eine Privilegierung auf Zeit während ihrer Ausbildung durch die sozialstaatliche Sicherung, Legitimation und Qualität der Förderung, wobei mit dem Wandel institutioneller beruflicher Rehabilitation hin zu flexibilisierten Leistungen zur Teilhabe am Arbeitsleben sich eine Chancenminderung in Bezug auf die Qualität der Ausbildung und damit auch hinsichtlich der Erwerbschancen abzeichnet.

2.2 Vom Facharbeitsmarkt zu segmentierten Arbeitsmärkten

Wirtschaftswandel

Der Wandel der Wirtschaftssektoren ist seit Fourastiés These von der Entwicklung einer Agrar- hin zu Industrie- und Dienstleistungsgesellschaft vor allem aufgrund der internationalen Arbeitsteilung und Verflechtung weiter differenziert worden. So geht der erste Arbeitsmarktbericht des Instituts für Arbeitsmarkt- und Berufsforschung (IAB) von einer marginalen Beschäftigung im primären Sektor (Landwirtschaft, Bergbau, Fischerei) aus und prognostiziert eine Halbierung der Tätigkeiten im produktiven Bereich sowie eine erhebliche Zunahme bei sekundären Dienstleistungen (Möller/Walwei [IAB] 2009). Diese Entwicklung führt auch zu regionalem Wandel, wie der Strukturwandel im Ruhrgebiet belegt. Auch eine Verlagerung von produzierenden Betrieben in Drittländer ist seit langem erfolgt, zugleich auch mit dem umgekehrten Trend der Wiederansiedlung in Deutschland. Verbunden sind diese Makroentwicklungen mit einer Veränderung der Berufsstruktur. Ganze Branchen brechen weg und damit verbundene Ausbildungs- und Erwerbsmöglichkeiten.

Durch technische Innovationen verändern sich auch die Tätigkeitsanforderungen, führen zu generationstypischen Qualifikationen, z. B. den native digitals. Während es für Schwellenländer wie den BRIC-Staaten (Brasilien-Russland-Indien-China, zu ergänzen wären auch noch Indonesien, Korea, Taiwan) charakteristisch ist, dass unterschiedliche technische Niveaus nebeneinander bestehen, z. B. mechanische, analoge und digitale Anlagen, ist es für hoch produktive Wirtschaftsräume typisch, von älterer Technologie völlig abzugehen. Für Ausbildung folgt daraus in Ländern mit in der Regel unterentwickelten Berufsbildungssystemen eine multiple Qualifikationsanforderung und in Ländern wie Deutschland die Notwendigkeit, sich individuell für den jeweils neuesten Stand der Entwicklung zu qualifizieren und permanent weiterzubilden. Durch die Informatisierung haben sich vor allem die Formen der Logistik, der Kommunikation zwischen den Berufen und die globale Arbeitsteilung verändert. Auch neue Werkstoffe und Technologien – von der Atomwirtschaft bis zur Gentechnologie – führen zu neuen Berufen und veränderten Anforderungen.

Unter dem Etikett Industrie 4.0 prognostiziert das Fraunhofer-Institut für Arbeitswirtschaft und Organisation (Spath 2014) unter Berücksichtigung der globalen Megatrends wie Technikfolgen, lernende Gesellschaft, demografischer Wandel, Klima- und Energiewende, Lebensqualität etc. (ebd. S. 18, Abb. 5) eine neue qualitative Entwicklungsstufe der Fertigung.

Nach den Phasen der Dampfmaschine, der Elektrifizierung und der Digitalisierung stehen nun systemische Produktionsverfahren in der Fabrik der Zukunft an (ebd. Abb. 6, S. 23). Für die Qualifikation bedeutet diese hochgradig produktive und dabei Taylor-made Fertigungsform eine Facharbeit, die systemisch geprägt ist, und Facharbeiter, die systemisch und nicht mehr mono-kausal denken können.

Wandel Qualifikationsstruktur

Arbeitswissenschaft und Berufssoziologie diskutieren vor allem die Qualifikationsniveaus, z. B. deren Polarisierung in Elite- und dequalifizierte Facharbeit (Kern, Schumann 1970) sowie heute das Enlargement von Facharbeit bzw. das Ende der Facharbeit (dies. 1984). Auch Fragen der gesundheitlichen Beeinträchtigung – Stress, psychische Belastungen – werden im Zuge von Gesundheits- und betrieblichem Eingliederungsmanagement (BEM) thematisiert (DAK 2013). Ausgegangen wird in aller Regel von hybriden Anforderungen, d. h. auch traditionelle Produktionsarbeiter müssen über ihre Kernleistung hinaus Wartungsarbeiten übernehmen, verwalten, beraten und kaufmännisch-verwaltende Berufe gehen zum Case-Management über (Parmentier/Dostal 2002). Neben den durch Technik bewirkten Veränderungen sind vor allem neue Konzepte der Unternehmensführung bestimmend für neue Formen der Arbeitsorganisation. Möglich sind die Auflösung des Normalarbeitstages, ergebnisorientierte Werk- und Dienstleistungsverträge, Nutzung von Zeitunterschieden zwischen Ostasien und Europa zur Optimierung von Auftrag und Fertigung. Traditionelle Hierarchien werden durch Gruppenarbeit mit selbst gewählten Sprechern auf Zeit, eigener Arbeitseinteilung und Null-Fehler-Konzepten aufgelöst (Kaizen, Total-Quality-Management, Qualitätszirkel). Die Folge für die Qualifikationsstruktur ist einerseits die Entwicklung zu Elite-Facharbeitern, die Arbeiten der Meister- und Technikerebene mit übernehmen, und andererseits ein »Ausfransen« der Facharbeit nach unten, die nach kurzfristiger Einarbeitung im Sinne von Training-on-the-Job von (fast) jedem ausgeführt werden kann. Für Arbeitnehmer birgt diese Situation sowohl Chancen als auch Risiken. Bisherige abgegrenzte Facharbeiten lösen sich auf. So kann z. B. auf langer Erfahrung beruhendes Fliesenlegen heute durch neue effiziente Kleber von Laien ausgeführt werden, oft sogar in besserer Qualität. Umgekehrt entstehen neue Tätigkeiten, die bisher nicht mit anerkannten Ausbildungen und der Palette der anerkannten Berufe abgedeckt wurden: PC-Doktor, Alltagsbegleiter bei Dementen, Reetdachdecker, Job-Coach. Hirsch-Kreinsen (2000) folgert, dass es eine

Entwicklung zum Arbeitskraft-Unternehmer gibt, der sich selber vermarktet, technisch up-to-date ausstattet (z. B. mit Software), mobil ist und sein Leben faktisch ökonomisiert und »verbetrieblicht«. Umgekehrt haben sich auch in Industrieländern wie Deutschland analog zu »Dritte-Welt-Ländern« informelle Sektoren und Tätigkeiten herausgebildet. Dabei ergibt die Untersuchung einfacher Tätigkeiten zwei Trends: Zum einen sind sogenannte einfache Tätigkeiten stark rückläufig, nämlich auf rund ein Viertel des Umfangs von 1985 (Trolsch u. a. 1999), so dass um diese Stellen Migranten, freigesetzte Facharbeiter, Modernisierungsverlierer, aber auch Personen mit Handicap oder ältere Arbeitnehmer konkurrieren. Zum anderen sind diese Tätigkeiten nicht mehr »einfach«, sondern angereichert und komplex, nur nicht an eine formale anerkannte Erstausbildung gebunden, so dass vor allem »Anders-Gelernte« eine Erwerbschance haben (Abel u. a. 2009).

Die sektorale und qualifikationsmäßige Entwicklung der Erwerbsarbeit führt auch zu einer Veränderung des Ausbildungssystems. Einerseits besteht ein Trend zu doppelqualifizierenden Bachelor- und Facharbeiterausbildungen in dualen Studiengängen in neuen Institutionen wie Akademien mit Hochschulrang, andererseits gleichzeitig eine Marginalisierung der handwerklichen Lehren durch den EU-Prozess oder die zweijährigen Ausbildungsformen. In der Diskussion um den Funktionswandel und die Erosion der Berufsbildung wird die ausbildungsbegleitende Berufsschule zunehmend abwertend charakterisiert und als »Restschule« bezeichnet (Greinert/Wolf 2010).

Bezieht man die Entwicklung des Arbeitsmarktes auf Personen mit Handicap, so überlagern sich die Trends und führen zu einem erhöhten Erwerbsrisiko. Die Orientierung der beruflichen Teilhabe am Durchschnittsbeschäftigen einer Branche und an einem Normalarbeitstag mit entsprechendem sozialen Status ist nicht mehr ohne Ideologisierung möglich, da Erwerbschancen sich vor allem im neuen informellen Sektor abzeichnen (Nischentätigkeiten, Selbstbeschäftigung, virtuelle Arbeitsformen, Reinigen oder Pflegen). Allerdings sind hier die tariflichen Bedingungen eher prekär, setzen hohe Mobilität voraus und können zudem meistens nicht dauerhaft ausgeübt werden.

Gemeinsamer Unterricht und eine höhere Quote Studienberechtigter allgemein führen auch zu einer Polarisierung in der Qualifikation der Gruppe mit Behinderung, so dass neben dem Übergang in Ausbildung oder Arbeit oder Arbeitslosigkeit zunehmend die Aufnahme eines Studiums erfolgt. Eine neue Strategie der Inklusionspolitik ist die Öffnung des Hochschulbereichs vor allem für Personen mit Sinnesschädigungen

(IHS 2012). Die künftigen Erwerbschancen bleiben zu untersuchen, wobei zur sozialen Sicherung im Einzelfall sogar bewusst von den Betroffenen ein Werkstattstatus (WfbM) angestrebt wird (Dirmhirn 2012, S. 64-80).

Die Konsequenzen aus dem gesellschaftlichen Wandel sind für Personen mit Handicaps, Beeinträchtigungen, Behinderungen nicht monokausal zu folgern. So wird zum einen eine Vereinfachung der Ausbildung und eine Orientierung an der Employability angestrebt und das »Leistungsbedarfsfeststellungsverfahren« durch die Kostenträger reformiert, zum anderen wird eine Verbesserung der Erwerbschancen durch Zusatzqualifikationen und eine Akademisierung verfolgt. Regelfall ist aber noch die strukturelle Unterbeschäftigung von Schwerbehinderten im erwerbsfähigen Alter. Von diesen rund drei Millionen ist lediglich knapp eine Million in Betrieben und Ämtern beschäftigt oder offiziell erwerbslos gemeldet (Pfaff 2012, S. 232–243). Eine Lösung wird im demografischen Wandel gesehen und dem daraus gefolgerten Fachkräftemangel (vgl. Gans 2011). Allerdings kommt der Arbeitsmarktbericht zu dem Ergebnis, dass nur dann eine Reduzierung der Risikogruppen erfolgen kann, wenn umfassend in Weiterbildung investiert wird, andernfalls ist eher anzunehmen, dass eine große Gruppe weiterhin von regulären Erwerbsmöglichkeiten ausgeschlossen bleibt bei gleichzeitigem Bedarf an hoch qualifizierten Fachkräften (Möller/Walwei 2009).

3 Inklusion in Arbeit und Beschäftigung – Vision vs. Ideologiekritik

3.1 Die Vision von Inklusion in Arbeit und Beschäftigung

Den umfassenden Anspruch nach Bildung einer inklusiven Gesellschaft bezeichnet die Bundesregierung in ihrem Staatenbericht als Vision und niemals abgeschlossenen Prozess. Das Bundesinstitut für Berufsbildung hat als Konsequenz aus der ersten nationalen Konferenz zur inklusiven Bildung im Juni 2013 ein Expertenmonitoring mit dem Ziel entwickelt, die Bedeutung der Inklusion für berufliche Bildung zu ermitteln (BIBB 2013; Enggruber u. a. 2014). Vor allem wird nach erforderlichen Systemanpassungen gefragt, nach zusätzlichen berufsschulischen Ausbildungen und nach der Kompetenz von Lehrkräften. Auch die Expertengruppe des neuen Teilhabeberichts kommt hinsichtlich des Artikel 27 »Arbeit und Beschäftigung« zu der Empfehlung, vor allem künftig die Zugänge in Ausbildung und Erwerbstätigkeit im Hinblick auf barrierefreie Teilhabe zu analysieren und die Tendenz der Erwerbsbeteiligung aufzuzeigen (BMAS 2013).

Die Deutsche Unesco Kommission (DUK) versteht in Übereinstimmung mit den Vereinten Nationen Inklusion als universelles Bürger- und Menschenrecht, das unabhängig von individuellen Förder- und Unterstützungsbedarfen auf gesellschaftliche Teilhabe in allen Lebensbereichen abzielt (DUK 2009). Diese fundamentale Position schließt eigentlich eine Abwägung der Gewährung von Leistungen nach ökonomischem, utilitaristischem Kalkül aus, den subjektiven Bedarfen ist Rechnung zu tragen. Das Wunsch- und Wahlrecht der Betroffenen ist anzuerkennen, wobei die Akzeptanz von »Vielfalt als Normalität« Prozesshaftigkeit und visionäre Sicht voraussetzt.

> »Inklusive Bildung bedeutet, es allen Menschen in gleichem Maße zu ermöglichen, an hochwertiger Bildung teilzuhaben und ihr Potenzial zu entwickeln. Dieser Anspruch ist universal und gilt unabhängig von Geschlecht, sozialen und ökonomischen Voraussetzungen oder besonderen Lernbedürfnissen. Er beinhaltet das Recht auf gemeinsamen Unterricht in einer Regelschule. Tatsächlich sind weltweit aber verschiedenste Gruppen von Ausgrenzung betroffen oder bedroht, zum Beispiel körperlich oder geistig behinderte Kinder, Migranten, Straßenkinder und Opfer von Gewalt.
>
> So verschieden die Bedürfnisse einzelner Gruppen auch sind, eines ist inklusiven Bildungssystemen gemeinsam: Nicht der Lernende hat sich in ein bestehendes System zu integrieren, vielmehr bedarf es flexibler Bildungsangebote, die sich an die jeweiligen Bedürfnisse der Lernenden anzupassen vermögen. Insofern geht der Begriff der ›Inklusion‹ über den Begriff der ›Integration‹ hinaus.« (DUK 2013)

3.2   Begrenztheit der Kategorie Inklusion für Ausbildung und Arbeit

Die bürger- und menschenrechtlich begründeten Visionen ziehen sozialwissenschaftliche Theorien für Analyse und Prognose nicht heran. Selbst der Lebenslagenansatz des Teilhabeberichts 2013 bleibt deskriptiv. Gerade unter der Perspektive einer lebenslangen beruflichen Weiterbildung und verlängerten Erwerbsarbeit spielen gesellschaftliche Makrotrends, wie Globalisierung, Demografie und Migration oder Vollbeschäftigung und Einkommensverteilung eine wichtige Rolle. Dabei sind die Entscheidungsträger oft nicht einmal national identifizierbar und die Inklusionsgebote in der Umsetzung durch Pädagogen oder Betroffene faktisch nicht beeinflussbar. Hinzu kommt die Vieldeutigkeit der Kategorie Inklusion als Alltags- und Fachbegriff. In Verbindung mit der Kategorie Arbeit verstärkt sich die Vieldeutigkeit, denn auch der Arbeitsbegriff ist nicht statisch, keinesfalls nur mit den traditionellen Funktionen wie Erwerbssicherung, Status, Selbstwertgefühl, Kommunikation mit Kollegen und Kunden, Anwendung von Fachkompetenz verbunden. Reproduktive Arbeiten, aber auch Freizeitaktivitäten, Lernen und persönliche Einschnitte werden in einem positiven Verständnis mit Arbeit gekoppelt, z. B. Trauerarbeit. Bei der Betonung von Erwerbsarbeit werden andere Gesellschaftsmodelle ignoriert. Auch die Diskussionen um neue Entlohnungs- und Sicherungsmodelle, die sich nicht an der Wertschöpfung und Produktivität der Industriearbeit messen, werden durch den Fokus auf Erwerbsarbeit als Maßstab für Inklusion nicht der Vielfalt von Gesellschaftsvisionen gerecht, vielmehr entstehen »Mythen der Arbeit«, so der Direktor des IAB Joachim Möller (2014). Modelle wie eine bedingungslose Existenzsicherung, Arbeit im Kreativsektor, bürgerliches Engagement bleiben ausgeblendet, vielmehr orientieren sich die Arbeitsmarktinstrumente zur Inklusion offensichtlich eher am Normalisierungsprinzip der 1960er Jahre und damit am »Auslaufmodell« des Normalarbeitsverhältnisses.

Klassifiziert man die vorliegenden Beiträge zum Begriff der Inklusion, so ergeben sich drei Cluster, die zwar nicht immer trennscharf sind, aber folgende Akzentuierungen aufweisen: normativ-politische Ansätze, behavioristische Vorstellungen sowie aus der Ungleichheits-, Gender- und Rassismusforschung abgeleitete Theorien wie diversity studies, disability studies, Intersektionalität (vgl. Schildmann 2012). Theorien sozialen Wandels werden im Diskurs über Inklusion kaum thematisiert (vgl. idealtypisch Inklusion online 2013).

Normative Positionen

In der normativ ausgerichteten Diskussion wird Inklusion raum-zeitlich unabhängig postuliert, ohne zu fragen, ob dieser Prozess in einer am Markt orientierten Gesellschaft überhaupt barrierefrei möglich ist und ohne zu sehen, dass eventuelle Interventionen, wie z. B. zusätzliche Ausbildungsangebote durch Berufsfachschulen oder bei freien Trägern für ausgewählte privilegierte Zielgruppen, zu Verwerfungen führen können, so dass die positive Diskriminierung einer Gruppe zugleich Benachteiligungen für andere nach sich zieht. Die Annahme, dass Inklusion grundsätzlich ein Vorteil für *alle* sei, kann für Ausbildung und Beschäftigung nicht hinreichend belegt werden. Eine Evaluation der historischen Beispiele für staatliche Intervention im Zuge der Jugendarbeitslosigkeit, der Berufsbildungsreform und der staatlichen Förderung von Vollbeschäftigung würde eher gegen die These eines universellen Vorteils durch Inklusion sprechen.

Gefordert werden mit Blick auf die Arbeitswelt in erster Linie eine Kultur der Inklusion, Empathie und ein umfassender gesellschaftlicher Sinneswandel. Auch neue Formen des Wirtschaftens ohne Profitdenken zugunsten von Menschen mit Behinderung und eine Ethik der Wertschätzung werden angestrebt (Schwalb, Theunissen 2013, S. 28ff.). Die analogen Konzepte der Psychiatriebewegung einer am Subjekt und nicht am Profit orientierten Wirtschaftsform werden allerdings nicht evaluiert und nicht thematisiert.

Schon die Definition von Inklusion als Fachbegriff drückt die normativwertegeleiteten Vorstellungen aus, die, orientiert an den Forderungen der Bürgerrechtsbewegung in den U.S.A. bzw. den Standards der American Disability Association (ADA), zu harmonistischen bzw. idealisierten Gesellschaftsbildern führen. Die jeweiligen Kontextfaktoren, also die sozio-ökonomischen Einflüsse und Betriebsstrukturen bleiben ausgeblendet. Abgegrenzt wird Inklusion von Integration, letztere verstanden als Anpassung einer defizitären Minderheit an Mehrheitsnormen, während Inklusion darüberhinausgehend im Sinne von Vielfalt als Normalität begriffen wird. Der Prozess der Inklusion wird mit einem Phasenmodell charakterisiert. So unterscheidet Wocken (2011, 76) aufeinander aufbauenden Stufen der Extinktion, Exklusion, Separation, Integration und Inklusion. Während die Ausländerpädagogik seit den 1970er Jahren bei Integration zwischen dem Defizit- und Differenzmodell unterschied, also der Assimilation an eine deutsche Leitkultur die Vorstellung von Integration durch Differenz entgegensetzte, geht die wertende Hierarchisierung der Inklusionsphasen davon aus, dass Inklusion die »höchste« Entwicklungsstufe sei. Brüche, die typisch für die Erwerbsbiografie sind, z. B. radikale Veränderungen in der Lebensorientierung oder nicht an üblichen Standards orientierte Verhaltensweisen werden, wenn z. B. das Budget für Arbeit nicht gewählt, Unterstützte Beschäftigung nicht angenommen oder ein sozial geschützter Platz in einer Werkstatt angestrebt wird, als erlernte Hilflosigkeit oder als Stigmatisierungseffekt von Sondereinrichtungen interpretiert.

Indices als behavioristisches Konzept

Gerade wenn idealistische Positionen die materielle Basis als Kontextfaktoren negieren, brechen sich das uneingeschränkte Wunsch- und Wahlrecht und die harmonistischen Gesellschaftsbilder sowie visionäre Forderungen an der politisch-ökonomischen Realität von Ausbildung und Beschäftigung. Diesen Widerspruch versuchen normative Konzepte aufzuheben, indem sie oft ergänzend behavioristische Ansätze heranziehen, deren Operationalisierungen allerdings ebenfalls ambivalent sind, wie die Lebenslagen-Untersuchungen oder die Indices für Schule zeigen. Der Index für schulische Inklusion wurde bereits vor einem Jahrzehnt von Tony Booth und Mel Ainscow in Manchester entwickelt und jetzt für Deutschland adaptiert (Boban/Hinz 2012, 137, S. 13-15). Der Teilhabeindex wird bezogen auf die drei Ebenen: Individuen, Systeme und Werte. Inzwischen ist dieser Index auch auf die Institution Berufsschule übertragen worden, wobei allerdings nur die allgemein üblichen Aspekte für schulische Inklusion aufgegriffen werden. Rützel bezieht sich auf die 560 Fragen des deutschen Indexes für Inklusion (Boban 2012) und betont folgende Aspekte: inklusive Kultur schaffen, Strukturen etablieren, Inklusionspläne erstellen, Praktiken und eine Atmosphäre entwickeln, um zur Gemeinschaftsentwicklung beizutragen und inklusive Werte zu verankern. Individuelle Förderung wird als Normalität im Regelunterricht vorausgesetzt. Ergebnis ist eine Schule für alle, in der Vielfalt unterstützt wird durch entsprechende Lernarrangements und Akquise von Ressourcen, durch Netzwerkarbeit mit Betrieben, Organisationen und mit kommunalen Stellen (Rützel 2013, Abb. 1: Strukturen, Ebenen und Handlungsfelder von Inklusion).

Kritisch betrachtet, fokussiert ein solcher Index weitgehend isoliert die Institution Berufsschule, und es ist zu fragen, welche Hilfen er für Betriebe, Wirtschaft oder Sozialraum bietet und wie er die Qualität von Fachlichkeit einbezieht. Wie wäre ein Index zu gestalten, der nicht vom gemeinsamen Lernen in einer Schule für alle, sondern von arbeitsteiligen Arbeits- und Geschäftsprozessen in Betrieben und international organisierten Wertschöpfungsketten ausgeht? Ein solcher Inklusionsindex dürfte an der Komplexität und dem permanenten technisch-ökonomisch-arbeitsorganisatorischem Wandel der Arbeitsbedingungen, der regionalen, branchenspezifischen und generationsbedingten Kontextfaktoren scheitern. Andere qualitative Aspekte wie die Kompetenz von Lehrern, Ausbildern, Coaches und die Qualität von Ausbildung und Arbeitsbedingungen oder der heimliche Lehrplan sowie Beziehungsfragen dürften nur schwer kontinuierlich über Jahre unter Einbeziehung der Betroffenen zu erheben sein, gerade wenn man die Informationsbarrieren bei ca. sieben Millionen »funktionalen Analphabeten« berücksichtigt. Auch würde eine Sozialraumorientierung des Indexes einen Kompromiss auf kommunaler Ebene erfordern, z. B. durch Runde Tische eines Wirtschaftsforums. Angesichts der Differenzierung in über dreihundert Ausbildungsberufe und rund zwanzigtausend Beschäftigungsberufe, die nach Marktkriterien international besetzt werden, kann ein solcher Index bestenfalls die Quote der Erwerbsbeteiligung abbilden. Während in der »Pädagogischen Provinz Schule« ein Inklusionsindex überschaubar und bestimmbar erscheint, sind Interessen und Rahmenbedingungen in Ausbildung und Arbeit in ihrer Komplexität so nicht abzubilden. Bei allen Vorteilen einer objektivierten Analyse der Institutionen, ihrer Verfahren und Beziehungen wird die Begrenztheit deutlich im Vergleich zu dem experimentellen Charakter eines Konzepts des Universal Design und eines Universal Design for Learning (vgl. Bühler in diesem Band).

Reproduktion sozialer Ungleichheit als sozialwissenschaftliches Konzept

Als Beispiel für eine sozialwissenschaftliche Sicht soll auf die Diskussion um jugendliche Ungelernte, die Jungarbeiter, hingewiesen werden. In der Studie zur Lösung des Jungarbeiterproblems wird die Frage gestellt, wie der »Teufelskreis der Reproduktion sozialer Ungleichheit und Benachteiligung« durchbrochen werden kann und ob formalisierte berufliche Bildungswege und berufliche Sozialisation geeignete Vehikel sein könnten, um Erwerbs- und Sozialchancen zu eröffnen (Wiemann 1975, S. 20, Abb. 4). In Anlehnung an dieses zirkuläre Modell familialer-schulischer-beruflicher Sozialisation und entsprechender Prägung der nächsten Generation ergibt sich ein vergleichbarer Kreislauf auch bei Behinderung. Die schulische Vorbildung ist meistens durch fehlende Abschlüsse gekennzeichnet, wobei ein mittlerer Schulabschluss inzwischen die mindeste Bildungserwartung der ausbildenden Betriebe ist. Ein Übergang in die separaten Maßnahmen der Benachteiligtenförderung oder in berufsvorbereitende Angebote der beruflichen Rehabilitation ist damit bei Förderschulabgängern vorgezeichnet. Hier erfolgt dann für eine Minderheit der Jugendlichen eine Ausbildung in tradierten Berufen mit hohem Beschäftigungsrisiko, so dass bei besonderer Vermittlung, i.d.R. auf Initiative und im Eigeninteresse des Trägers, zwar der Übergang in Erwerbsarbeit gelingen kann, aber späterer Berufs- und Betriebswechsel und Phasen der Erwerbslosigkeit, Einfügen in weitere Zielgruppenmaßnahmen naheliegen. Hinsichtlich des beruflichen Sozialisationsprozesses sind außerdem die Anforderungen in Sondereinrichtungen und bei Trägern nicht mit denen in Betrieben zu vergleichen, so dass zu fragen ist, ob die erworbenen Kompetenzen nachhaltig helfen, berufliche Situationen erfolgreich zu bewältigen. In aller Regel sind Jugendliche in den Subsystemen Benachteiligtenförderung und Rehabilitation, entgegen aller politischen Postulate, vom Lernort

Betrieb ausgegrenzt bzw. steht ihnen dieser nur als Praktikumsplatz zur Verfügung. Aufgrund dieser Schul- und Ausbildungsbiografie ist auch die Erwerbsbeteiligung gering, Arbeitslosigkeit überdurchschnittlich und länger als bei nicht behinderten Arbeitnehmern. Die Folge sind geringe Einkommen, Armutsrisiken im Alter, aber auch größere gesundheitliche Einschränkungen und eine geringere Lebenserwartung (vgl. Biermann 2004). Vor diesem Hintergrund ist die Annahme, dass ein Paradigmenwechsel in der Rehabilitation und Behindertenpolitik stattgefunden hat, eher fraglich. Vielmehr legen die reale Erwerbssituation und geringe Erwerbsbeteiligung eine Verschärfung von Ausgrenzung und sozialer Ungleichheit nahe – bei gleichzeitig gestiegenen, vor allem technischen Potenzialen zur barrierefreien Teilhabe.

3.3 Ideologisierung des Inklusionsprozesses

Angesichts des Widerspruchs von hohem gesellschaftlich-normativen Anspruch und der Realität der Implementierung von Inklusion liegt eine Ideologisierung der Situation und der Prozesse zur Erklärung der Lage behinderter Arbeitnehmer nahe. Ideologiekritisch stellt sich die Frage nach den Interessen beteiligter Gruppen, Organisationen, Personen. Mit Bezug auf die drei Bronfenbrennerschen Ebenen soll auf Aspekte der Ideologisierung eingegangen werden.

Auf der politischen Ebene beansprucht vor allem die Konferenz der Arbeits- und Sozialminister (ASMK) die Regelungs- und Entscheidungskompetenz in allen Fragen der beruflichen Teilhabe. Politisch verfolgt sie das Ziel, den Paradigmenwechsel von Fürsorge zur Selbstbestimmung für behinderte Menschen voranzutreiben. Neben der angestrebten Reform des Leistungsrechts (SGB VIII und XII) wird von den institutionalisierten Einrichtungen der beruflichen Rehabilitation (BBW, BFW, BTZ, IFD) vor allem die WfbM als Sondereinrichtung bemängelt. Es wird angestrebt, den Zugang zum Berufsbildungs- sowie Arbeitsbereich der Werkstätten zu drosseln. Daneben soll eine vorgelagerte Diagnostik für eine Zielgruppe, die zwischen WfbM und BBW verortet wird, von unabhängigen Experten durchgeführt werden, um die betriebliche Eignung festzustellen (DIA-AM). Die Budgetierung aller Leistungen soll Wahlmöglichkeiten zur Werkstatt eröffnen. So sollen die Übergänge aus Werkstätten in Arbeit gefördert und »Unterstützte Beschäftigung« neben, aber nicht durch die WfbM weiterhin etabliert werden. Sogenannte »Alternative Träger«, die Ausschreibung von Leistungen und ein Fachkonzept für Werkstätten sollen eine neue Situation schaffen, in der auch die Mitwirkungsrechte der Betroffenen berücksichtigt werden (vgl. ASMK 85.-90. Konferenz 2007-2013). Es ist paradox, wenn die ASMK die Themen aufgreift, die vor allem im Kompetenzbereich der Bildungs- und Schulministerien liegen, so die Frage der Optimierung des Übergangs in Form von Bildungsketten von der allgemeinen Schule in den Betrieb und nicht die Zugänge in Werkstätten, BBW und BFW auf der Grundlage fortgeschriebener sektoraler und zielgruppenspezifischer regionaler Arbeitsmarktanalysen eingeordnet werden, wenn also nicht vom Arbeitsmarkt, sondern vom Subjekt oder Institutionen her gedacht wird.

Die Intentionen der ASMK, der Träger der überörtlichen Sozialhilfe und der Bundesagentur für Arbeit lassen sich vor allem an der Mittelverteilung prüfen. Real zeigen die Jahresberichte der Bundesarbeitsgemeinschaft der Integrationsämter und Hauptfürsorgestellen (BIH), dass zunehmend sogenannte ambulante Leistungen einen Budgetzuwachs erfahren haben, während institutionalisierte Formen wie Werkstätten und Heime im letzten Jahrzehnt etwa nur noch die Hälfte der ursprünglichen Mittel erhalten. Darüber hinaus wird die Kosteneinsparung von ambulanten Leistungen hervorgehoben und allgemein wird auf den kostenträchtigen Anstieg der Fallzahlen hingewiesen (Finke 2007).

Ebenso ist die Liberalisierung der Ausgleichsabgabe für Unternehmen, die die Beschäftigungsquote behinderter Arbeitnehmer nicht erfüllen, ein Beispiel für die Anpassung von Realität an die politischen Intentionen. Durch den flächendeckenden Ausbau der Integrationsfachdienste (IFD), finanziert aus der Ausgleichsabgabe, konnte durch Vermittlungsgutscheine und Kopfprämien die Zahl der registrierten erwerbslosen Schwerbehinderten kurzfristig gesenkt werden, allerdings nicht nachhaltig. Auch die IFD sind »Spielball« politischen Kompetenzgerangels: Nach dem Regierungswechsel erfolgte eine neue Phase der IFD, die einem erneuten Zuständigkeits- und Aufgabenwechsel führte. Rund die Hälfte der IFD konnte existenziell nicht mehr weiter arbeiten und innerhalb der verbleibenden IFD kam es zu weitgehenden personellen Einschränkungen. Die BIH mahnte, dass es zu einem Zusammenbruch der neuen Vermittlungsstelle kommen könnte. In dieser Situation entscheidet die ASMK eine neue Aufgabensetzung von der Vermittlung hin zur Vermittlung Schule – Arbeit ohne Abstimmung mit den originär für Berufsberatung und Vermittlung zuständigen Stellen. Zur institutionellen Absicherung wird von der ASMK eine Mittelumschichtung der Ausgleichabgabe vorgenommen.

Die ebenfalls aus der Ausgleichsabgabe etatisierte »Initiative Inklusion« sieht als einen Schwerpunkt den besseren Übergang aus der Schule in den

Betrieb vor. Durch eine verbesserte Berufswegeplanung soll die Ausbildung vor allem von Jugendlichen mit Lernproblemen optimiert werden. Einige Bundesländer haben dieses Instrument in ihren Landesaktionsplan übernommen und führen dies in einem mehrjährigen Prozess durch. Die beteiligten Institutionen können dabei Informationen über die Jugendlichen personengebunden abstimmen und austauschen. Damit entsteht bei einem hohen bürokratischen Aufwand der Schein einer rationalen und auf individuelle Ressourcen hin orientierten Berufswahl, tatsächlich aber werden die Jugendlichen aktenkundig und somit findet ein idealtypischer Stigmatisierungsprozess statt und die Chance, im betrieblichen Umfeld neu anfangen zu können, entfällt.

Die staatlichen Organe sind keinesfalls selbstkritisch. So kommen die öffentlichen Arbeitgeber ihrer Vorbildfunktion nach Artikel 27 der UN BRK nicht nach und bilden Jugendlichen mit Handicaps und gesundheitlichen Einschränkungen von vornherein nicht aus, appellieren aber an Betriebe, über Bedarf auszubilden, u. a. um der künftigen Facharbeiterlücke zu begegnen. Selbst zwischen Ministerien innerhalb eines Bundeslandes bestehen Widersprüche. Während die Arbeits- und Sozialminister die Übergangssituation nach der Schule bemängeln, kommen die Schul- und Bildungsminister nicht ihrer Verpflichtung nach, Jugendliche mit dem Förderschwerpunkt geistige Entwicklung durch Berufsschulunterricht zu begleiten und auch entsprechend qualifiziertes Lehrpersonal auszubilden.

Fazit: auf der politischen Ebene ergeben sich Widersprüche hinsichtlich der Zielsetzung, Akzente, Instrumente und der Kompetenzregelung. Flächendeckende Lösungen werden nicht eingeleitet, sondern eine Strategie der Setzung von Leuchttürmen in ausgewählten Bereichen verfolgt. Das federführende BMAS kann selbst unter Bundesministerien nur einen eklektizistischen Nationalen Aktionsplan auflegen.

Auch auf der institutionellen Ebene ergeben sich Widersprüche und Interessengegensätze. So führt die Ausschreibungspraxis der Leistungen zur Teilhabe am Arbeitsleben (LTA) zu einer politisch gewollten Konkurrenz zwischen Trägern, wobei »Bündelträger« mit einer Palette unterschiedlicher Einrichtungen von Schulen, Integrationsbetrieben bis hin zu Werkstätten und Integrationsfachdiensten je nach »Förderpolitik« ihre Geschäftsfelder intensivieren oder reduzieren können. »Gemeinsame Servicestellen«, wie sie das SGB IX (§§ 22-25) vorsieht, kommen trotz des Kooperationsgebots offensichtlich nur schwer gegen die Einzelinteressen von Dachverbänden an. Auch die Qualifizierung des Personals ist noch an der jeweiligen Organisationen und Art der Rehabilitationseinrichtungen ausgerichtet. So sind die »Fachkräfte in Arbeits- und Berufsbildung« an

Werkstätten gebunden und können nicht zugleich als Integrationsberater oder Job-Coach arbeiten und umgekehrt. Auch die Lehrerfortbildung ist gebunden an den Arbeitgeber. So erfolgt sie nicht gemeinsam für Lehrer der privaten (Ersatz-und Förder-)Berufsschulen der Berufsbildungswerke und der öffentlichen Berufsschulen. Auch die Reha-Pädagogische Zusatzqualifikation wird nach institutioneller Zugehörigkeit zertifiziert, z. B. von der BAG BBW und nicht allgemein für Personal in der beruflichen Rehabilitation. Ein Fortbildungsverbund von Arbeitsgemeinschaften und Einrichtungen der beruflichen Rehabilitation in der »Deutschen Akademie für Rehabilitation« ist nach 25 Jahren gescheitert, denn das BMAS sieht keine Existenzberechtigung und stellte die finanzielle Förderung, legitimiert durch den Rechnungshof, ein. Ebenso sind allgemeine Fortbildungsangebote in der Personalentwicklung meistens an Dachorganisationen gebunden, die so die Mittel faktisch in ihrem Organisationsbereich halten. Darüberhinaus wird so einer trägerübergreifenden Arbeitsmarktmobilität des Personals entgegengewirkt.

Ein grundsätzliches Problem auf der institutionellen Ebene ist die Notwendigkeit, den Leistungsbedarf zielgruppenspezifisch feststellen zu müssen, um fördern zu können. Die DVfR hat federführend eine Abstimmung der Leistungsträger über Kriterien des Leistungsbedarfsfeststellungsverfahrens übernommen (DVfR 2014). Auch mit objektivierten Verfahren, Methoden und Instrumenten widerspricht die Bedarfsfeststellung subjektiv gewünschten autonomen und inklusiven Angeboten und vor allem dem Anspruch, nicht zu etikettieren und zu klassifizieren. Ebenso problematisch ist eine Festlegung auf den Standard »Mindestmaß an wirtschaftlich verwertbarer Arbeit«. Auch die Aufgabe der Dokumentation und Offenlegung der Daten in Form einer neuen Teilhabeberichterstattung ist für die Durchführungsträger problematisch. Denn bei Offenheit und Transparenz könnte es naheliegen, dass die Kostenträger sich selbstkritisch bewertende Institutionen bei den nächsten Ausschreibungsverfahren nicht mehr berücksichtigen. Das Ergebnis sind daher Berichte, die nicht auf einer Evaluationskultur beruhen.

Ein weiterer latenter Widerspruch ergibt sich für die Institutionen durch ihre meist konfessionelle Bindung. Das Spannungsverhältnis zwischen einem normativen Leitbild und betriebswirtschaftlicher Rationalität führt dazu, zum Beispiel durch Ausgründungen tarifliche Einstufungen zu unterlaufen, die Belegschaft in Kern- und Randgruppen zu differenzieren, dabei aber weiterhin eine inklusive Gesellschaft propagieren zu müssen. Fachgerechte Ausstattungen beruflicher Qualifizierungszentren und anspruchsvolle zertifizierbare Curricula erfordern eine Planungssicherheit für Träger von etwa einem Jahrzehnt. Solche Zeitperspektiven werden ihnen allerdings nicht zugebilligt. Daher müssen die geforderten Netzwerke und Runde Tische zur Koordination und Transparenz von Teilhabeleistungen zu einer Spannung zwischen unterschiedlichen Interessengruppen führen. Der Deutsche Verein für öffentliche und private Fürsorge vertritt die Konzeption der Sozialraumorientierung von Inklusion und ist Vorbild für viele Konzeptionen, die diesen Aspekt als unverzichtbar ansehen (DV 2011). Die Chancen eines solchen Ansatzes lassen sich mit dezentralen Lösungen und einem Dialog zwischen Beteiligten charakterisieren. Allerdings ist auch zu sehen, dass solche community care auf De-Professionalisierung setzt. Dieses Konzept könnte aber auch ein Instrument sein, professionelles Handeln kostensparend durch ehrenamtliche Empowerment-Unterstützer zu ersetzen. Umgekehrt sind auch neue Konzepte des Verwaltungshandels und des Managements der Verbände, Träger und Organisationen auf eine flexible und effiziente Existenzsicherung der Einrichtungen ausgerichtet und sichern Geschäftsfelder in der beruflichen wie sozialen Rehabilitation und Teilhabe.

Auf der Ebene der konkreten Handlung zeigen die unterschiedlichen Sichtweisen geschuldeten good practice-Sammlungen als Gemeinsamkeit die Orientierung an Nischen-Konzepten, die personengebunden und punktuell bleiben (Biermann/Bonz 2011; Schwalb/Theunissen 2012; Basener/Walter 2013). Propagiert werden als Strategien die Öffnung von Werkstätten oder deren Weiterentwicklung, Prinzipien der »umgekehrten Integration« durch Angebote auch für nicht behinderte Arbeitnehmer. Als Branchen werden zunehmend Dienstleistungen ausgewiesen, so Hoteltätigkeiten, aber auch der Grünbereich, wie ökologischer Obstbau, erfährt eine Renaissance. Charakteristisch für die Situation der konkreten Handlung sind Widersprüche, die in den »oberen« Ebenen nicht gelöst werden konnten und die »durchdrücken«. So fehlt die Autonomie, eigenständig Zielgruppen zu rekrutieren oder Personalkompetenzen zu verändern, z. B. anstelle eines Sozialpädagogen einen Designer gegenüber dem Kostenträger abzurechnen, das Fachkonzept zu modifizieren und neue Formen von Ausbildung, Arbeit, Weiterbildung zu erproben oder den arbeitnehmerähnlichen Statuts von Werkstattbeschäftigten zugunsten eines Arbeitnehmerstatus mit Mindestlohn aufzuheben. Zwar wird inzwischen eine Vielzahl an Fallbeispielen zur beruflichen Inklusion vorgestellt, deren Generalisierung aber bleibt fraglich. Besonders kritisch für ein umfassendes Konzept der Inklusion und Vielfalt ist die übliche Unterscheidung der begrifflichen Kategorie Integration für Maßnahmen bezogen auf Migration und sozial Benachteiligte und von Inklusion als Etikett für Maßnahmen bei Behinderung.

Fazit: es ist bisher nicht möglich, die vorhandenen personellen und finanziellen Ressourcen im Top-down Ansatz zugunsten der Betroffenen zu bündeln und in einem Bottom-up Konzept Innovationen autonom experimentell zu entwickeln bzw. beide Ansätze miteinander zu verknüpfen. Eine Evaluationskultur ist zwar zwingend erforderlich, um die Ansätze zu steuern, beinhaltet aber ein existenzielles Risiko für Träger und Institutionen gegenüber politischen Entscheidungs- und Kostenträgern. Das prinzipielle Dilemma zwischen Leistungsbedarfsfeststellungsverfahren für Leistungen und einer damit verbundenen Maßnahmepädagogik und einer offenen Angebotspädagogik für alle im Sinne von Vielfalt und Barrierefreiheit lässt sich auf dieser Ebene nicht lösen.

Neben den beschriebenen Ebenen muss sich auch Wissenschaft die Frage nach dem zugrunde gelegten Interesse stellen, weil sie Politikberatung, Masterpläne, Modellversuche, Berichte zu verantworten hat und damit quer zu den hierarchischen Ebenen zu verorten ist. Zwar ist Rehabilitationswissenschaft per se interdisziplinär angelegt, aber es dominieren Vertreter von Medizin und Psychologie (vgl. die Plattform REHADAT). Berufspädagogik und Arbeitswissenschaften sind eher marginal vertreten, obwohl es sich mit der beruflichen Rehabilitation um einen gesetzlich definierten Auftrag handelt.

Hinsichtlich der Kataloge eines Index of Inclusion stellt sich die Frage der Transparenz: wer definiert nach welchen Kriterien die Aspekte? Auch eine Evaluationskultur steht noch aus, so dass Maßnahmen auch von Wissenschaftlern hauptsächlich politisch gewertet werden und weniger wissenschaftlichen Standards verpflichtet sind. Die Gutachten zum Persönlichen Budget sind ein Beispiel von Legitimationsarbeiten mit nicht gesicherten Annahmen zur Generalisierung von Konzepten (DB 2013). Die inzwischen vorliegenden Berichte zu Bildung, Berufsbildung, Teilhabe und Behinderung stützen sich alle auf Indikatoren, die weitgehend politisch vorgegeben sind. Wissenschaftliche Expertise hat auch nicht ausgeschlossen, dass Alltagstheorien wie die zu Berufsunreife in politische Gremien wie dem Pakt für Ausbildung und Fachkräftesicherung einfließen.

Zu fragen wäre eigentlich, warum sich trotz oder wegen aller Förderung und Reformen die Größenordnung der im Erwerbsleben Marginalisierten im Vergleich zu der Generation, die jetzt aus dem Arbeitsleben ausscheidet, faktisch verdoppelt hat. Ein Grund ist die rigide Outcome-Orientierung, die qualitative Aspekte, wie berufliche Sozialisationsprozesse, ausklammert (vgl. PIAAC Studien bei OECD 2013; DIPF 2013). Damit reduzieren sich Qualitätskriterien auf bloße Vermittlungsquoten, gesetzliche Bildungsaufträge und Teilhabegebote auf Employability.

Perspektive inklusive Arbeitswelt

Inklusion im Sinne eines erweitertes Verständnis des Begriffs würde die klassischen Arbeitskräfte-Reservepotenziale umfassen: Ältere, Migranten, Flüchtlinge, Jugendliche, Behinderte, Modernisierungsverlierer, Frauen. Eine solche umfassende Strategie im Umgang mit Heterogenität würde einen radikalen Umbau der gesellschaftlichen Strukturen erfordern, auf jeden Fall aber eine Neuauflage des Programms »Humanisierung der Arbeitswelt« (HdA), das im Internationalen Jahr des Behinderten 1981 auch Personen mit Handicaps thematisierte. Aspekte von Humanisierung sind ein Mehr an Autonomie, Demokratisierung betrieblicher Abläufe und Entscheidungen, aber auch neue personenbezogene arbeitsorganisatorische Ansätze wie Job-Engagement oder Rotation oder Gruppenarbeit. Auch die ergonomische Gestaltung von Arbeitsplätzen zählt zu den klassischen Aufgaben, die durch HdA-Forschungsprogramme begleitet wurden. Geht man nicht von der Totalität des Inklusionskonzepts aus, wonach das System den Bedarfen und der Subjektivität zu folgen hat, sondern betont pragmatisch und experimentell orientierte Konzeptionen, so kommt eine Förderung im Arbeitsprozess als Prinzip allen zugute. Insbesondere durch Informatisierung, durch Optimierung von Messen, Steuern, Regeln und durch die Flexibilisierung der Arbeitszeiten und Arbeitsorte sowie Entrepreneurship (Eigenbeschäftigung und Genossenschaften) eröffnen sich neue Chancen. Zu fragen bleibt, warum ein ausgereiftes, wissenschaftlich reflektiertes Konzept wie RehaFutur nur schleppend umgesetzt wird oder warum Betriebliches Eingliederungsmanagement, das nicht mehr nach Behinderung fragt, nur in Großbetrieben erfolgt und von Arbeitnehmervertretern sogar – entgegen aller wissenschaftlichen Modellversuchsberichte – als Ausgliederungsmanagement charakterisiert wird. Offensichtlich verhindern normative Orientierung und theoretische Defizite bei der Konzeptionierung, Steuerung und Evaluierung von Teilhabeprozessen eine inklusive Berufsbildung und Beschäftigung – verkehren, ideologiekritisch betrachtet, ihr positives Postulat auf gesellschaftliche Teilhabe durch barrierefreie Erwerbsarbeit ins Gegenteil.

Literatur

Abel, J./Hirsch-Kreinsen, H./Ittermann, P. (2009): Made simple in Germany? Entwicklungsverläufe industrieller Einfacharbeit. In: WSI-Mitteilungen: Monatszeitschrift des Wirtschafts- und Sozialwissenschaftlichen Instituts in der Hans-Böckler-Stiftung. H. 11, S. 579-585.

ADA (American Disability Association) (2014). http://www.adanet.org [Abruf 1.1. 2014].

ARGE BFW (Arbeitsgemeinschaft Die Deutschen Berufsförderungswerke) (2014): Das Reha-Modell der Deutschen Berufsförderungswerke. http://www.arge-bfw.de/rehamodell/[Abruf 1.1.2014].

ASMK (Arbeits- u. Sozialministerkonferenz) (2013): Ergebnisprotokoll der 90. Konferenz der Ministerinnen und Minister, Senatorinnen und Senatoren für Arbeit und Soziales der Länder am 27./28. November 2013 in Magdeburg. http://www.asmk. sachsen-anhalt.de/fileadmin/Bibliothek/Politik_und_Verwaltung/MS/ASMK/ 90_ASMK/Protokoll_90_ASMK_final_extern_barrierefrei.pdf. [Abruf 1.4.2014].

BA (Bundesagentur für Arbeit) (2004): Berufsvorbereitende Bildungsmaßnahmen (BvB). Neues Fachkonzept. Vom 12. Januar 2004. Anlage 1: Fachliche Hinweise, Anlage 2: Verfahrensregelungen. Hekt. Nürnberg: BA 2004, desgl. 2006.

BA (Bundesagentur für Arbeit) (Hrsg.) (2006): Nationaler Pakt für Ausbildung und Fachkräftenachwuchs in Deutschland – Kriterienkatalog zur Ausbildungsreife. Nürnberg. www.arbeitsagentur.de; www.pakt-fuer-ausbildung.de (Stand Feb. 2006).

BA (Bundesagentur für Arbeit) (2010): Fachkonzept für berufsvorbereitende Bildungsmaßnahmen nach §§ 61, 61a SGB III. http://www.good-practice.de/fachkonzept_bvb5_web.pdf, aktualisiert am 21.07.2010.

BA (Bundesagentur für Arbeit) (Stand: 2012): Fachkonzept »Berufsvorbereitende Bildungsmaßnahmen mit produktions-orientiertem Ansatz (BvB-Pro)«. In: HEGA-11-2012-VA-BvB-mit-produktionsorientiertem-Ansatz-Anlage-1.pdf.

Bach, H. (1974): Das Mainzer Modell. Sonderpädagogische Problemanalyse. In: BIBB (Hrsg.): Berufliche Bildung für gesellschaftliche Randgruppen. Das Beispiel der Jungarbeiter. Hannover, S. 71-102 (Schriften zur Berufsbildungsforschung, Bd. 28).

BAG BBW (Bundesarbeitsgemeinschaft der Berufsbildungswerke) (2014): Machbarkeitsstudie ICF. http://www.bagbbw.de/projekte/machbarkeitsstudie-icf/#print [Abruf 1.1.2014].

Basener, D./Walter, J. (Hrsg.) (2013): Umbauen und Öffnen. Werkstätten auf dem Weg zur Inklusion. Gesellschaft für psychosoziale Einrichtungen, Mainz. Hamburg.

Berufsbildungsgesetz vom 14. August 1969 (BBiG) (1969). BGBl. I S. 1112. Außer Kraft getreten am 1.4.2005 durch Artikel 8 Abs. 1 des Gesetzes zur Reform der beruflichen Bildung (Berufsbildungsreformgesetz-BerBiRefG) (BGBl. 2005 Teil 1 Nr. 20 S.931, ausgegeben Bonn am 31.03.2005).

Berufsbildungsgesetz vom 23. März 2005 (BGBl. I S. 931), zuletzt durch Artikel 22 des Gesetzes vom 25. Juli 2013. BGBl. I S. 2749.

BIBB (2013): Expertenmonitor berufliche Inklusion. https://expertenmonitor.bibb.de [Abruf 19.11.2013].

Biermann, H. (2004): Segmentierung Behinderter und Benachteiligter durch Förderung. In: bwp@ Ausg. 6. http://www.bwpat.de/ausgabe6/biermann-bwpat6.shtml. [1.4.2014].
Biermann, H. (2008): Pädagogik der beruflichen Rehabilitation. Stuttgart, S. 52-96.
Biermann, H./Bonz, B. (2011) (Hrsg.): Inklusive Berufsbildung. Didaktik beruflicher Teilhabe trotz Behinderung und Benachteiligung. Baltmannsweiler.
BLK (Bund-Länder-Kommission für Bildungsplanung) (1974): Bildungsgesamtplan. Stuttgart, 2 Bde.
BMAS (2011a) (Hrsg.): (Bundesministerium für Arbeit und Soziales). Unser Weg in eine inklusive Gesellschaft. Der Nationale Aktionsplan der Bundesregierung zur Umsetzung der UN-Behindertenrechtskonvention. Berlin.
BMAS (2011b): Implementierung von Inklusionskompetenz bei Kammern (IvIK) Informationen für Kammern, die sich an der Initiative Inklusion mit Projekten zur Verbesserung der Teilhabe schwer – behinderter Menschen am Arbeitsleben beteiligen. http://www.bmas.de/SharedDocs/Downloads/DE/inklusionskompetenz-bei-kammern.pdf?__blob=publicationFile.
BMAS (2011c): Übereinkommen der Vereinten Nationen über Rechte von Menschen mit Behinderungen- Erster Staatenbericht der Bundesrepublik Deutschland. Vom Bundeskabinett beschlossen am 3. August 2011. http://www.bmas.de/SharedDocs/Downloads/DE/staatenbericht-2011.pdf?__blob=publicationFile.
BMAS (2013a): Teilhabebericht der Bundesregierung über die Lebenslagen von Menschen mit Beeinträchtigungen. Teilhabe-Beeinträchtigung-Behinderung. Bonn.
BMAS (2013b): Zusammenarbeiten. Inklusion in Unternehmen und Institutionen. Ein Leitfaden für die Praxis. Berlin. http://www.bmas.de/SharedDocs/Downloads/DE/PDF-Publikationen/a755-nap-leitfaden.pdf?__blob=publicationFile.
BMAS (2014): Schwerpunkt Nationaler Aktionsplan. Dachkampagne zur Umsetzung der UN-Behindertenrechtskonvention. http://www.bmas.de/DE/Themen/Schwerpunkte/NAP/inhalt.html [Abruf 1.1.2014].
BMBF (2003): Berufsausbildungskonferenz »Ausbilden jetzt – Erfolg braucht alle«, 14./15. Juli 2003 in Schwerin im Landtag Mecklenburg-Vorpommern Schloss Schwerin. Bonn 2003.
BMBF (2007): 10 Leitlinien zur Modernisierung der beruflichen Bildung – Ergebnisse des Innovationskreises berufliche Bildung. Bonn, Berlin 2007.
BMBF (2011): Nationale Strategie für Alphabetisierung und Grundbildung Erwachsener. Förderschwerpunkt »Arbeitsplatzorientierte Alphabetisierung und Grundbildung Erwachsener« (Laufzeit 2012-2016). http://www.bmbf.de/de/426.php. [Abruf 1.4.2014].
BMBW [BMBF] (1992): Sozialpädagogisch orientierte Berufsausbildung. Empfehlungen und Informationen für die Ausbildungspraxis in der Benachteiligtenförderung. Bonn.
Boban, I. (2012): Der Index für Inklusion im Überblick. In: Reich, K. (Hrsg.): Inklusion und Bildungsgerechtigkeit. Standards und Regeln zur Umsetzung einer inklusiven Schule. Weinheim, Basel, S. 159-179.
Boban, I./Hinz, A. (2012): Inklusive Schulentwicklung mit dem Index für Inklusion. In: berufsbildung, Jg. 66, H. 137, S. 13-15.

Booth, Tony/Ainscow; M. (2002): Index for Inclusion: developing learning and participation in schools. Centre for Studies on Inclusive Education (CSIE) (ed.), 3. ü Aufl. 2011. Dt. Bearb.: Boban, I./Hinz, A. (Hrsg.) (2003): Index für Inklusion. Halle (Martin-Luther-Universität, FB Erziehungswiss.).

Collingro, P./Kaufmann-Sauerland, L. (Hrsg.) (1985): Maßnahmekarrieren in der beruflichen Bildung. Ergebnisse der Hochschultage Berufliche Bildung '84. Wetzlar.

DAK-Gesundheit/iges-Institut (2013): Gesundheitsreport 2013. Analyse der Arbeitsfähigkeitsdaten. Update psychischer Erkrankungen. Sind wir heute anders krank? Hamburg. http://www.dak.de/dak/download/Gesundheitsreport_2013-1146388.pdf.

Deutsche Akademie für Rehabilitation (2009): Stellungnahme der wissenschaftlichen Fachgruppe RehaFutur zur Zukunft der beruflichen Rehabilitation in Deutschland. Bonn (BMAS Forschungsbericht F 303).

DB (Deutscher Bundestag) (2013): Umsetzung der Leistungsform Persönliches Budget. Drucksache 17/14605 v. 22.08.2013. http://dip21.bundestag.de/dip21/btd/17/146/1714605.pdf.

Deutsches Institut für Menschenrechte (2011): Eckpunkte zur Verwirklichung eines inklusiven Bildungssystems (Primarstufe und Sekundarstufen I und II). Stellungnahme der Monitoring-Stelle (31.3.2011). Empfehlungen an die Länder, die Kultusministerkonferenz (KMK) und den Bund vom 7. März 2011. http://www.institut-fuer-menschenrechte.de/uploads/tx_commerce/stellungnahme_der_monitoring_stelle_eckpunkte_z_verwirklichung_eines_inklusiven_bildungssystems_31_03_2011.pdf.

DIPF (Deutsches Institut für Internationale Pädagogische Forschung) (2013): PIAAC R 1 – Internationale Studie zur Untersuchung von Alltagskompetenzen Erwachsener. Projektlaufzeit 7/2008-5/2013. www.dipf.de/forschung/projekte/piaac-r1 [Abruf 1.4.2914].

Dirmhirn, A. (2012): Körperbehindert und »normaler« Arbeitnehmer. In: Walter, J./Basener, D. (Hrsg.): Mitten im Arbeitsleben: Werkstätten auf dem Weg zur Inklusion. 2. Aufl. Hamburg, S. 64-80.

Duisburger Arbeitskreis »Berufe für Behinderte« (1971): Studie: Untersuchung und Vorschläge für die Erweiterung und Verbesserung der Ausbildungsmöglichkeiten für Behinderte. Duisburg.

DUK (Deutsche Unesco-Kommission) (2009): Inklusion: Leitlinien für die Bildungspolitik. Bonn.

DUK (Deutsche Unesco-Kommission) (2013): Unesco Leitlinien zur Inklusion. http://www.unesco.de/index.php?id=4162 [Abruf 01.01.2014].

DUK (Deutsche Unesco-Kommission) (2014): Bonner Erklärung zur inklusiven Bildung in Deutschland verabschiedet von den Teilnehmenden des Gipfels »Inklusion – Die Zukunft der Bildung« am 20. März 2014 in Bonn. http://www.unesco.de/gipfel_inklusion_erklaerung.html [Abruf 30.03.2014].

DV (Deutscher Verein für öffentliche und private Fürsorge) (2011): Eckpunkte des Deutschen Vereins für einen inklusiven Sozialraum (verabschiedet v. Präsidium d. DV am 7. 12.2011). http://www.deutscher-verein.de/05-empfehlungen/empfehlungen_archiv/2011/DV%2035-11.pdf.

DVfR (Deutsche Vereinigung für Rehabilitation) (2014): 8. Sitzung des ad hoc Arbeitskreises zur Entwicklung von Eckpunkten für die Feststellung des Bedarfs an Teilhabeleistungen (Bedarfsfeststellungsverfahren, BfV) am 10.4.2014 in Berlin (interne Unterlagen, DVfR-Empfehlung i.V.).

Enggruber, R. u. a.: Inklusive Berufsausbildung. Ergebnissse aus dem BIBB-Expertenmonitor 2013. http://www.bibb.de/dokumente/pdf/bericht_expertenmonitor_2013.pdf.

Fahle, K./Thiele, P. (2003): Der Brügge-Kopenhagen-Prozess – Beginn der Umsetzung der Ziele von Lissabon in der beruflichen Bildung. In: Berufsbildung in Wissenschaft und Praxis (BWP). Jg. 32, H. 4, S. 9 – 12.

Feyerer, E. (2012): Der Umgang mit besonderen Bedürfnissen im Bildungswesen. In: Zeitschrift für Inklusion – online.net. Nr. 4. http://www.inklusion-online.net/index.php/inklusion-online/article/view/33/33 [Abruf 1.1.2014].

Finke, B. (2007): Weiterentwicklung der Teilhabemöglichkeiten von Menschen mit Behinderungen – Zukunft der Werkstätten aus Sicht der BAGüS – Vollfassung des Vortrages am 7.8.2007 in Soest. http://www.lwl.org/spur-download/bag/finke 07082007.pdf.

Fürst Donnersmarck-Stiftung/DVfR. (2004): Agenda 22. Umsetzung der UN-Standardregeln auf lokaler und regionaler Ebene. Behindertenpolitische Planungsrichtlinien für kommunale und regionale Behörden. Überarbeitet Version. Berlin (Deutsche Ausgabe Agenda 22). http://www.fdst.de/w/files/pdf/agenda_22_deutsch.pdf.

Gans, P. (2011): Bevölkerung. Entwicklung und Demographie in unserer Gesellschaft. Darmstadt.

Greinert, W.-D. (1990): Systeme beruflicher Bildung im internationalen Vergleich – Versuch einer Klassifizierung. In: BMBW. Innovative Methoden in der beruflichen Bildung. Bericht über das Internationale Unesco-Symposium Hamburg, 5.-9. Juni 1989. Bonn: BMBW, S. 15-19 (Bildung, Wissenschaft International, 1/1990).

Greinert, W.-D. (1998): Das »deutsche System« der Berufsausbildung: Tradition, Organisation, Funktion. 3. ü. Aufl. Baden-Baden.

Greinert, W.-D./Wolf, S. (2010): Die Berufsschule – radikale Neuorientierung oder Abstieg zur Restschule? Frankfurt.

Hirsch-Kreinsen, H. (2000): Arbeitskraft-Unternehmer und Tagelöhner. In: Frankfurter Rundschau v. 14.11.2000, S. 20.

Hollenweger, J./Lienhard, P. (2009): Das »Standardisierte Abklärungsverfahren«: Konzeption und nächste Schritte. In: Schweizerische Zeitschrift für Heilpädagogik. Jg. 15, H. 10, S. 6-13.

Institut für Höhere Studien, Wien (IHS) (2012): beeinträchtigt studieren. Datenerhebung zur Situation Studierender mit Behinderung und chronischer Krankheit 2011. U. Mitarb. v. Wejwar, P./Unger, M./Zaussinger, S./Laimer, A. hg. v. Deutsches Studentenwerk (DSW). Bonn. http://www.studentenwerke.de/pdf/beeintraechtigt_ studieren_datenerhebung_01062012.pdf.

Kern, H./Schumann, M. (1970): Industriearbeit und Arbeiterbewusstsein. Eine empirische Untersuchung über den Einfluss der aktuellen technischen Entwicklung auf die industrielle Arbeit und das Arbeiterbewusstsein. Frankfurt.

Kern, H./Schumann, M. (1984): Das Ende der Arbeitsteilung? Rationalisierung in der industriellen Produktion: Bestandsaufnahme, Trendbestimmung. München.

Klein, K.-P. (1974): Chancen und Probleme der beruflichen Integration von Schulabgängern ohne Hauptschulabschluss. Untersuchungen zu Art, Umfang und pädagogischer Orientierung berufsfördernder Schulungsmaßnahmen für Lernbehinderte und -gestörte. Göttingen (Kommissionf. wirtschaftlichen u. sozialen Wandel, Bd. 29).

KMK (Kultusministerkonferenz) (1996): Handreichungen für die Erarbeitung von Rahmenlehrplänen der Kultusministerkonferenz (KMK) für den berufsbezogenen Unterricht in der Berufsschule und ihre Abstimmung mit Ausbildungsordnungen des Bundes für anerkannte Ausbildungsberufe.1996/2000/2007/2011. http://www.kmk.org/fileadmin/veroeffentlichungen_beschluesse/2007/2007_09_01-Handreich-Rlpl-Berufsschule.pdf.

Koch, J. u. a. (1992): Leittexte – ein Weg zu selbständigem Lernen – Teilnehmerunterlagen. Bielefeld.

Konsortium Bildungsberichterstattung (2006): Bildung in Deutschland. Ein indikatorengestützter Bericht mit einer Analyse zu Bildung und Migration. Im Auftrag der Ständigen Konferenz der Kultusminister der Länder in der Bundesrepublik Deutschland und des Bundesministeriums für Bildung und Forschung. Bielefeld 2006.

Möller, J./Walwei, U. (Hrsg.) (2009): Handbuch Arbeitsmarkt 2009: Analysen, Daten, Fakten. Bielefeld.

Möller, J. (2013): Mythen der Arbeit. Wer arbeitet, muss davon seine Familie ernähren können – stimmt's? http://www.spiegel.de/karriere/berufsleben/wer-arbeitet-muss-davon-seine-familie-ernaehren-koennen-stimmt-s-a-902356.html [Abruf 1.4.2014].

OECD (2013): Programme for the International Assessment of Adult Competencies (PIAAC). http://www.oecd.org/site/piaac/[Abruf 01.01.2014].

Parmentier, K./Dostal, W. (2002): Qualifikation und Erwerbssituation in Deutschland: Konzeption und inhaltliche Schwerpunkte der BIBB/IAB-Erhebungen. In: Kleinhenz, G. (Hrsg.): IAB-Kompendium Arbeitsmarkt- und Berufsforschung. Nürnberg. S. 31-44.

Pfaff, H. u. Mitarb. (2012): Lebenslagen der behinderten Menschen. Ergebnis des Mikrozensus 2009. In: Wirtschaft und Statistik, S. 232–243

Pütz, H. (1993): Integration der Schwachen – Stärke des dualen Systems. Förderung der Berufsausbildung von benachteiligten Jugendlichen ; neue Strukturen und Konzeptionen. Berlin (Berichte z. berufl. Bildung, 162).

Rehabilitation International (RI) (2010): Die UN-Behindertenrechtskonvention in Europa – Wirkungen auf beteiligte Individuen und auf das Rehabilitations-Management. Generalversammlung und 9. Europäische Regionalkonferenz für Rehabilitation im November 2010 in Kopenhagen/Dänemark. http://www.dvfr.de/internationales/meldungen/single-news/article//rehabilitation-international-ri-generalversammlung-und-9-europaeische-regionalkonferenz-fuer-reh/[Abruf 01.01.2013].

Rützel, J. (2013): Inklusion als Perspektive einer zukunftsorientierten Berufsbildung und die Bewältigung des demographischen Wandels. In: bwp@ Spezial 6 – Hochschultage Berufliche Bildung 2013, Workshop 22, hg. v. Münk, D., S. 1-19. http://www.bwpat.de/ht2013/ws22/ruetzel_ws22-ht2013.pdf.

Schildmann, U. (2013): Die Genderperspektive in der Inklusiven Pädagogik. In: Zeitschrift für Inklusion-online.net. Nr. 3. http://www.inklusion-online.net/index.php/inklusion-online/article/view/42/42 [Abruf 1.4.2014].

Schelsky, H. (1953): Arbeitslosigkeit und Berufsnot der Jugend. 2 Bde. Köln 1953.

Schwalb, H./Theunissen, G. (2013): Unbehindert arbeiten, unbehindert leben. Inklusion von Menschen mit Lernschwierigkeiten im Arbeitsleben im internationalen Vergleich. Stuttgart

Schweikert, K. u. a. (1976): Jugendliche ohne Berufsausbildung, ihre Herkunft, ihre Zukunft. Analytische und konzeptionelle Ansätze. Hannover (Schriften z. Berufsbildungsforschung, Bd. 30).

SGB IX (2001) (Sozialgesetzbuch Neuntes Buch – Rehabilitation und Teilhabe behinderter Menschen). BGBl. I S. 1046 v. 19.6.2001. (Zuletzt geändert d. Art. 3 d. Gesetzes v. 14.12.2012, BGBl. I, S. 2598).

Spath, D. (2014) (Hrsg.): Produktionsarbeit der Zukunft – Industrie 4.0. Stuttgart: Fraunhofer-Institut für Arbeitswirtschaft und Organisation, IAO. Fraunhofer IAO-Studie_Produktionsarbeit_der_Zukunft_-_Industrie_4.0.pdf (Buchpublikation i.V.).

Theunissen, G.: Entwicklung und Diskussionsstand eines praxisgestalteten Paradigmas in Europa. In: Schwalb, H./Theunissen, G. (Hrsg.): Unbehindert arbeiten, unbehindert leben. Inklusion von Menschen mit Lernschwierigkeiten im Arbeitsleben im internationalen Vergleich. Stuttgart: 2013, S. 9-23.

Trolsch, K./László, A./Bardeleben, R. v./Ulrich, J. G. (1999): Jugendliche ohne Berufsausbildung: eine BIBB/EMNID-Untersuchung. http://www.bibb.de/dokumente/pdf/a21_erste_schwelle_meldung_03_2002_bibb-emnid.pdf.

Unesco (1996): Salamanca-Erklärung: Pädagogik für besondere Bedürfnisse. Die Salamanca-Erklärung und der Aktionsrahmen zur Pädagogik für besondere Bedürfnisse. Angenommen von der Weltkonferenz »Pädagogik für besondere Bedürfnisse: Zugang und Qualität«, Salamanca, Spanien, 7.-10. Juni 1994. Dt. hg. v. d. Österreichischen UNESCO-Kommission. Linz.

United Nations (UN) (2006): Convention on the Rights of Persons with Disabilities (CRPD). http://www.un.org/disabilities/default.asp?id=259 (01.01.2014). Deutsch: Gesetz zu dem Übereinkommen der Vereinten Nationen vom 13. Dezember 2006 über die Rechte von Menschen mit Behinderungen sowie dem Fakultativprotokoll vom 13. Dezember 2006 zum Übereinkommen der Vereinten Nationen über die Rechte von Menschen mit Behinderungen. BGBl. II Nr. 35, S. 1419 v. 31.12.2008.

Walter, J./Basener, D. (2013): Umbauen und Öffnen. Werkstätten auf dem Weg zur Inklusion. Hamburg.

Wiemann, G. (1975): Ansätze zur Lösung des Jungarbeiterproblems. Göttingen: Schwarz (Kommission f. wirtsch. u. sozialen Wandel, Bd. 68).

Wocken, H. (2011): Das Haus der inklusiven Schule. Baustellen – Baupläne – Bausteine. Hamburg.

World Health Organization (WHO) (2001): International Classification of Functioning, Disability and Health. Genf. Deutsche Übersetzung: DIMDI (2004). WHO-Kooperationszentrum für die Familie Internationaler Klassifikationen (Hrsg.): Internationale Klassifikation der Funktionsfähigkeit, Behinderung und Gesundheit. Köln.

World Health Organization (WHO) (2011): Weltbericht Behinderung. (World Report on Disability). Genf.

Zeitschrift für Inklusion – online.net (2013): Begriff Inklusion. Thema Nr. 1/2013. http://www.inklusion-online.net/index.php/inklusion-online/issue/view/3 [Abruf 1.1.2014].

Berufsbezogene Lehr- und Lernprozesse unter Inklusionsanspruch

Richard Huisinga

1 Das gesellschaftliche Transformationsgefüge – Freisetzungen

Berufliche Lehr- und Lernprozesse sind seit gut vierzig Jahren in allen möglichen Varianten Gegenstand berufs- und wirtschaftspädagogischer Erörterung gewesen. Eine solche Zeitspanne sollte eigentlich genügen, um die wesentlichen Fragen dessen zu klären, worauf diese Prozesse zielen, nämlich das Passungsproblem zwischen dem (beruflichen) Bildungs- und Beschäftigungssystem zu lösen. Passung ist dabei herzustellen im Hinblick auf die Verkehrsformen, mit denen Menschen ihre Reproduktion betreiben (wesentlich Sprache, Kompetenzen, Qualifikationen, Wissen, mentale Muster, Handhabungs- und Gestaltungspraktiken, Reflexivität). In den

Verkehrsformen drücken sich ihre Beziehungen zur übrigen Natur und zu anderen Menschen als Arbeit aus. Insofern drückt sich in den Verkehrsformen das Leben als produzierendes und gestaltendes gesellschaftliches Sein und als wechselseitiger Austausch von Aktivitäten und Kommunikation aus (vgl. Lisop/Huisinga 2004, S. 202). Besonders sei in diesem Zusammenhang auf fachspezifische Denk- und Arbeitsmuster hingewiesen und solche der allgemeinbildenden Fächer. Sie eröffnen, zusammen mit Überblicken über das Objektfeld des Faches, gute Zugänge zur gesellschaftlichen Relevanz eines Faches. Diese ergibt sich neben der inhaltlichen Seite aus der Perspektivität, mit welcher Wissen und Erkenntnis erbracht und Problemlösen ermöglicht werden sollen. Bildungsprozesse generell haben die Funktion, Verkehrsformen zu reproduzieren und damit das Passungsproblem als ein gesellschaftliches zu reduzieren.

Aus Gründen, die hier im Detail nicht dargestellt werden können (vgl. Huisinga 2005; Buchmann 2007), unterliegt die Reproduktionsfunktion des beruflichen Bildungswesens einer Veränderung, die sich spätestens Mitte der 1990er Jahre mit dem sogenannten Bologna-Prozess andeutete. Die Veränderung der Reproduktionsfunktion beruflicher Bildungsprozesse resultiert zunächst aus der einseitigen, nicht auf das Ganze des Bildungssystems bezogenen Regulation eines europäischen Hochschulrechtsraumes mit einem Qualifikationsniveau auf Bachelor-Ebene, welche unweigerlich einen Verdrängungswettbewerb nach unten herauf beschworen hat und immense innereuropäische Anerkennungsproblematiken.

Ferner ist es der betrieblichen Berufsausbildung immer weniger gelungen, die Reproduktionsfunktion mit Blick auf ihre Integrationswirkung zu erfüllen. Besonders deutlich lässt sich die Entwicklung an der Quote der ausbildenden Betriebe ablesen[1]. Nach und nach hat sie seit der 1975 Krise diese Funktion an die schulische und außerbetriebliche bzw. sozialpädagogische Berufsausbildung abgetreten. Diesen Zustand formalisierte die Novellierung des Berufsbildungsgesetzes von 2005 und brach damit den langjährigen Alleinvertretungsanspruch der Betriebe für Fragen von beruflicher Ausbildung. Die nationalen Bildungsberichte dokumentieren seit dem Jahr 2006 diese Entwicklung (vgl. Autorengruppe 2008, 2010, 2012) kontinuierlich. Danach ist Berufsausbildung unterhalb der Hochschulebene dreifach institutionell segregiert: Ausbildung in Betrieben, Ausbildung in Schulen, Ausbildung im Übergangssystem. Das sogenannte Über-

---

1 Vgl. die Entwicklung der Ausbildungsbetriebsquote, die vom BIBB laufend erhoben wird.

gangssystem bietet nach Auffassung des nationalen Bildungsberichtes bzw. der Autorengruppe allerdings keine vollqualifizierende Ausbildung an, sondern lediglich berufsvorbereitende Qualifizierungsbausteine ganz unterschiedlicher Art.[2] Die Segregationsanteile haben sich im Verhältnis 50:20:30 (betriebliche, schulische, außerschulische Berufsausbildung) stabilisiert und schwankten in den letzten Jahren je nach wirtschaftlich-konjunktureller Lage um fünf Prozent entweder zugunsten des Übergangssystems und zulasten der Ausbildung in Betrieben oder umgekehrt (zur Segmentierung vgl. Biermann 2011a).

Darüber hinaus wird die Reproduktionsfunktion durch den Harmonisierungsdruck der Europäischen Union (EU) neu justiert (vgl. Lisop 2006). Berufsausbildung in Deutschland hat die Bindung an die Belange der EU lange Zeit nicht ernst genug genommen. Erst nachdem sichtbar wurde, wie im Bereich der Hochschulen mit den entsprechenden Instrumenten (konsekutive Studiengänge, Modularisierung, Kreditpunktesystem und Verfahren der Akkreditierung und Zertifizierung) der nationale Beharrungswille gebrochen wurde, zeigten sich entsprechende Korrekturen. Zum Instrumentarium der EU-Politik gehören unverrückbar der sogenannte Europapass (vgl. EU 2004), der Europäische Qualifikationsrahmen (vgl. EU 2008), das Leistungspunktesystem ECVET (vgl. EU 2009) sowie allgemeine Prinzipien und Leitlinien der Qualitätssicherung (vgl. Kommission der Europäischen Gemeinschaften 2005). Der europäische Harmonisierungsdruck hat weitreichende Auswirkungen auf die Personalentwicklung, Prozesse der Evaluation und vor allem auf die curriculare Gestaltung von Lehr- und Lernprozessen, wie die folgenden und leicht erweiterbaren Fragen verdeutlichen:

- Was soll unter Modularisierung der beruflichen Bildung verstanden werden?
- Wie ist die Anerkennung von »Lerning-Outcomes« mit dem Kreditpunktesystem vereinbar?
- Welche leistungsbezogenen Bezugsnormen gelten?
- Wie verändert sich die Funktion der Sozialpartner bei der Generierung von Ausbildungsordnungen? Können die »Zuständigen Stellen« und

---

2 Der Bericht irrt insofern, als es auch im sozialpädagogisch betreuten Übergangssystem Berufsausbildung nach BBiG gibt, finanziert durch die Bundesagentur für Arbeit. Die praktische Erfahrung einer betrieblichen Berufsausbildung wird in diesem Fall durch Praktika ersetzt. Er irrt dort nicht, wo es um die vielen nach SGB finanzierten Hilfsmaßnahmen geht.

Prüfungsausschüsse durch private Zertifizierungsstellen ersetzt werden und wer kontrolliert diese?
- Wie verhält sich das System der Module zu curricularen Gesamtkonstruktionen und Berufsordnungen?
- Reichen die Ordnungen des EQR überhaupt hin, um differenzierte pädagogische Entscheidungen legitimieren zu können?
- Nach welchen Gesichtspunkten und Kriterien sollen die Kreditpunkte vergeben werden?
- Auf welche wissenschaftlichen Referenzen können die Vorschläge der EU verweisen?

Zum europäischen Harmonisierungsdruck gesellt sich überdies eine permanente Überprüfung grundsätzlich aller Arbeitsaufgaben vor dem Hintergrund des Standes der Technik sowie des Standes möglicher Arbeitskooperationen und Organisationsformen von Arbeit. Vollzog sich das Überprüfungsprogramm in den 1980er Jahren als eine konsequente Technisierung und Informatisierung der Produktionsstrukturen selbst, so lässt sich für die 1990er Jahre deren organisatorische Verfeinerung als eine nachgelagerte Restrukturierung der Aufbau- und Ablauforganisation nachweisen (vgl. Huisinga 1990; Boltanski/Chiapello 2006). Ab dem Milleniumswechsel sind es veränderte expansive Wertschöpfungsrationalitäten[3], deren Wirkung insgesamt zu einer veränderten Struktur in der gesellschaftlichen Arbeitsschneidung führte und immer noch führt (vgl. Buchmann/Huisinga/Kell 2006). Durch ihre große Zergliederung vermag die Berufsausbildung kaum Antworten zu geben auf diese durch die großen Kapitalfonds vorangetriebenen Konzentrations- bzw. permanenten Entmischungsprozesse. Themenübergreifende *Verbundtechnologien*, wie sie für Medizintechnik und personenbezogene Dienstleistungen, digitale Medienkultur, Life Sciences oder Umwelttechnologien von Belang sind, können mit den Ordnungsmitteln nicht mehr abgebildet werden (vgl. Huisinga 2003), weil sie komplexe Wissensarchitekturen voraussetzen. Als generalisierte Antwort auf die Restrukturierung der Arbeitsschneidung (nicht Arbeitsteilung!) sind die Bachelor-Studiengänge mit ihrer »Berufsorientierung« zu verstehen aber auch die dualen Studiengänge.

Weiterhin ist die demographische Entwicklung unabweisbar geworden. Für die Ausbildungsprozesse sind die Alterskohorten 16 bis unter 25 Jahre

---

3 Vgl. hierzu auch den von mir in die Berufs- und Wirtschaftspädagogik eingebrachten Begriff des New Publik Management in der Festschrift für Günter Pätzold im Jahr 2004.

besonders relevant. Sie verringern sich auf der Basis der Berechnung der 12. Koordinierten Bevölkerungsvorausberechnung des Statistischen Bundesamtes bis zum Jahr 2025 um rund 25 Prozent. Unter regionalen Gesichtspunkten können Schwankungen eintreten, die vom Zuwachs bis zur Halbierung der Alterskohorte reichen (vgl. Statistisches Bundesamt 2009; Statistische Ämter 2011). Es bedarf keiner besonderen Weitsichtigkeit, um die damit verbundenen Folgen abzuschätzen. Mit der Abnahme in der Besetzung der Alterskohorte geht zugleich ein struktureller Wandel einher. Der Anteil der Menschen in der Bundesrepublik mit Migrationshintergrund nimmt deutlich zu (vgl. Statistische Ämter 2013); ein Umstand, der erziehungswissenschaftlich schon früh reflektiert wurde, jedoch pädagogisch und bildungspolitisch kaum Relevanz hatte.

Im Zuge der gesellschaftlichen Transformation unterliegen schließlich nicht nur die sogenannten Sachkomplexe als institutionelle Strukturen und Prozesse einer Veränderung. Die Subjekte selbst nehmen am Vergesellschaftungsprozess teil. In diesem bilden sich Wertmuster, Denk, Urteils-, Entscheidungsformen und Mentalitäten neu aus (Sozialcharakter), und zwar unter Bedingungen, die wissenschaftlich als gesellschaftliche Antinomien, Dilemmata, Paradoxien, Valenzen und Konflikte beschrieben werden. Auf diese Entwicklung bezieht sich ein neuer Subjektdiskurs, der ca. ab Mitte der 1990er Jahre an Kontur gewinnt und von der Berufs- und Wirtschaftspädagogik sowie ihrer Praxis weitestgehend ignoriert wird.[4] Im Zuge des Vergesellschaftungsprozesses adaptieren die Subjekte unter den gegenwärtigen Bedingungen eher Muster wie Normierung und Standardisierung, Strafökonomie, Konformismus, Autoritarismus, Egozentrismus und Ethnozentrismus, Opportunismus, Konkurrenz und Repressivität. In besonderem Maße scheint sich ein Narzissmus breit zu machen, in dem das Ideal-Ich als Ideal narzisstischer Allmacht (oder infantiles Größenselbst) Geltung erlangt. In einer modernen Gesellschaft, deren Wertesystem von Differenzierungsprozessen, medial vermittelter Kommerzialisierung und ideologischen Konflikten erschüttert wird, sind Identifizierungen der oben genannten Art zu erwarten. Diese Muster reproduzieren damit gesellschaftliche Verhältnisse, und sie richten sich gegen Autonomie sowie aktive Übernahme von Verantwortung für sich selbst und andere im Hinblick auf gesellschaftliche Gestaltungserfordernisse. Diese Entwicklung ist dabei Folge und nicht Ursache, *Folge also inkonsistenter Praxisfiguren* (vgl.

---

4 Vgl. Beck 1986; Bierbaumer/Steinhard 2003; Bürger 1998; Ehrenberg 2008; Flusser 1998; Hopfner 1999; Hurrelmann 2003; Keupp 1997 u. 2002; Reckwitz 2010; Schülein 1988 u. 2003; Verweyst 2000; Zima 2009, 2010.

Lorenzer bereits 1977), die eben wegen ihrer Inkonsistenz in der Entwicklung nicht mit *Lebensperspektiven* verbunden werden können. Pädagogisch intendierte Lehr- und Lernprozesse, welche diese Veränderungsbewegung nicht zur Kenntnis nehmen wollen oder können, müssen scheitern.

Die institutionelle Strukturen von Berufsausbildung und Allgemeinbildung freisetzenden Erosionsprozesse sind kein böser Wille, sondern Ausdruck des eben benannten Prozesses einer Reorganisation der gesellschaftlichen Arbeitsschneidung. Verändert sich die Produktionsweise national wie international, so muss notwendigerweise zugleich auch der Modus der Ausbildung sich verändern; verändert sich mithin ihre gesellschaftliche Funktion, ihre Strukturen und Prozesse. Die Modi der Freisetzung werden in den Sozialwissenschaften mit Begriffen wie Entmischung, Entgrenzung, Bruch, Auflösung, Erosion oder Entbindung beschrieben. Die überkommenen Berufsordnungsmittel halten mit der Dynamik dieser Gesamtveränderung nicht Schritt und erfüllen deshalb kaum noch die gestiegenen Erwartungen. Fazit: Die Befähigung zur gesellschaftlichen Teilnahme bzw. die gesellschaftliche Integration gelingt zusehend weniger über das Berufskonstrukt (trotz aller politisch wiederkehrenden Bekenntnisse zum Beruf) (vgl. Schmidt 2011). Für einen Beitrag, der sich mit berufsbezogenen Lehr- und Lernprozessen beschäftigt, geht an dieser Erkenntnis kein Weg vorbei.

Die Prozesse der Freisetzung führen mithin dazu, dass alte Modi und Strukturen der gesellschaftlichen Organisation der Passungsherstellung neu organisiert werden müssen. Einerseits ist die Anschlussfähigkeit nach »oben« zu sichern, andererseits die Öffnung nach unten mit Blick auf das Übergangssystem. Insgesamt spreche ich deshalb von einem Inklusionserfordernis als Antwort auf die Dysfunktionalität[5] von Ausbildungsprozessen bzw. der Passungsdynamik. Gesellschaftlich kristallisieren sich folgende Wege heraus: (a) Ausbildung als Bachelorstudium, (b) Verzahnung von beruflicher Ausbildung und akademischem Studium (Duales Studium), (c) Neuorientierung der alten beruflichen Ausbildung am Gedanken der Höheren Fachschulen (heute Fachhochschulen)[6], (d) Reorganisation der bestehenden Fachschulstrukturen im Hinblick auf eine Kollegstruktur; (e)

---

5 Vgl. hierzu den höchst interessanten alten Beitrag von Mollenhauer über Funktionalität und Dysfunktionalität der Erziehung (Mollenhauer 1968).
6 Dieser Weg wird geebnet, weil ein Teil der Universitäten sich als Exzellenzuniversität unter zukünftiger Regie des Bundes versteht (neuer Staatsvertrag) und die bestehenden Restuniversitäten mit den Fachhochschulen als Hochschulen fusionieren. Dann entsteht das alte Vakuum der Höheren Fachschulen wieder.

breite Inklusion der sogenannten Benachteiligten in eine Jugendschule als ein Bildungsmoratorium, welches zugleich Klasse neun und zehn der Sekundarstufe I einschließt und Anschlussfähigkeit an Fachschulstrukturen ermöglicht.

Die referenzierten Wege sind darüber hinaus im Sinne der Durchlässigkeit und Modularisierung zu gestalten. Darin dürfte die eigentliche Masterplanarbeit für eine sich erziehungswissenschaftlich neu verstehende Berufs- und Wirtschaftspädagogik liegen. Denn: eine Gesellschaft ist auf Dauer nur dann bestands- und lernfähig ist, wenn in ihr Wissen systematisch, d.h. schulisch weitergegeben wird. So gehört es zu den neuen Grundaufgaben der bestehenden beruflichen Schulen zu bestimmen, wie in Zukunft die Rationalität der Wissensvermittlung, und damit ist die gesamte Curriculumarbeit sowie Didaktik gemeint, erfolgen muss. So ist ein weiteres Feld von Evaluation, Personalentwicklung, Curriculumentwicklung und Schulentwicklung referenziert, während demgegenüber ein »Berufsbildungspisa« reichlich deplatziert wirkt, weil es den Transformationsprozess und seine Implikationen ignoriert. Inklusion zielt damit auf einen Satz an Argumenten und Kriterien, welche die verschiedenen Ausbildungswege unter ein konsistentes Bildungsgangprinzip ordnet und zu einem Ganzen macht, das unnötige Umwege und Biographiebrüche vermeidet und sie zielt, ähnlich wie zu Beginn der Bildungsreform der 1970er Jahre, auf eine Förderung, die Klientelinklusion ermöglicht.

Dieser Beitrag nähert sich der Organisation und inhaltlichen Gestaltung von Lehr- und Lernprozessen in Ausbildungsvollzügen vorzugsweise von dem unter (e) genannten Bildungsmoratorium her, beschränkt sich also auf einen Teil des notwendigen Gesamtumbaus.

Zwischen der bildungspolitischen Umsetzung eines solchen Ansatzes, der seine Grenzen schnell in der Einsichtsfähigkeit von Bildungspolitik und ihrer Angst vor zu viel Veränderung finden könnte (obwohl sich doch rundherum alles in Veränderung befindet), und der Pflicht von Wissenschaftlerinnen und Wissenschaftlern, ihre gesellschaftliche Kritikfunktion wahrzunehmen, muss dabei deutlich unterschieden werden. Bildungspolitik entscheidet nur zu häufig nach mentalen Gelegenheitsstrukturen, und d.h. halbherzig. Dafür liefert die Geschichte der Pädagogik und des Bildungswesens viele Beispiele. Heydorns Schrift mit dem Titel *Über den Widerspruch von Bildung und Herrschaft* signalisiert dabei die Grenzlinien, um die es geht: Aufstieg durch Bildung ja, er darf allerdings nur die bestehenden Herrschaftsstrukturen nicht ändern. Demgegenüber ist jedoch darauf zu bestehen, Bildung als Antithese zum Erziehungsprozess zu entwerfen ... Bildung als entbundene Selbsttätigkeit zu begreifen, als schon vollzogene Emanzipation (vgl. Heydorn 1970, S. 10). Die Aufgabe von Wissenschaft ist es u. a., der Bildungspolitik diesen Zusammenhang, der für eine Demokratie unverzichtbar ist, immer wieder ins Gedächtnis zu rufen: Bildungspolitik ist kein Selbstzweck.

Der gewählte Bezugskontext (e) erfordert nun, einen Referenzrahmen zu entwerfen und kategoriale Rückbezüge zu klären, auf die man im wissenschaftlichen Diskurs stößt.

2 Kategoriale Rückbezüge

2.1 Inklusion – eine sozialwissenschaftliche Interpretation

Inklusion gehört zu den momentan schillernden Worten der Bildungs- und Sozialpolitik. Dort taucht es vor allem in den Handlungsfeldern Schulpolitik, Jugendhilfepolitik, Behindertenpolitik und Berufsbildungspolitik auf. Ferner ist das Wort im Kontext der Politik der Menschenrechte zu finden und schließlich werden auf nationaler Ebene wie auf Bundesländerebene Aktionspläne formuliert, die politische Absichtserklärungen enthalten, die »Idee der Inklusion« umzusetzen. Als sozialwissenschaftliche Kategorie ist sie dagegen kaum gefestigt[7].

Vor dem Hintergrund des in diesem Beitrag gewählten Bezugsrahmens darf weder eine alltagspolitische noch eine menschenrechtsbezogene Auslegung von Inklusion erwartet werden. Inklusion wird deshalb zunächst als eine sozialwissenschaftliche Kategorie zu entfalten sein. Ob sie darüber hinaus auch einen erziehungswissenschaftlichen Wert wie z. B. Bildung, Sozialisation, Erziehung oder etwas Lernen hat, bleibt zu klären.

Den Modernisierungsprozessen in der gesellschaftlichen Produktion folgen mit einem gewissen time lag solche in der gesellschaftlichen Reproduktion und staatlichen Administration. Das Interesse an der Managementfähigkeit öffentlicher Administration rangiert seit Beginn der 1990er Jahre unter dem Begriff »New Public Management« (vgl. OECD 1990; 1996). New Public Management (NPM) ist der Oberbegriff der weltweit

---

7   Vgl. Huisinga 2014a. In diesem Beitrag werden die sozialwissenschaftlichen Positionen von Parsons 1972, 1977; Luhmann 1995 und Habermas 1996 textkritisch aufeinander bezogen.

relativ einheitlichen Gesamt-Bewegung der Verwaltungsreformen. Charakteristisch für NPM-Reformen ist der Wechsel von der »Input- zur Outputorientierung«. Dieser Wechsel zur Output- oder auch Outcomeorientierung ist folgenschwer und weitreichend, weil damit alle administrativen Steuerungsmechanismen zur Revision freigegeben werden. Ziel aller Reformen ist eine Modernisierung der öffentlichen Administration unter Berücksichtigung wirtschaftlicher Aspekte. Damit sind vor allem Prinzipien wie Effizienz und Effektivität gemeint, die im Bezugshorizont der oben genannten ökonomischen Handlungsrationalität (Wertschöpfungsrationalität) ausgedeutet werden können.

Im Rahmen von Verrechtlichungsprozessen der Bildungs- und Sozialgesetzgebung gibt der Staat so allen gesellschaftlichen Handlungsträgern die Norm vor, soziale Rechte als *gesellschaftliche Teilhabe in neuer Form zu verwirklichen* (vgl. §§ 1, 3, 8 SGB I). Um diesem Anspruch Nachdruck zu verleihen, werden über die juristischen Codierungen hinaus zahlreiche Steuerungsregulative (zumeist ökonomisch-sanktionierender Art) eingeführt (vgl. Johannsen 2011), welche die fundamentalen sozialen Reproduktionsprozesse der Gesellschaft im Bildungswesen (einschl. Berufsausbildung), in der Sozialen Arbeit, der Administration, im Gesundheitswesen, im Verbands- und Vereinswesen oder etwa der sozialen Sicherung in der vorliegenden Form in Frage stellen und auf deren Neuorganisation drängen, und zwar aus einem fiskalisch bedingtem Handlungsdruck heraus.[8] Für die Handlungsträger stellen sich damit Gestaltungsaufgaben, für die es zwar eine generalisierte Norm gibt, deren konkrete Umsetzung allerdings nicht reguliert ist, also Freiheitsgrade enthält. Die Regulation der Aufgaben lässt sich jedoch nun nicht mehr naturwüchsig organisieren, woraus das Erfordernis nach Professionalität erwächst, die im Rückschluss alle Merkmale der Notwendigkeit einer höheren Rationalität von Ausbildungslogiken impliziert, aus der auch Autonomiegewinne der Subjekte gegenüber dem Staat resultieren können.

In dieser Ambivalenz ergibt sich damit eine Situation, in der nicht nur das gesellschaftliche Aufgabengefüge Ausbildung für sich neu gefasst werden muss, sondern dessen (institutionelle) Verteilung gesellschaftlich neu auszuhandeln ist. Es ist also zu überprüfen, welche Arbeitsvollzüge wo in welchem Zeitraum und in welchem Institutionenverbund zu realisieren sind, um gesellschaftliche Teilhabe so sicher zu stellen, dass sie zugleich

---

8 Dem fiskalisch bedingten Handlungsdruck liegen zumeist ungelöste oder tabuisierte gesellschaftliche Verteilungsfragen zugrunde.

dem Passungsproblem gerecht werden. Der diese Entwicklung aufnehmende Diskurs firmiert, wie oben bereits erwähnt, als New Public Management im Bereich öffentlicher Dienstleistungen, und er entspricht dem Management-Diskurs der 1990er Jahre in der Produktionswirtschaft. In diesem theoretischen Zusammenhang erweist sich Inklusion als eine sozialwissenschaftlich analytische Kategorie von Vergesellschaftung, weil durch sie erhärtet werden kann, wo und wie unangemessene Attribuierungen, Allokationen, Ressourcenverschwendung, falsche Zuordnungen, Verschwendung, Insuffizienzen aufgehoben und zu einer neuen Synthese gebracht werden können insofern ist Inklusion kategorial allerdings immer mit der Kategorie Kreativität verknüpft (zu den damit verbundenen konzeptionell-theoretischen Problematiken vgl. Castel 2008, Kronauer 2001, 2010; Nassehi 2008, 2009). Inklusion löst sich dabei aus dem Partialkontext der Behindertenrechtskonvention und dem diesen Kontext entsprechenden Bewusstsein und ergreift die gesellschaftliche Produktion und Reproduktion in Gänze.

2.2 Beruf – zu seiner Entzauberung

Diesem Beitrag ist die These unterlegt, dass die Befähigung zur gesellschaftlichen Teilnahme zusehend weniger über das Berufskonstrukt gelingt. Das Passungsproblem, soweit es nicht über akademische Traditionen reguliert wird, hat sich dem gesellschaftlichen Bewusstsein nach bislang weitestgehend am Paradigma des Berufes orientiert. Genau dieses Paradigma ist durch die Entwicklung selbst in Frage gestellt und historisch deshalb auch nicht zurückzuholen[9]. Die Gründe dafür sind nachfolgend in einer etwas umfangreicheren inklusionstheoretischen Betrachtung darzulegen, welche auf unangemessene Attribuierungen, d. h. gesellschaftliche Bewusstseinsformen aufmerksam macht.

In der Berufs- und Wirtschaftspädagogik ist immer wieder die Auffassung vertreten worden – die ich als verhärtet bezeichnen möchte –, *Arbeit sei beruflich organisiert*. Dieses sehr verbreitete Muster ist einer Zeit und einer Idee entlehnt, die Stratmann (1993) in seiner Modernisierungsgeschichte der gewerblichen Lehrlingserziehung in Deutschland beschreibt: die Zeit der Berufserziehung in der ständischen Gesellschaft (1648-1806). Die von Stratmann gewählte Epochalisierung macht dabei schon deutlich,

---

9 Vgl. zur Frage des Paradigmas die Schrift von Kuhn: Zur Entstehung des Neuen (Kuhn 1978 u. 1989).

dass die Vergesellschaftung von Arbeit als eine beruflich organisierte mit der Aufhebung der Zünfte unwiderruflich zu Ende gegangen ist. Stratmann warnt in diesem Zusammenhang sogar davor, die Bestimmung der Berufserziehung aus einer Geschichte berufspädagogischer Ideen abzuleiten: »Das heißt aber für den Versuch, die Berufserziehung einer bestimmten Epoche darzustellen und durch zeitgenössische Dokumente aufzuhellen, dass man sich nicht auf eine Geschichte berufspädagogischer Ideen zurückziehen kann, sondern von den gesellschaftlichen Verhältnissen selbst ausgehen und sich immer im Zusammenhang von Gesellschaft und Erziehung im ganzen bewegen muss. Die Akzentuierung einzelner Aspekte darf deshalb auch nicht beliebig vorgenommen werden, weil dadurch dieses Gesamtbild verzerrt würde« (Stratmann 1999, S. 13). Wenn gleichwohl in heutigen Diskursen immer noch die obige Auffassung eingebracht wird, dann artikuliert sich darin zumeist eine ständisch akzentuierte Reproduktionsfigur, womit Berufsausbildung eine ständisch fixierende Reproduktionsfunktion zufällt. Diese ständische Fixierung läuft jedoch allen aktuellen Entwicklungen entgegen, wie der Flexibilitätsdiskurs und der um Schlüsselqualifikationen zeigt. Zu konstatieren bleibt, dass die Organisation von Arbeit unter den heutigen Bedingungen rechtlichen, technischen und vor allen Dingen ökonomischen Maximen folgt, nicht jedoch beruflichen.

Eine weitere weit verbreitete Auffassung ist die, dass die von den Menschen *ausgeführte Tätigkeit gleich dem Beruf* sei. Auch diese Auffassung ist unangemessen, wenn nicht sogar falsch akzentuiert. Erstens lässt sich an der sogenannten Job-Diskussion die Inkommensurabilität von Tätigkeit und Beruf zeigen. Zweitens fand ein großer Teil der in Handwerksberufen ausgebildeten jungen Menschen nur eine Tätigkeit in der Fabrikarbeit, die ja als unspezifisch gilt. Drittens lässt sich an der deutlichen Differenz zwischen der Bundesstatistik der Berufe, die als Tätigkeit erfragt werden im Rahmen von Volkszählungen und Mikrozensen und der Ordnung der anerkannten Ausbildungsberufe nachweisen, wie unhaltbar diese Auffassung ist (vgl. Huisinga 1990, S. 43-94), weil schwerlich rund 30.000 Nennungen in der Volkszählung nur knapp 400 Ausbildungsberufe gegenüberstehen. Das IAB neigt aus dieser Differenz heraus zu einem Tätigkeitskonzept statt eines Berufskonzeptes und auch die Sprachregelungen des BIBB tendieren nachweislich zum neuen Begriff der Fachkraft statt Beruf in Neuordnungsverfahren.

Der Terminus Beruf wird aus den genannten Gründen häufig beschränkt auf eine *Systematik der betrieblichen Ausbildung*. Beruf bildet in diesem Verständnis dann die Ordnung des Erfahrungswissens ab, wobei man davon ausgeht, dass dieses Erfahrungswissen handlungsleitend ist. Der Grad der Verwissenschaftlichung der Produktion lässt jedoch Zweifel an der Erfahrungssystematik aufkommen, steht dieser doch die Wissenschaftssystematik der Organisation der Produktion bzw. Arbeit gegenüber. Von einer Systematik der betrieblichen Ausbildung kann auch deshalb nicht gesprochen werden, weil den Ausbildungsrahmenplänen die lerntheoretische Abstimmung mit den schulischen Rahmenlehrplänen fehlt. Führt man Beruf als Konstrukt oder Surrogat für Ausbildung, dann entsteht ein zusätzliches und auch hinlänglich bekanntes Problem: Neue technische und ökonomische Entwicklungen zwingen das Ausbildungssystem zu schnellen Anpassungsreaktionen, die dann auch nur temporär ausfallen. So entsteht ein permanentes, strukturell bedingtes time-lag gegenüber dem Beschäftigungssystem, wodurch das Passungsproblem verschärft wird. Das allgemeinbildende Schulwesen ist demgegenüber wegen seines wesentlich höheren Theorieanteils der zu vermittelnden Inhalte sehr viel unabhängiger. Darauf wird zurückzukommen sein.

Der überkommene Begriff des Berufs ist durch mindestens zwei Objektivationen charakterisiert, zu denen eine von ihnen abgeleitete subjektive *Internalisierung* (Übernahme von [Berufs-]Normen, die dann für die eigenen Tätigkeiten gültig werden) hinzutrat. Die Berufsdifferenzierung und Arbeitsteilung ordnete einzelnen Menschen und Gruppen bestimmte, relativ fest umrissene Tätigkeiten zu, aufgrund deren sie sich zu festen Gruppierungen (Ständen, Zünften) zusammenschlossen. Man kann dies als die »objektiv-sachliche« Ebene des traditionellen Berufsverständnisses bezeichnen. Sie war eingeordnet in einen seinsmäßigen, ontologischen und damit verknüpften religiös-sittlichen Kontext, der seine *transzendente Verankerung* in der Schöpfungsordnung hatte. Diese Ebene sei als die »objektiv-geistige« Basis des Berufs benannt. Aus der Internalisierung und transzendenten Verankerung konnten sich so das subjektive Berufsbewusstsein und die subjektive Berufsidee speisen. In manchen Diskursen schwingt diese Vorstellung immer noch mit, besonders aber im Alltagsbewusstsein. Nachdem die Objektivationen ihre prägende Kraft aus den verschiedensten Gründen eingebüßt haben, vor allem durch die Abkoppelung der Berufsidee von ihrer transzendenten Verankerung, wird mit Recht die Frage gestellt, ob das, was heute als Berufsarbeit angesprochen wird, in den allermeisten Fällen wirklich noch die Bezeichnung Beruf verdient. Die gesellschaftlichen Risikolagen führen heute dazu, dass der Wunsch durchbricht nach Status und Geltung, auch wenn die tatsächlich ausgeübte Tätigkeit oder Arbeit dies kaum nahelegt (Illusionsbildung und Selbstaufwertung). Man will »etwas Ordentliches sein« oder wenigstens darstellen (vgl. hierzu den Diskurs über den Narzissmus, etwa Zima 2009). Es handelt sich hier um säkularisierte transzendente Verlagerungen, welche die Arbeitswelt so nicht einzulösen vermag.

Das Verhältnis von Allgemeinbildung und Berufsbildung ist seit Niethammer ein belastetes[10]. Aus dieser Belastung hat sich ein gesellschaftliches Bewusstsein von der Bedeutung des Berufes als Antihaltung zur Professionalität entwickelt mit der Folge eines Schismas der Trennung von Allgemeinbildung und Berufsbildung, die jeweils auch als Schuldzuschreibungsmechanismus bei Verfehlen der Passung benutzt wird. In dieser Antihaltung als gesellschaftliches Bewusstsein kommt eine tiefe Theoriefeindlichkeit als mentale und psychodynamische Fixierung des Selbstwertgefühls zum Ausdruck, welches sich eine Entwicklung versagt.[11] Mentale Fixierungen erweisen sich, über eine längere Zeit besehen, jedoch als dysfunktional. Die Differenz zwischen Allgemeinbildung und Berufsbildung ist nun nur eine scheinbare: Das Verhältnis ist durch ebensoviel Spannung wie Ergänzung und Durchdringung gekennzeichnet. Aktuell erhält es wieder eine besondere Note dadurch, dass Arbeits- und Bildungswelt so verklammert sind, weil unter den gegenwärtigen Verhältnissen die Leistungsgesellschaft nur als Bildungsgesellschaft realisiert werden kann. Objektiver Ausdruck dieser Entwicklung ist die gesellschaftliche Kompetenzorientierung, die sich für das Schulwesen und die Arbeitswelt insgesamt durchsetzt. Sie gilt zugleich für die berufliche Ausbildung und marginalisiert den Berufsbegriff, weil durch ihn theoretisch das komplexe Verhältnis gesellschaftlicher Reproduktion nicht mehr erfasst werden kann. Ob Kompetenzorientierung dies zu leisten vermag, kann bezweifelt werden. Es stellt sich damit ein neues und zugleich altes Problem, nämlich das der Klärung des Zusammenhangs von Allgemeinbildung und Spezialbildung (vgl. Lisop 1973 u.1991; Huisinga/Buchmann 2003).

Wenn ferner die soziologische Erkenntnis, dass sich Menschen weniger nach dem, was sie tun, als vielmehr nach dem, was sie können wahr sein sollte, tritt eine deutliche auch alltagssprachliche Differenz gegenüber dem

---

10 Die von Niethammer vertretene Auffassung, dass die grundlegende Vernunft- und Humanitätsbildung, auf die jeder Mensch einen Anspruch sollte erheben dürfen, nicht an die materiellen Bedingungen der arbeitsteiligen Gesellschaft zu binden sei, also profane Arbeit keinen Bildungswert habe, ist durch die Bildungstheorie Arbeitsorientierte Exemplarik hinreichend widerlegt (vgl. Niethammer 1808; Blankertz 2011,95ff.; Lisop/Huisinga 2004).

11 Die ideologische Funktion im Rahmen von gesellschaftlichen Reproduktionsprozessen soll hier nicht weiter verfolgt werden.

Beruf hervor. Dieser Seite der Fähigkeiten ihre Geltung zu verschaffen, drückt sich in den meisten Verordnungstexten über Berufsbilder aus. Dort heißt es zumeist in § 3: »Die in dieser Verordnung genannten Fertigkeiten, Kenntnisse und Fähigkeiten sollen so vermittelt werden, dass die Auszubildenden zur Ausübung einer qualifizierten beruflichen Tätigkeit im Sinne des § 1 Abs. 3 des Berufsbildungsgesetzes befähigt werden.« Bezüglich der Terminologie und der Klarheit lässt der Verordnungstext zwar zu wünschen übrig, der Bezug auf die Fertigkeiten, Kenntnisse und Fähigkeiten drückt jedoch den Abstand zum Beruf aus, weil der zusammenfassende Begriff für Fertigkeiten, Kenntnisse und Fähigkeiten Qualifikation ist. Qualifikation ist also der Ersatzbegriff für Beruf und möglicherweise zugleich operationalisierbarer. Qualifikationen beziehen sich auf Realgliederungen von Arbeitsvermögen, sind aber indifferent gegenüber Bindungen und transzendentalen Verankerungen. Die Favorisierung des Qualifikationsbegriffs hat ebenfalls zur Ablösung des Berufsbegriffs beigetragen.

Für die beruflichen Schulen gilt etwa seit dem Jahr 2000 über die bisher getroffenen Feststellungen hinaus das curriculare Prinzip der Lernfeldorientierung, durch das Betriebe eine gewisse inhaltliche Steuerungsfunktion an die Berufsschulen abtreten konnten. Die Kultusministerkonferenz kommt in diesem Zusammenhang der Selbstentlassung und Selbstentlastung der Betriebe entgegen und setzt in die curriculare Arbeit die beruflichen Handlungssituationen als Surrogat für die Betriebserfahrung ein. Dieser Vorgang begünstigt auf der einen Seite die Bedeutung der schulischen Ausbildung, auf der anderen Seite trägt er jedoch auch zu einer schleichenden Aufhebung des Berufsverständnisses bei.

Für die in diesem Beitrag gewählte Referenzperspektive ist schließlich noch ein Blick auf die Funktion und den Stellenwert einer Berufssystematik im Übergangssystem zu werfen. Betrachtet man die Struktur des Übergangssystems, dann wird diese, begünstigt durch das SGB III sowie SGB VIII, stark durch Modi der Sozialarbeit und Sozialpädagogik geprägt. Insgesamt, so ließe sich auch formulieren, folgt das Übergangssystem primär einer sozialpolitischen Steuerungslogik. Das Übergangssystem musste sich vor allem durch die nationalen Bildungsberichte dem Vorwurf stellen, dass die sozialpädagogischen Interventionen offensichtlich nicht gereicht haben, die Übergangswahrscheinlichkeiten in den Arbeits- bzw. Ausbildungsmarkt zu erhöhen, dafür aber große Summen öffentlicher Gelder in Anspruch nahmen bzw. nehmen. In der Berufs- und Wirtschaftspädagogik rangiert die Unübersichtlichkeit des Übergangssystem unter der Metapher »Förder- und Maßnahmendschungel« (vgl. Huisinga 2014b). Der Begriff Förderdschungel würde jedoch zu kurz greifen, bezöge man ihn lediglich auf die Unübersichtlichkeit der diesbezüglichen Paragraphen des SGB oder der Bildungsmaßnahmen. Genau betrachtet handelt es sich um einen Zuständigkeitsdschungel, über den per Aushandlung befunden wird. Die zentralen Institutionen in diesem Aushandlungsfeld sind

- das Allgemeinbildende Schulwesen,
- das Berufliche Schulwesen,
- die Arbeitsverwaltung (Arbeitsmarkt),
- die Betriebe samt Industrie- und Handelskammern sowie Innungen,
- ein diffuser, zum Teil über die Wohlfahrtsverbände organisierter Markt,
- verschiedenste Ministerien.

So ist es kaum verwunderlich, dass das Übergangssystem weder an das bestehende Berufsordnungssystem noch an die Qualifikationsstandards anknüpfen konnte und deshalb als eine sozialpolitisch zwar notwendige, aber arbeitspolitisch sinnlose Einrichtung galt und auch rechtlich nicht unbedenklich war (vgl. Gagel 2012, S. 5).

Die zur Entzauberung des Berufsverständnisses zusammengetragenen Gesichtspunkte werden weiter unten im Hinblick auf ihre Konsequenzen zu diskutieren sein. Im Rahmen des Diskurses über Inklusion und Exklusion ist man nun mit Parallel-Referenzen konfrontiert: Heterogenität, Diversität und Migration.

2.3 Migration, Diversität, Heterogenität – pädagogisch hilfreiche Kategorien?

Auf den Diskurs über Soziale Ungleichheit (vgl. etwa Bourdieu/Passeron 1971; Hradil 2001), der auf eine lange sozialphilosophische Tradition zurückblicken kann, baut der Diskurs Migration auf. Die Migration selbst ist dabei ein Tatbestand, der aus der Regulation des Arbeitskräftevolumens in Relation zur gesellschaftlichen Produktivität resultiert. Die Migrationsverläufe zwingen dabei der Gesellschaft objektiv eine Reihe von Fragestellungen auf: Sollen die Arbeitskräfte nur temporär bleiben? Was passiert, wenn sie bleiben? Wo liegen die Schnittstellen der Eigenkultur gegenüber der Fremdkultur? Welche Reaktanzmuster mobilisiert die Migrationswelle? Was soll mit den Kindern der Migranten geschehen? usw.

Zielen die pädagogischen Konzepte und Interventionen (von der Ausländer- bis zur Migrationspädagogik) stärker auf eine der Migrationsentwicklung angemessene Regulation der Strukturen des Bildungssystems, so orientiert sich der Diskurs über Diversity eher an der Frage, welche Bewältigungsformen hinsichtlich einer »Dominanz- und Minderheitenkultur« sich auf der Seite der Migranten und der übrigen Bevölkerung entwickeln und durch welche zusätzlichen Aspekte (Schicht, Ethnizität, Behinderung, Macht, Status, Abwehr etc.) diese Bewältigungsformen begünstigt oder gehemmt werden. Das Erkenntnisinteresse scheint dabei rückgebunden an eine politische Partizipation bzw. an eine zivilgesellschaftliche Perspektive der Entwicklung von Demokratie (vgl. Habermas 1996). Darin berühren sich jedoch Migrations- und Diversity-Diskurs.

Der Tatbestand der Migration hat nun ein weiteres Erbe der Pädagogik wachwerden lassen, welches schon immer zu ihrem Reflexions- und Handlungsgegenstand gehörte und im Diskurs heute unter Heterogenität verhandelt wird. Dieses Erbe wird in den Ansätzen der Reformpädagogik sowie der »Erziehung vom Kinde« aus besonders deutlich. Die Theorien stützten sich vorwiegend auf eine Ausdeutung von Rousseau und auf Erziehungsgedanken der großen bürgerlichen Aufklärungsepoche. Das Signal zu dieser Bewegung gab die schwedische Lehrerin und Frauenrechtlerin Ellen Key, die in ihrem im Jahre 1900 erschienenen Buch »Das Jahrhundert des Kindes« mit der Losung »Vom Kinde aus!« unbegrenzte schöpferische Entfaltungsmöglichkeiten und uneingeschränktes Wachsenlassen des Kindes forderte (Key 1902). Sie schilderte das »zerstörte häusliche Leben«, das »wahnsinnige Schulsystem«, das »abstumpfende Straßenleben« der Kinder in den ständig wachsenden Großstädten. Von erschreckender »Heimatlosigkeit des Kindes« und der »seelenmordenden Schule« ist da die Rede, die »der öffentlichen Gewissenlosigkeit« den Weg bahnt[12]. Im Sinne des natürlichen zu fördernden Reifeprozesses der Persönlichkeit des Kindes plädierte Key für Koedukation in den Schulen, in denen ungeachtet der sozialen Herkunft und der unterschiedlichen Begabungen unterrichtet werden sollte.

Der Bericht Keys über die Zustände des Erziehungswesens und über die Lage des Kindes dürfte ausgesprochen zutreffend gewesen sein. Der Protest gegen die gesellschaftlichen Widersprüche, gegen die Fesseln staatlicher und kirchlicher Ordnung verlor sich jedoch bald in einer individualpädagogischen Perspektive. Nur aus sich heraus und ohne jedes Zutun sollte sich das Kind, in völliger individueller Freiheit, entwickeln. Auch vom Zwang eines fest umrissenen Bildungsgutes sollte es befreit werden.

---

12 Zitiert nach der Ausgabe von 1902, S. 261-315. Diese Kritik findet sich fast ungebrochen in vielen gegenwärtigen pädagogischen Texten.

Die Individualpädagogik begründete diese utilitaristische Einengung von Bildung damit, dass das Aufnehmen von Stoff passiven Charakter habe und die Entwicklung der schöpferischen Kräfte des Kindes hemme. An diesen Typus von Individualpädagogik knüpft eine breite Literatur unter dem Stichwort *Heterogenität* zeitgenössisch an, gefördert durch bildungspolitische Slogans wie »Keinen zurück lassen«. Unter dem Terminus Heterogenität werden aktuell Fragen verhandelt, die von der Unterschiedlichkeit der Schülerinnen und Schüler ausgehen, von ihrer Individualität, um sodann Merkmale wie Wissensbasis, Intelligenz, Motivation, Meta-Kognitionen in Relation zur sozialen Herkunft zum Gegenstand einer Lernforschung zu machen. Ein solcher Ansatz birgt die Gefahr, wohlmöglich gegen die Intention, durch die individuelle Förderungsabsicht die Selektion zu erhöhen und sie als Abgrenzung für sozial differenzierende Lebenschancen zu nutzen. Schule dürfte damit gesellschaftliche Strukturen verfestigen und reproduzieren helfen. Pädagogisch ginge es jedoch nicht darum, Andersartigkeit und Individualität zum Ausgangspunkt pädagogischen Handels, Planens und Gestaltens zu machen, sondern das Gemeinsame und Verbindende. Nicht die Tatsache, dass wir unterschiedlich sind, wäre damit wissenschaftlich relevant, sondern die Frage, wie es dazu kommt und welche gesellschaftlichen Bedingungen dazu führen, derart vollendete Tatsachen zu schaffen und was darin generell für alle Menschen von Bedeutung ist.

So war es nicht das Anliegen der Sozialisationsforschung der 1960er und 1970er Jahre zu klären, wie soziale Differenzierung zustande kommt, sondern wie Schule auf soziale Ungleichheit trifft und welches Selbstverständnis von ihrer gesellschaftlichen Aufgabe sie in diesem Zusammenhang entwickelt, nämlich an der Aufhebung sozialer Ungleichheit mit den Mitteln einer aufgeklärten pädagogischen Professionalität mitzuwirken. Von diesem Standpunkt aus, das sei hier eingeräumt, lässt sich manche aktuelle Schulkritik verstehen, die auf den Heterogenitätsdiskurs aufspringt, weil die bürokratischen Kontrollstrukturen ausgesprochen verfestigt sind.

Mit der Sozialisationsforschung und der Theorie sozialer Ungleichheit hat sich jedoch ein anderes erkenntnistheoretisches Paradigma gegen die Individualpädagogik durchgesetzt. Einerseits sind Theorien zu den gesellschaftlichen Bedingungen von Sozialisation zu finden. Diese Betrachtung makrostruktureller Bedingungen von Sozialisation reduziert jedoch die Komplexität unangemessen. Aus diesem Grunde haben sich Modelle etabliert, die vornehmlich von der subjektiven Seite aus, also der Seite des vergesellschafteten Subjektes, den Blick auf den sozialisierten Menschen werfen. Dazu gehören etwa Dahrendorfs Rollenmodell oder Marcuses Repressionsmodell. Hierin geht es um Rollen als Bündel herrschaftssichernder Muster bzw. um die psychisch vermittelte Triebrepressionen als psychisch manifestierte Herrschaft, insbesondere bezogen auf die Bedeutung symbolischer Prozesse. Erweitert werden diese Ansätze über den Interaktionismus, der nach der Ausbildung von Identität als innere, reflexive Repräsentanz des oder der Anderen fragt.

Den Zusammenhang von Rollenhandeln, Triebstrukturierung und Identität (Sinn) aufzuklären, kennzeichnet eine für an Ausbildungsfragen orientierte Wissenschaftsauffassung, die sich auch in den verschiedenen Ansätzen der Berufs- und Wirtschaftspädagogik finden lässt, wenn auch nicht in »Reinkultur«, zumeist auch nur rudimentär. Allerdings bleibt ein Problem der Ansätze, die sich an einer Theorie vergesellschafteter Subjektivität orientieren, offen: Wie vollzieht sich die Subjektentwicklung? Hier spielen Modelle eine Rolle, die sich unabhängig von der empirischen Sozialisationsforschung herausgebildet haben; es sind dies psychoanalytische Ansätze und da insbesondere die Sozialcharakter-Studien von Fromm, Adorno u.a. oder die psycho-dynamisch orientierte Bildungstheorie Arbeitsorientierte Exemplarik von Lisop und Huisinga (vgl. Lisop/Huisinga 2004). Da das Erkenntnisinteresse dieser Ansätze an der nicht aufhebbaren Subjekt-Objekt-Dialektik als sachlichem Spezifikum sich orientiert, müssen sie notwendig der Vermittlung von Rollenhandeln, Triebstrukturierung und Identität (Sinn) nachgehen, und zwar im Begriff der Bildung, der dynamisch aufgefasst Subjektentwicklung als Entwicklung und Entfaltung des menschlichen Humanvermögens ist[13].

Bildung ist dabei gebunden an demokratische Bedingungen und sie hat die Spanne zwischen Bindungsfähigkeit einerseits und Nichtverfügbarkeit andererseits auszutarieren. Der Bildungsprozess zielt auf Autonomie, kritische Distanz und Widerständigkeit. »Subjektbildung nach der *Arbeitsorientierten Exemplarik* begründet sich aus dem Ethos, die Gattungsspezifik, d.h. die besonderen menschlichen Kräfte des Denkens, Fühlens und Wollens; der Körperlichkeit, der Emotionalität und der Intellektualität zu entwickeln und zu entfalten. Damit wird, anthropologisch argumentiert, der Erziehungsbedürftigkeit des Menschen entsprochen. Gleichzeitig sind die gesellschaftlichen Bedingungen und die Individualität als Potentiale zu berücksichtigen. ... Subjektbildung ist eine Implikation, bei der sich die

---

13 Ausbildungsfragen werden damit nicht auf Beruf verschoben, sondern auf Bildung als Entwicklung und Entfaltung des Humanvermögens.

Gattungspotentiale des Menschen, seine Sozialität und Personalität entwickelnd und entfaltend verschränken« (Lisop/Huisinga 204, S. 108f.).

Nicht also ein beschreibender Begriff wie Heterogenität erschließt den für die Entwicklung und Entfaltung notwendig einzuschlagenden Weg, sondern ein differenzierter Bildungsbegriff, in dem die Spezifik der gesellschaftlichen wie individuellen Entwicklung und Entfaltung als Sache zur Geltung gebracht wird, nämlich die Passung über einen Weg zu gewährleisten, bei welchem sich Leitbilder, Gattungsspezifik und Kompetenzerfordernisse zu einer Einheit verschränken über innerseelische Wahrnehmungsverarbeitung und Außengeschehnisse sowie die Berücksichtigung von somato-psychischen und psycho-sozialen Faktoren. Bei der Diskussion über mögliche Wege von Lehr- und Lernprozessen der Ausbildung wird darauf zurückzukommen sein.

2.4 Übergang – eine Münze als Bezahlung für den Fährmann?

Übergang oder Transition ist ein Begriff aus der gesellschaftswissenschaftlichen Forschung der die Frage zum Inhalt hat, wie Gesellschaften sich aus einer Formation in eine nächste weiterentwickeln, also z. B. der Übergang von einer traditionalen zur modernen Gesellschaft. Innerhalb der Berufs- und Wirtschaftspädagogik präsentiert Kutscha diesen »neuen Forschungsbereich« als ein *Selbstbeschreibungsprogramm* (vgl. Kutscha 1991, S. 113), wobei er seinen eigenen Überlegungen einen ausgezeichneten Überblick über die verschiedenen Dimensionen des Übergangskonzepts sowie einschlägige Forschungsansätze und -traditionen im Kontext der Übergangsprobleme an den Schwellen des Bildungs- und Beschäftigungssystems in der Bundesrepublik Deutschland voranstellt, um sodann den konzeptionellen Transfer auf das Gebiet der regional angewandten Übergangsforschung ausführen.

Etwa zeitparallel zur Veröffentlichung des Beitrages von Kutscha wird an der Universität Bremen der DFG Sonderforschungsbereich 186 »Statuspassagen und Risikolagen im Lebenslauf« eingerichtet, aus dem die Übergangsforschung weiterführende Impulse sowie methodische Anregungen erhält, insofern sie den Lebenslauf als Sequenz von Statuskonfigurationen, bezogen auf die Teilhabe von Individuen an sozialen Institutionen, konfiguriert. Diese institutionelle Orientierung grenzt sich damit von biographie-analytischen Ansätzen ab und favorisiert eine interaktionistische Komponente, wenn die Beziehung zwischen Individuum und Institution analysiert wird. Damit offenbart sich der soziologische Charakter der Forschungen, der Einsichten in längerfristige Tendenzen der gesellschaftlichen Entwicklung liefern und als Basis für Entscheidungsfindungen in der Bildungs- und Arbeitsmarktpolitik, Familienpolitik sowie Sozialpolitik dienen soll.

Was sich nun im Durchgang durch den Diskurs Übergangsforschung gebündelt zeigt, ist die Verwendung von Denkfiguren, die fraglos als angemessen oder richtig betrachtet werden:

- Die erste Denkfigur basiert auf einer sogenannten *Normalbiographie*. Mit ihr ist eine Vorstellung von biographischer Kontinuität verbunden, also etwa bezogen auf den Verlauf nach dem Schulabschluss durch ein friktionsloses Übergehen in eine ausbildungsadäquate, kontinuierliche sowie arbeits- und sozialrechtlich abgesicherte Vollzeitbeschäftigung, die allerdings brüchig geworden ist.
- Die zweite Denkfigur der klassischen Übergangsforschung geht von der Annahme einer veränderten Arbeitswelt aus, in der *Beruf als Prestigefigur* unveränderte Gültigkeit hat. Schon Anna Siemsen wusste jedoch zu berichten, »wie die Entwicklung der (gesellschaftlichen (R.H.)) Verhältnisse im steigenden Maße die Einstellung zum Berufe problematisch gestaltet, und dass insbesondere die Erziehung durch diese Entwicklung infrage gestellt wird und sich vor unlösbaren Aufgaben befindet« (Siemsen 1926, S. 81).
- Die dritte Denkfigur hängt mit der ersten und zweiten eng zusammen und gründet in der Auffassung, dass Disparitäten und Brüche im Lebenslauf von jungen Menschen, sie anstatt in eine Berufsausbildung und in ein daran anschließendes Arbeitsverhältnis in Sackgassen, kompensatorische Maßnahmen oder verschiedene Formen der Unterbeschäftigung (vgl. Heinz 1988) führen (*Sackgassenfigur*).
- Die vierte Denkfigur der Übergangsforschung greift auf *Leitkonzepte von Übergang* zurück. Als solche Leitkonzepte fungieren z. B. Ritus (van Gennep 1909/2005), Statuspassage (Glaser/Strauss 1967/1979), Transition (Welzer 2001), sensible Phasen (Piaget 1984), Trajekt (Glaser/Strauss 1967/1979) oder Karriere. Bei den Leitkonzepten handelt es sich um Beschreibungskonzepte, die Merkmale von Übergängen herausstellen. Als solche Merkmale gelten Phasen und wechselseitige Bedingtheiten. Durch dieses »Modelldenken« wird allerdings ein Determinismus generiert, welcher tendenziell von der Vorstellung »Wirkung« bestimmt ist. Der Übergang fungiert dann als gegebener Faktor oder Raum, dessen Wirkungen nach der einen oder anderen Seite hin zu untersuchen sind. Das erkenntnistheoretische Problem, dass mit den Leitkonzepten

die der Übergangssituation zugrundeliegenden spezifischen gesellschaftlichen *Verhältnisse* nicht personifiziert werden können, verleiht ihr einen Eigengesetzlichkeitscharakter, der den schwindenden personalen Charakter der ökonomischen und politischen Gewaltverhältnisse geradezu verschleiert.

Die benannten Denkfiguren scheinen in nicht unerheblichem Maße zum Scheitern der Übergangsforschung beizutragen, und auf sie zielte eine Aussage von Heinz, dass nämlich eine Übergangsforschung das Wechselverhältnis zwischen sozialen Strukturen und deren Veränderungen einerseits und die Reproduktion und Modifikation sozialer Verhältnisse durch die Handlungsstrategien der Subjekte im Kontext ihrer Biographien andererseits zu bedenken hat. Eine so gedachte Übergangsforschung ist allerdings auf einen gesellschaftstheoretischen Referenzrahmen angewiesen, der Übergänge nicht lediglich als Phase, Ritus oder Statuspassage begreift, sondern als einen vor Vollendung der Tatsachen lebensgeschichtlichen Aufbau von Erfahrung, der in ausgewiesenen Moratorien bzw. Lernprozessen die Produktion des Aufbaus von Arbeitsvermögen und die Einübung in Arbeitsdisziplin zum Ziel hat, in dem es das gesellschaftliche Reproduktionsszenario zu erkennen gilt. Die diesbezügliche Auffassung führt dazu, *Übergänge als ein gesellschaftliches Verhältnis* zu konzipieren. Das wird weiter unten bei den curricularen Überlegungen zu den Transferlernfeldern eine Rolle spielen.

Das Thema erfordert nun weiter, einen vergewissernden Blick auf die bisherige Praxis des Übergangssystems zu werfen, und zwar vom Standpunkt ihrer referenzierten Konzepte her, die sich als gesellschaftlich integrierend verstanden und so einen Beitrag zur Lösung des Passungsproblems liefern wollten.

3 Klassische Konzepte: Kompensatorik und Prophylaxe

3.1 Das Grundproblem

Im Vorwort des Bandes vier, *Begabung und Lernen* – Gutachten und Studien der Bildungskommission des Deutschen Bildungsrates von 1968 heißt es:

»Aus der Lektüre des Buches heben sich als zentrale Aussage folgende Frage und folgende Antwort heraus: Wie ist in der Lernentwicklung des jungen Menschen das Verhältnis von naturgegebener Anlage und menschlicher Einwirkung durch Umwelteinflüsse und veranstaltete Lehr- und Lernvorgänge zu sehen? Das Verhältnis dieser beiden Faktoren lässt sich nicht auf eine einfache Formel bringen, es ist nicht eindeutig fixierbar. Insofern werden die hier vorgelegten Untersuchungen mit der Fülle der ausgebreiteten Einzelbeobachtungen als Ausgangsbasis für das Vortreiben weiterer Fragen und Forschungen dienen können. Gesichert steht jedoch die negative Feststellung, dass die vorweggegebenen psychischen Naturfaktoren wie Erbe und Reifung nicht den Grad von determinierender Bedeutung für die Begabungsentwicklung besitzen, der ihnen landläufig zugemessen wird, und dass umgekehrt demgegenüber den vom Menschen beeinflussbaren oder von ihm gesteuerten Einwirkungen durch Umwelt und schulisches Lernen ein für jede praktische Orientierung größeres Gewicht zukommt. Wenn für die Erfüllung jeweiliger Lernanforderungen adäquate Begabung Voraussetzung ist, so gilt nach der Aussage dieses Gutachtenbandes noch mehr der umgekehrte Satz, dass im Zusammenwirken der Faktoren, durch die Begabung zustande kommt und sich entwickelt, die richtig angelegten Lehr- und Lernprozesse selbst entscheidende Bedeutung besitzen.

Die bildungspolitische Folgerung hieraus liegt auf der Hand: *Schulorganisation und Didaktik werden nicht von der Vorstellung präformierter Begabungskonstanten ausgehen, sondern sich daran orientieren, wie Begabungen entwickelt, gefördert und angeleitet werden können.* (Hervorh. H.) Aus den vorgelegten Untersuchungen ergibt sich darüber hinaus die begründete Annahme, dass hier noch große unerschlossene Möglichkeiten ruhen. Es lohnt sich, das Schulwesen unter den primären Gesichtspunkt der Förderung zu stellen. Dem einzelnen wird geholfen, den Weg zur Selbstverwirklichung in der ihm erreichbaren individuellen Höchstleistung zu finden, und die Gesellschaft findet auf der Basis einer breiten, differenzierten Begabungsförderung diejenigen Kräfte, deren sie für die Vielfalt ihrer Funktionen und Berufe bedarf. Die Bildungskommission wird in ihren demnächst zu veröffentlichenden Empfehlungen zu den Abschlüssen im Sekundarschulwesen, zur Verbesserung der Lehrlingsausbildung und zur Veranstaltung von Versuchen mit Gesamtschulen darlegen, welche Folgerungen sich aus diesen Grundsätzen für wichtige Teilbereiche des deutschen Bildungswesens ergeben« (Deutscher Bildungsrat 1968, S. 5f.).

Die positive Sicht des Bildungsrates, dass nämlich den Naturfaktoren eine determinierende Funktion in der Entwicklung und Entfaltung des menschlichen Humanvermögens nicht in dem Maße zukomme, wie bisher angenommen, warf zugleich die Frage auf, ob denn das Bildungswesen reformierbar wäre. Immerhin fordert das Vorwort, »*das Schulwesen unter den primären Gesichtspunkt der Förderung zu stellen*«. Genau diese Problematik zeigte sich in der sogenannten *kompensatorischen Erziehung* und ihrem Diskurs ab Ende der 1960er Jahre und in den erziehungswissenschaftlichen und bildungssoziologischen Studien, die sich mit der in den Bildungsmöglichkeiten angelegten Reproduktion von sozialer Ungleichheit befassten. Es ist dieser Diskurs, der uns heute – allerdings terminologisch anders eingekleidet – wieder beschäftigt: auch zurzeit geht es wieder darum, Begabungsreserven auszuschöpfen und Förderkonzepte und -strategien so zu entwickeln, dass die gesellschaftliche Strukturbalance angesichts der Armutsentwicklung nicht aus den Fugen gerät.

Das »*Projekt kompensatorische Erziehung*« entstand in den USA. 1964 löste das Buch von Harrington *The other America. Poverty in the United States* (vgl. Harrington 1964) einen Schock und in Folge davon den sogenannten »Krieg gegen die Armut« unter Kennedy und Johnson aus. Der *Economic Opportunity Act* und der *Elementary and Secondary Education Act* veranlassten 1965 zusätzliche Bildungsangebote für die Bevölkerung aus Slum- und ländlichen Armutsgebieten, um ein weiteres Absinken und die Entstehung sozialer Unruheherde zu vermeiden. Auch war durch die Armutsentwicklung die nachhaltige Beeinträchtigung der inländischen Absatzmärkte zu erwarten.

Das Versagen der Schulen nicht nur in den Slums, die viele Schüler als Halbanalphabeten und dropouts (Schulabbrecher) entließen, zwang zur Suche nach gezielten Fördermaßnahmen. Schon 1965 wurde eine halbe Million armer Kinder im neuen Head-Start-Programm in Sommerkursen betreut. Es folgte die Einrichtung ganzjähriger und ganztägiger Head-Start-Center (vgl. hier den aktuellen Diskurs um Ganztagsschulen), die auch Gesundheitsfürsorge und warme Mahlzeiten anboten.[14]

Die Zielvorstellungen der Programme waren relativ umfassend ausgerichtet und schlossen arbeitslose Jugendliche und potentielle Hochschulabsolventen ein. Die Konkretisierung der Programme selbst blieb stark Einzelinitiativen überlassen, so dass es zu sehr unterschiedlichen Curricula, auf der einen Seite ein rigides Sprachtrainingsprogramm und auf der anderen Seite vielseitigere Aktivitäten, kam. Ab 1970 verstärkte sich die Kritik, die zu einer einschneidenden Reduzierung der kompensatorischen Programme führte. Als Gründe lassen kann man die mangelnde Langzeitwirkung der Programme anführen, die angeblich abweichenden Intelligenzstrukturen der Farbigen, die politische Bewusstwerdung der Slumbevölkerung, aber vor allem die Verknappung der öffentlichen Mittel durch

---

14 Vgl. hierzu die Nähe solcher Programme wie Job Starter ......

den Vietnamkrieg. Auch fehlte es an gesicherten Konzepten, an Kontinuität und an tiefgreifenden gesellschaftlichen Veränderungen zur Aufhebung von Armut und Benachteiligung.

Das Interesse an kompensatorischer Erziehung in der Bundesrepublik entstand zuerst im Rahmen der Randgruppenarbeit, vor allem mit Obdachlosen, aber auch durch die Diskussion um die sogenannte Bildungskatastrophe und die Begabungsreserven. Auch die Frühlesebewegung weckte mit der Umorientierung der Vorschulerziehung das Interesse an kompensatorischer Erziehung. Als 1971 die ersten zusammenfassenden Aufarbeitungen und Darstellungen der amerikanischen Ansätze erschienen (vgl. DuBois-Reymond 1971 und Iben 1971), hatte die Kritik an der kompensatorischen Erziehung bereits ihren Höhepunkt erreicht. Ihr wurde eine unkritische Anpassung an Schul- und Mittelschichtnormen vorgeworfen, die Verschleierung von Klassengegensätzen und die Unterbewertung und Unterdrückung der Unterschichtkultur. Der sogenannten Defizit-Hypothese, die den Benachteiligten nur Mängel der Sprache (less language) und Erziehung zuschrieb, wurde die sogenannte Differenz-Hypothese gegenübergestellt, nach der es sich bei der Unterschicht um eine eigenwertige (different language), abweichende Kultur handelt. Der Unterschied der beiden Betrachtungsweisen ist klar: in dem einen Fall wird eine der beiden Sprachen als Standard herangezogen, an dem alles gemessen wird; im anderen Fall werden beide Sprachen nach einem Standard, der in ihnen selbst liegt, beurteilt.

Welche Konsequenzen ergeben sich aus den kontroversen Interpretationen für Lehr- und Lernprozesse von Ausbildung? Die Defizithypothese lenkt folgerichtig hin zu einem Suchen nach Möglichkeiten, die beobachteten »Mängel« zu beseitigen. Vertreter der Differenzhypothese dagegen sehen die Ursachen für ein etwaiges Versagen eines Unterschichtjugendlichen in Schule und Betrieb nicht in mangelnden Fähigkeiten, die es zu kompensieren gilt; vielmehr fordern sie von den Institutionen, die Jugendlichen angemessen (d. h. unter Berücksichtigung der sozioökonomischen und anthropologischen Voraussetzungen) im Lern- und Entwicklungsprozess zu begleiten. Vor allem die Schule sei ein Ausleseinstrument, das ganz auf die Normen – insbesondere die sprachlichen – der Mittelschicht ausgerichtet sei und keinen Versuch unternehme, die Andersartigkeit von Kindern der Unterschicht zu akzeptieren, geschweige denn, auf sie einzugehen. Letzteres soll nicht heißen, dass man die Unterschichtkinder ganz in ihrer (Sprach-)Welt belassen soll, man sollte vielmehr die Ausdrucksmöglichkeiten dieser Kinder erkennen, um sie dann, darauf aufbauend, allmählich zur »anderen« Sprache hingelangen zu lassen. Diese Kontroverse ist im Grunde bis heute nicht gelöst. Das Übergangssystem selbst ist Ausdruck dieser Gefangenschaft.

Wählt man in diesem Streit einen dritten Standpunkt und ist der Auffassung, dass die Hypothesen Defizit oder Differenz falsch aufgestellt sind, weil es in pädagogischen Prozessen nicht um Zuschreibungsformate gehen kann, dann bleibt einzig die Perspektive, von der Entwicklung bzw. der Entwicklungsfähigkeit aus zu denken und d.h. einen subjektbezogenen Ansatz zu wählen.

3.2 Erscheinungsformen des Prinzips Kompensatorik im Übergangssystem unter dem Gesichtspunkt ihres fördernden Gedankens

Welches sind nun die Ansätze, die in der Erziehungswissenschaft zur Behebung von sozialer Ungleichheit mit Blick auf den Ausbildungssektor entwickelt wurden? Von der Genese der einzelnen Ansätze her lassen sich vier Formen fixieren, die für Fragen der Inklusion relevant sind und eine unterschiedliche Bedeutung hatten.

3.2.1 Sozialpädagogisch orientierter Ansatz

Der sozialpädagogisch kompensatorische Ansatz ist Anfang der 1980er Jahre als Programm zur Förderung der Berufsausbildung von benachteiligten Jugendlichen entstanden. Zentrale Impulse gingen von der *Projektgruppe Sozialpädagogisch Orientierte Berufsausbildung* an der Universität Frankfurt am Main, Institut für Wirtschaftspädagogik, aus. Zur damaligen Projektgruppe gehörten Hans-Joachim Petzold, Klaus Meisel, Gabi Bendel, Rolf Schmidt und Ursula Petzold. Petzold und Schlegel entwickelten das Projekt später im Institut für berufliche Bildung, Arbeitsmarkt und Beschäftigung (IBAB) in Heidelberg in Zusammenarbeit mit dem Bundesministerium für Bildung und Wissenschaft weiter. Zu den großen Erfolgen des Programms gehört sicherlich, dass es 1987 in das damalige Arbeitsförderungsgesetz (AFG heute SGB III) implementiert wurde.

Sozialpädagogisch orientierte Berufsausbildung beschreibt ein Programm, welches nunmehr über fast 30 Jahre die Arbeit in der Ausbildung in außerbetrieblichen Einrichtungen kennzeichnete. Gefördert wurden Jugendliche, die das Arbeitsamt nicht in ein betriebliches Ausbildungsverhältnis vermitteln konnte. Die diesbezüglichen Richtlinien beschrieben den Adressatenkreis (vgl. Tabelle 1) im Sinne eines labeling approach.

Tab. 1: Zielgruppen der sozialpädagogisch orientieren Berufsausbildung

Zielgruppen
- junge Ausländer,
- Jugendliche ohne Hauptschulabschluss oder vergleichbaren Schulabschluss;
- Abgänger aus Schulen für Lernbehinderte;
- sozial benachteiligte Jugendliche, das sind insbesondere:
- Jugendliche, die nach Feststellung des Psychologischen Dienstes der Bundesanstalt für Arbeit als »verhaltensgestört« gelten;
- Jugendliche, für die freiwillige Erziehungshilfe vereinbart oder Fürsorgeerziehung angeordnet ist;
- ehemals drogenabhängige Jugendliche;
- strafentlassene Jugendliche;
- junge Strafgefangene, wenn durch die Maßnahme eine Berufsausbildung ermöglicht wird, deren Fortsetzung nach Entlassung aus dem Strafvollzug sonst nicht sichergestellt werden könnte;
- jugendliche Spätaussiedler mit Sprachschwierigkeiten.

Quelle: SGB III und Dienstvorschrift der Arbeitsverwaltung 8/98

Die Aufnahme in das Programm ist vor allem an die Bestimmungen des SGB II/III gebunden, z.T. an das SGB VIII und an Bestimmungen der Länder und des Bundes, soweit es sich um Sonderprogramme handelt. Eine detaillierte Übersicht geben immer wieder die Berufsbildungsberichte. In diesem Zusammenhang kommt es vor allem darauf an, auf die curriculare Desorganisation und Zersplitterung der Trägerschaften hinzuweisen. Dem Sozialgesetzbuch liegt weder eine bildungstheoretische noch eine deutlich curricular ausgewiesene Position zugrunde. So finden sich Job-Starter Programme, STAR-Regional-Programme. Dann wiederum orientiert sich die Unterstützung am Gedanken der Berufsausbildungsvorbereitung. Durch ausbildungsbegleitende Hilfen (abH) gilt es wiederum, einem drohenden Abbruch der Ausbildung vorzubeugen. Stützunterricht und ausbildungsbegleitende Stützmaßnahmen, sozialpädagogische Einzelfallhilfe, Betreuung am Ausbildungsplatz, Kooperation mit der Berufsschule und Elternarbeit konkretisieren den Handlungsbaustein. Soweit Jugendliche nicht in der betrieblichen Ausbildung eine Stelle finden, fördert die Bundesagentur eine Berufsausbildung in außerbetrieblichen Einrichtungen (BaE). Auch in diesem Fall treten alle möglichen sozialpädagogischen Maßnahmen hinzu. Schließlich erstreckt sich die Unterstützung auch auf die Berufsvorbereitung, wobei das BQF-Programm[15] und das Fachkonzept der Arbeitsagentur noch einmal eigenständig fungieren. Aktionen wie das Good-Practice-Center (BIBB) flankieren die Notlagen. Anreize für Betriebe, Ausbildungsplätze zur Verfügung zu stellen, sind in den letzten Jahren hinzugekommen. Die Aufzählung allein reicht nicht aus, um sich das Ausmaß der Unübersichtlichkeit vor Augen zu führen (vgl. Diezemann 2013). Insgesamt drängen sich Vergleiche zur Industrie- und Armenpflege der heraufziehenden Industrialisierung auf, die im bedeutenden Organ zur »beginnenden Sozialpädagogik« dokumentiert wird: Göttingisches Magazin für Indüstrie und Armenpflege (vgl. Wagemann 1789-1803)[16].

Im Zuge der Etablierung des New Public Management wurde im Jahr 2010 auch das Programm der sozialpädagogisch orientierten Berufsausbildung einer Überprüfung unterzogen. Das Ergebnis wird in der Bundestagsdrucksache 17/6277 wie folgt formuliert (vgl. Deutscher Bundestag 2011,1):

> »Nach dem von der Bundesregierung im Juni 2010 beschlossenen Zukunftspaket muss die Bundesagentur für Arbeit Effizienzsteigerungen und strukturelle Einsparungen in Höhe von 2,5 Mrd. Euro im Jahr 2012 und von jeweils 3 Mrd. Euro ab dem Jahr 2013 haushaltswirksam werden lassen.«

Die in der Drucksache dem Parlament zur Abstimmung vorgeschlagene Arbeitsmarktinstrumentenreform findet sich im Gesetz zur Verbesserung der Eingliederungschancen am Arbeitsmarkt (vgl. BGBl 2011); sie trat zum 1. April 2012 in Kraft. Im Zentrum der Reform steht zwar eine ökonomische Rationalität, diese Rationalität basiert aber eben auch auf der tendenziellen Erschöpfung des sozialpädagogischen Paradigmas als Problemlösekapazität. In dem Maße, wie in den nächsten Jahren die neu geordneten Paragraphen vor allem des Dritten Kapitels des Sozialgesetzbuches III zu einer Freisetzung der alten Förderlogik führen, muss nach Alternativen gesucht werden. Die Bundestagsdrucksache spricht in diesem Zusammenhang lediglich von »dezentralen innovativen Lösungen«. Insofern bleibt zu prüfen, wie das Inklusionsparadigma zum Tragen kommen kann.

---

15 Berufliche Qualifizierung für Zielgruppen mit besonderem Förderbedarf
16 Die Faksimile-Ausgabe erschien 1982 in der von Heinz-Joachim Heydorn und Gernot Koneffke herausgegebenen Reihe »Paedagogica« (V/1-7).

3.2.2 Entwicklungsaufgaben nach Havighurst

Havighurst definiert Entwicklungsaufgaben, die sich in bestimmten Lebensphasen des Einzelnen stellen. Er geht davon aus, dass es innerhalb der Lebensspanne Zeiträume gibt, die für das Erledigen bestimmter Aufgaben am geeignetsten sind (sensitive Perioden). Es handelt sich um altersentsprechende Aufgaben, deren Bewältigung durch verschiedene, aufeinander einwirkende Faktoren beeinflusst wird. Die Faktoren formuliert und konzipiert Havighurst als Trias (vgl. Tabelle 2):

- Physische Reifung (biologische Veränderungen innerhalb des Organismus wie z. B. Pubertät oder Menopause),
- gesellschaftliche Erwartungen (z. B. in Ausbildung oder Beruf),
- individuelle Zielsetzungen und Werte.

Tab. 2: Entwicklungsaufgaben in der Adoleszenz nach Havighurst

1. Achieving new and more mature relations with age-mates of both sexes;
2. Achieving a masculine or feminine social role;
3. Accepting one's physique and using the body effectively;
4. Achieving emotional independence of parents and other adults;
5. Preparing for marriage and family life;
6. Preparing for an economic career;
7. Acquiring a set of values and an ethical system as a guide to behavior – developing an idelogy;
8. Desiring and achieving socially responsible behavior.

Quelle: Havighurst 1948, 43ff.

Die Bewältigung der Aufgaben, die sich aus dem Spannungsfeld der Faktoren ergeben, führt zu weiterer Entwicklung und Gratifikation, während Versagen zu Sanktionen, d. h. auf Ablehnung durch die Gesellschaft stößt und zu Schwierigkeiten bei der Bewältigung späterer Aufgaben.

Die Entwicklungsaufgabe nach Havighurst versteht sich als Kern einer ökologischen Entwicklungspsychologie. Entwicklungsaufgaben sind Lernaufgaben, die sich über die ganze Lebensspanne erstrecken und im Kontext realer Anforderungen zur *Ausbildung von Kompetenzen* führen. Sie verbinden Individuum und Umwelt, indem sie kulturelle Anforderungen mit individueller Leistungsfähigkeit in Beziehung setzen, und sie räumen dabei dem Individuum eine aktive Rolle bei der Gestaltung der eigenen Entwicklung ein. Im Gegensatz zu den meisten Entwicklungsbegriffen erklärt Havighurst Entwicklung nicht nur als Resultat vergangener Ereignisse, sondern aus vorweggenommenen zukünftigen Geschehnissen.

Gegenüber den Zuschreibungen »Defizit oder Differenz« betont Havighurst den eigenständigen und autonomen Charakter des Subjektes im Gesamtzusammenhang, darin erweist sich die Entwicklungsaufgabe als relationales Curriculum, welches nicht normativen oder affirmativen Zwecken unterworfen ist (vgl. Havighurst 1948/1976[4]; Oerter, Montada 2002, 268ff.). Die von Havighurst konzipierten Entwicklungsaufgaben sind mit Blick auf Ausbildungsfragen jedoch nie systematisch und differenziert weiterentwickelt worden.

3.2.3 Entwicklung nach Wygotski: Die Zone der nächsten Entwicklung

Der von Wygotski gewählte Ansatz der *Zone der nächsten Entwicklung* ist im Rahmen von Ausbildungsprozessen ebenfalls kaum berücksichtigt worden, folgt man der Literatur. Hinter diesem Ansatz steht zunächst die Beobachtung, die auch in der Motivationstheorie von Bedeutung ist, dass Kinder und Jugendliche sich dann besonders intensiv an Aufgaben betätigen, wenn deren Charakter oberhalb des aktuellen Entwicklungsniveaus angesiedelt ist. Von diesem Niveau spricht Wygotski als einer Zone der nächsten Entwicklung, welches das Kind oder der Jugendliche übend sich anschickt, es zu erreichen.

Die Auffassung von einer Zone der nächsten Entwicklung basiert auf der Grundannahme, dass die ontogenetische Entwicklung vermittelnd verläuft. d. h. das, was zwischen Menschen passiert (Sprache, Kommunikation, Handlung), wird internalisiert und bildet so die Grundlage höherer psychischer Funktionen (ähnlich also wie bei Mead). Wygotski formuliert: »Die allererste Quelle für die Entwicklung der inneren individuellen Eigenschaften der Persönlichkeit des Kindes ist die Zusammenarbeit (wobei dieses Wort im weitesten Sinn zu verstehen ist) mit anderen Menschen« (Wygotski 1987, S. 85). Kulturelle Werkzeuge wie z. B. die Sprache oder Repräsentationen, wie sie für die Ausbildung typisch sind, spielen dabei eine wichtige Rolle. Denken ist demnach sozialen Ursprungs, und hier unterscheidet sich Wygotski signifikant von den Vorstellungen seines Zeitgenossen Jean Piaget. Entwicklungsprozesse werden sozial »geleitet«, sind dabei aber kein Abbild der sozialen Welt, sondern werden auf der Seite des Subjektes konstituiert. Drei Typen werden unterschieden:

- Der erste Typus umfasst alle Formen intentionaler Instruktion, also sowohl informelle wie formelle Ausbildung. Wenn wir den Jugendlichen bei einem Vorhaben helfen, findet Entwicklung auf der Zone der nächsten Entwicklung ebenso statt, wie in einem Unterricht, der Entwicklung »vorauseilt«, wie dies Wygotski fordert.
- Der zweite Typus wird im Zuge der Herstellung einer stimulierenden Umgebung realisiert und stellt eine Form der Entwicklungsförderung dar. Dazu sind stimulierende Objekte wie beispielsweise Bücher, Konstruktionswerkzeug, Aufgaben, Museen usw. geeignet.
- Der dritte Typus der Zone der nächsten Entwicklung nach Auffassung Wygotskis ist das Spiel selbst. Spiel ist in diesem Zusammenhang jedoch nicht naiv aufzufassen. Es sind damit alle Formen der freien Betätigung einschließlich des Übens gemeint, in der der Jugendliche sich auf das Niveau oberhalb des aktuellen Entwicklungsstandes begibt. So bildet Spiel einen idealen Rahmen für Entwicklungsförderung auf der nächsthöheren Entwicklungsebene, wenn Jugendliche mit kompetenten Partnern interagieren.

Eine ausgefeilte Systematik solcher Zonen der nächsten Entwicklung hat die Berufs- und Wirtschaftspädagogik in Theorie und Praxis bislang nicht hervorgebracht, weder allgemein noch domänenspezifisch, auch nicht im Hinblick auf die Entwicklung gegenständlichen Handelns und schon gar nicht im Rahmen des Übergangssystems.[17]

3.2.4 Biographischer Ansatz

Hinter diesem Kürzel verbirgt sich zunächst kein pädagogisches Handlungsprogramm als vielmehr der Versuch, bereits im Forschungsprozess die Probanden als Subjekte ihrer Geschichte zu begreifen. Biographie bezeichnet so die mentalen Konstrukte (gesellschaftliches Bewusstsein) der Aneignung des Lebenslaufs, also seine Konstruktion wie Rekonstruktion. In den mentalen Konstrukten wird die (scheinbar) sinnvolle und kontinuierliche Lebensgeschichte fasslich. Auf diese Weise soll es gelingen, biographisches Handeln und biographische Entwicklung im Spannungsfeld von gesellschaftlicher Heteronomie und individuellen Optionen, von vorgegebenen institutionalisierten Programmen und einer Individualisierung und Biographisierung, zu begreifen.

---

17 Vgl. hierzu kontrastierend den Ansatz von Rauner zum Novizen-Experten-Modell.

Mit Blick auf eine Biographieforschung in der Berufspädagogik hat Harney einen interessanten Vorschlag gemacht, nämlich den, Berufe als biographisch transformierte institutionelle Skripte zu bergreifen. Die Berufsbiographie wäre dann eine Ressource eigener Art, »die den Beruf eigensinnig umarbeitet und ihn dann in individuelle wie auch typisierbare Fallgeschichten zersetzt. Die Normalität und Dauerhaftigkeit des Berufs bestehen in dem Maße wie diese Art der Bearbeitung und biographischen De- und Umkomposition des Berufs strukturell erforderlich ist und immer wieder abverlangt wird« (Harney/Ebbert 1999, S. 403). In diesen Sinne wäre aufzuhellen, wie Ausgrenzungen, abgewiesene Bewerbungen, Arbeitslosigkeit, Segmentierungserfahrungen, Bildungsbeteiligung, Hürden der Arbeitsverwaltung etc. zu einem Arbeits- und Ausbildungsverständnis im Prozess der Vergesellschaftung sich als Lebenseinstellung konfigurieren.

Verwertbare Beiträge der Biographieforschung allerdings, die diesbezüglich Ausbildungsprozesse aufklären und speziell zur Gestaltung von Lehr- und Lernprozessen beitragen, liegen indessen kaum vor.

3.3 Konzepte des Förderns in Schule und Ausbildung

Die Konzepte des Förderns sind nun über das Übergangssystems hinausgehend in generalisierender Form in den Blick zu nehmen. Die im Zusammenhang mit Schule und Ausbildung diskutierten Konzepte lassen sich überwiegend auf die allgemeinen Grundgedanken der Kompensatorik, der Prävention sowie der Individualentwicklung bzw. Individualisierung zurückführen. Die Kategorie Fördern meint dabei eine Beeinflussung im Sinne eines intendierten Eingreifens in das Entwicklungsgeschehen.

Soweit sich Förderkonzepte auf die genannten allgemeinen Grundgedanken beziehen, fehlt ihnen eine genauere Kontextualisierung und damit an Handlungsrelevanz. Erst die Bezugnahme auf theoretische Positionen bzw. Theorien für bestimmte Entwicklungsbereiche lässt eine erweiterte Perspektive entstehen, andererseits werden damit jedoch auch Gesamtzusammenhänge aufgegeben zu erkennen. Theorien für bestimmte Entwicklungsbereiche beziehen sich vorzugsweise auf die kognitive und soziale bzw. die sozial-emotionale Entwicklung.

3.3.1 Theorien zur kognitiven Entwicklung im Überblick

So erklärt Piagets Theorie der kognitiven Entwicklung (vgl. Piaget 1975) die Entstehung von kognitiven Schemata und Strukturen durch den Vorgang der Assimilation und Akkommodation. In der Auseinandersetzung mit der Umwelt entstehen so neue Denkmuster bzw. Denkstrukturen durch ein biologisch gegebenes Streben nach einem kognitiven Gleichgewicht. Als Motor der Entwicklung hat Piaget ein Äquilibrationsprinzip angenommen. Das Prinzip bezieht sich auf den Umwandlungsprozess, bei dem symbolische Elemente wie Vorstellung, Wörter, Konzepte, Schemata entstehen. Den Umwandlungsprozess gruppiert Piaget nach unterschiedlichen Altersphasen. Wie dieser Vorgang vonstattengeht, mit welchem, um im Bild zu bleiben, Treibstoff der Motor gespeist wird, bleibt offen.

Pädagogen haben unter dem Gesichtspunkt des Förderns der Denkerziehung aus Piagets Theorie den Schluss gezogen, dass vor allem Kindern ein Raum für das Entdecken und aktive Handeln gegeben werden muss, der ihrer jeweiligen alterstypischen Denkstruktur entspricht. Der konstruktivistisch-handlungsorientierte Ansatz in Ausbildungsprozessen nach dem Berufsbildungsgesetz, der Handwerksordnung oder bundes- und landesrechtlich geregelten Berufen (vor allem Sozial- und Gesundheitswesen) basiert auf den Konstrukten Piagets. Durch die Tatsache jedoch, dass die Handlungsorientierung methodisch ausbuchstabiert wurde, sind die fördernden Möglichkeiten weitestgehend verspielt worden (vgl. Huisinga 1990; Schäfer 2012). Wie allerdings unerwünschte oder noch nicht entwickelte Denkstrukturen zu korrigieren sind, darauf gibt es in der strukturgenetischen Theorie von Piaget keine Hinweise und auch die handlungstheoretische Grundlegung von Lehr- und Lernprozessen, die ja altersbedingt oberhalb der von Piaget vorgeschlagenen Entwicklungsphasen liegt, konnte bislang keine Förderstrategien im Sinne der Kompensatorik oder Individualisierung vorlegen[18].

Tab. 3: Aufmerksamkeitstraining

- Genaues Hinschauen und Hinhören unterstützen und üben;
- Visuelle und akustische Verstärkungen nutzen und verarbeiten;
- Operantes Verstärken (z. B. Prüfprozesse einführen, Positionen analysieren);
- Reaktionskontrolle durch Verzögerung herstellen;
- Handlungsziele aufstellen;
- Handlungswege entwickeln;
- Feedback einholen;

---

18 In diese Lücke stößt aktuell die sogenannte Förderdiagnostik vor.

- Selbstinstruktion üben (z. B. ich gehe sorgfältig und bedacht vor);
- Verstärker einführen;
- Setting verändern;
- ....

Die Idee, kognitive Prozesse mit Hilfe von Computern zu simulieren, ist im Rahmen von Forschungsprogrammen zur künstlichen Intelligenz (KI) realisiert worden. Kognitive Entwicklung wird in diesem Zusammenhang als eine spezifische Form der Entwicklung des Problemlösens begriffen. Um ein Problem zu lösen, ist in aller Regel ein Prozess der Informationsverarbeitung vonnöten, der dann Optionen zur Lösung bereitstellt (oder auch nicht). Zu solchen Optionen gehören z. B. die Konstruktion von Strategien, die Prozesse der Kodierung und Habitualisierung, das Training des Arbeitsgedächtnisses, die Generalisierung durch Entdeckung von Regelhaftigkeiten, die Diskrimination durch Realisierung der Nichtpassung, Beziehungserfassung durch Analogiebildung, Systembildungen, Wahlhandlungen und die Art und Weise des Umgangs mit Fehlern. Die Entwicklung kognitiver Prozesse zeigt sich somit erst in der Performanz; erklärt werden sie mit der Fähigkeit zur Informationsverarbeitung. Gewinne in der Kapazität der Informationsverarbeitung werden rückgeführt auf Gedächtnisleistungen, Aufmerksamkeit und Kategorisierung (vgl. insgesamt Oerter/Montada 2002, S. 469ff.; Berk 2005, 206ff.).

Informationsverarbeitungstheorien legen nahe, die kognitive Entwicklung dadurch zu fördern, indem die Prozesse der Ausbildung als Problemlöseprozesse angelegt werden. In ausgeprägter Form macht die technisch-gewerbliche Ausbildung von ihnen Gebrauch. Die Förderung besteht allgemein darin, dass die Anforderungen den Ressourcen der »Problemlöser« angepasst werden. Problemlöseschritte sind instruktiv zu vermitteln, auftretende Fehler genau zu analysieren und mögliche Verarbeitungsfehler zu bestimmen. Deutlich wird in diesem Zusammenhang, dass die Theorie Piagets mit den Informationsverarbeitungstheorien in gewisser Weise konvergiert. Das Bereitstellen aktivierender Konstellationen soll präventiv, also nicht kompensatorisch, die Förderlogik begünstigen.

Da, wie oben erwähnt, die Erweiterung der kognitiven Fähigkeiten auf psychischen Leistungen wie dem des Gedächtnisses, der Aufmerksamkeit und der Kategorisierung basieren, ergibt sich ein zusätzliches Förderproblem dann, wenn diese Leistungen zu wünschen übrig lassen. So empfiehlt z. B. die Aufmerksamkeitsforschung zur Verbesserung kognitiver Basisfertigkeiten ein Bündel an Maßnahmen (vgl. Tabelle 3) allgemeinster Art, die in Ausbildungsprozesse häufig nicht integriert werden oder nicht integriert werden können. Als Gründe dafür lassen sich professionelle Mängel sowie institutionelle Widerstände nachweisen.

Die Theorie der Repräsentation führt die Entwicklung von Denkleistungen wesentlich auf die Fähigkeit zur Kategorisierung zurück. Damit ist eine Fähigkeit gemeint (häufig als Kernwissen bezeichnet), über kausale, funktionale oder strukturelle Eigenschaften von Objekten (Welt) ein kohärentes Bild der Wirklichkeit zu erzeugen. Diese Auffassung kommt der generativen Grammatik (vgl. Chomsky 1974) sehr nahe, die auf die Frage, wie das Vermögen des Menschen zu sprechen, d.h. grammatikalisch korrekte Aussagen zu machen, antwortete: es fußt auf kognitiven Strukturen, die genetisch vererbt sind (kognitive Wende). Mit dieser Annahme grenzt sich die generative Grammatik vom Behaviorismus ab, der davon ausgeht, dass der Mensch ohne angeborene Fähigkeiten – als tabula rasa – geboren wird und so das Sprechen ausschließlich durch Imitation seiner Umwelt lernen muss (siehe oben Dt. Bildungsrat). Zwar lernen Kinder das Wortmaterial durch ihre Umwelt kennen – jedoch die Anlagen zu dem Wissen, wie dieses Material grammatisch korrekt zu Sätzen verarbeitet werden kann, d.h. wie richtige Sprache erzeugt wird, sind genetisch bedingt. Im Prozess des Spracherwerbs werden diese Anlagen zu konkreten Sprachbildungsfähigkeiten einer bestimmten Sprache ausgebildet.

Nun ist zwar die Theorie der Repräsentation ein noch relativ junges Forschungsgebiet und die Ergebnisse stammen überwiegend aus dem Feld kindlichen Denkens, sichtbar wird jedoch, dass sich das begriffliche Wissen über grundlegende Domänen als mögliche Quelle (fundamentaler) kognitiver Veränderung in der Denkentwicklung erweist.

Die *Expertiseforschung* beschreibt die kognitive Entwicklung in diesem Zusammenhang als einen Prozess des Erwerbs von Expertise (vgl. Röben 2005; Schemme 2005). Ein universeller Novize setzt sich der begrifflichen Erschließung von Domänen aus, wobei angenommen wird, dass der Fortschritt in der Entwicklung von der Gelegenheit zu ausgiebiger Übung abhängt. Damit ist ein sehr experimenteller Ansatz, jedoch auch einer, der stark durch die Imitation und den Versuch lebt.

Stärker als der Expertiseansatz gehen die *Modularitätstheorien* von einer Domänenspezifität menschlicher Kognition aus. Sie knüpfen unmittelbar an die generative Grammatik Chomskys an. Danach gäbe es spezialisierte kognitive Systeme, welche die jeweilige Domäne zu repräsentieren und zu verarbeiten vermögen. Die kognitiven Module seien evolutionär sowie neurologisch verankert. Streng genommen lässt ein solcher Ansatz keinen Raum für Entwicklung, weshalb er für pädagogische Prozesse nicht nutzbar ist und in Ausbildungsprozessen bislang auch keine Rolle spielte.

Nahm Piaget die kognitive Entwicklung als einen gestuften und alle Wissensbereiche übergreifenden universellen Prozess wahr, so vertritt im Rahmen einer Theorie der Repräsentation der Ansatz der *intuitiven Theorie* (vgl. Wellmann/Gelman 1998; Krahn 2005) die Auffassung, dass sich kognitive Entwicklung als Wandel intuitiver Theorien beschreiben lasse, wobei dieser Wandel dem Kuhnschen Paradigmenwechsel ähnlich sei. Sowohl intuitive als auch wissenschaftliche Theorien seien gleichermaßen durch einen Phänomenenbereich, ein System von Kernbegriffen sowie ein System von Erklärungsprinzipien gekennzeichnet. Die wissenschaftlichen Kausalerklärungen sind historisch und kulturell zu Disziplinen (Bereichslogiken, die sich als nützlich erweisen haben) zusammengefasst worden. Insofern wäre ein Fächerspektrum eine notwendige Bedingung dafür, kognitive Entwicklung zu ermöglichen.[19]

Für den Kontext des Übergangssystems bzw. die Inklusion regen die Repräsentationstheorien die Frage an, ob und wie bestehende rigide Sprach- und Denkstrukturen durch extensive Nutzung der Funktion der Fachsprache (z. B. Begriffe, Konstrukte, Logiken) eine kognitive Erweiterung so ermöglichen, dass mit der individuellen Erweiterung im Hinblick auf reflexive Sprach- und Denkstrukturen zugleich auch Ausbildung ihre Passungsfunktion optimieren kann (vgl. Lisop bereits 1973). Damit jedoch das jeweilige Fach einen Beitrag zur Kognitionsentwicklung leisten kann, wären vorab das Begriffssystem und der Erklärungsapparat der intuitiven Theorie zu rekonstruieren, weil sonst eine Veränderung des Begriffsverständnisses kaum möglich erscheint. Vorstellungen vom intuitiven Fach bilden ja doch ein zusammenhängendes System von Überzeugungen, das sich resistent gegen punktuelle Veränderungen erweist. Die Tatsache, dass den intuitiven Theorien Überzeugungen zugrunde liegen, transzendieren das rein kognitive damit in den Bereich des sozial-emotionalen.

Schließlich ist unter den kognitiven Entwicklungstheorien noch auf den Ansatz von Wygotski hinzuweisen. Ergänzend zu den Ausführungen oben sei vermerkt, dass Wygotski als Motor der Entwicklung ganz entscheidend

---

19 Wie dann jedoch das Problem der Einheit der Wissenschaften zu lösen ist bzw. das Problem der Allgemeinbildung (die es so dann nicht gäbe), bleibt offen; so auch die Frage, worin diese Einheit besteht oder bestehen kann. Ferner entsteht das Problem der Kompatibilität und Umstrukturierung begrifflicher Systeme, weil der »Welthorizont« eben doch ein einheitlicher ist. Hier liegen komplexe erkenntnistheoretische Probleme.

die Interaktion herausstellt und damit ein sozio-kulturelles Konzept der Entwicklung vertritt.

3.3.2 Theorien der sozial-emotionalen Entwicklung im Überblick

Theorien über die soziale und emotionale Entwicklung beziehen sich auf sehr unterschiedliche Sachverhalte:

- Entwicklung der Wahrnehmung,
- Sprachentwicklung,
- Entwicklung der Motivation,
- Entwicklung von Handlungsregulation,
- Emotionale Entwicklung und Sicherheit (Bindung),
- Entwicklung der sozialen Kognition,
- Moralentwicklung,
- Entwicklung der Geschlechtsidentität,
- Entwicklung von Selbstkonzepten und Identität.

Alle hier aufgeführten Theorien können im Hinblick auf Fragen des Förderns von Jugendlichen in einer spezifischen Weise von Belang sein. So wird man mit Blick auf Fragen der Moralentwicklung die Studien Kohlbergs[20](vgl. Kohlberg 1974; 1995) zu Rate ziehen müssen und berufsbezogen die Arbeiten von Beck (vgl. Beck 1996). Bindungstheoretische und praktische Fragen dürften Rückbezüge auf Bowlby (1973; 1984), Ainsworth u. a. (1978) sowie Grossmann/Grossmann (2003) notwendig machen und solche, die auf die Entwicklung von Identität zielen, werden sicherlich nicht ohne Erikson (1966; 2003) und Havighurst (1948) auskommen.

In der Berufs- und Wirtschaftspädagogik werden die genannten Theoriekomplexe sicherlich rezipiert. Zu einer Theorie des Jugendalters und der Adoleszenz mit besonderem Blick auf Ausbildung, Förderbedarfe und die Entwicklung von Sozial- und Selbstkompetenzen hat sie allerdings nicht eigenständig beigetragen. Dies mag auch ein Grund dafür sein, weshalb das Konzept einer sozialpädagogisch-orientierten Berufsausbildung eher nicht fruchtete.

---

20 Kohlberg selbst geht von der Auffassung aus, Moral sei ein eigenständiger kognitiver Komplex des Urteilens. Wenn in diesem Beitrag Moral unter den Komplex des Sozialen subsumiert wird, dann folgt er den einschlägigen psychologischen Nachschlagwerken für die Entwicklungspsychologie (vgl. Oerter/Montada 2002; Petermann/Niebank/Scheithauer (2004); Berk (2005).

Förderung als gezielte Einflussnahme auf das Entwicklungsgeschehen, sei es als Prävention oder Kompensation in der frühen Adoleszenz, ist vor allem prozessorientiert zu diskutieren. Unter diesem Gesichtspunkt zeigt die folgende Abbildung 1 schwerpunktmäßig die wechselseitigen Bezüge zwischen den Identitäts- und Selbstkonzeptentwicklungstheorien (die psychoanalytisch begründet sind), den sozial- und handlungstheoretischen Konzepten (die vor allem lern- und handlungstheoretisch begründet sind) sowie den Entwicklungsmodellen der kritischen Lebensereignisse (die wiederrum psychoanalytisch und lerntheoretisch begründet sind, aber auch in der Ätiologie von Störungen (Risikofaktoren).

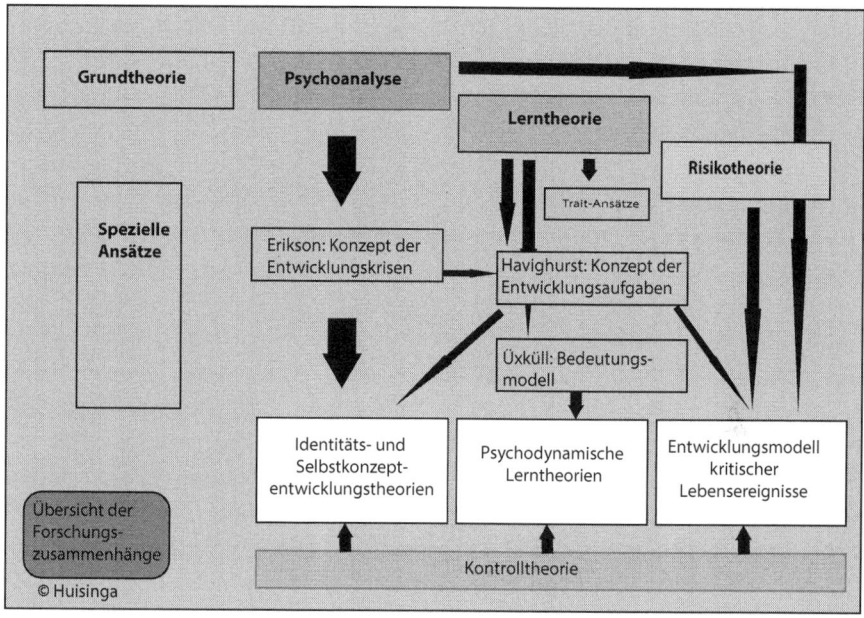

Abb. 1: Bezüge zwischen Identitäts- und Selbstkonzeptentwicklungstheorien

Hinzuweisen ist vor allem auf die Gemeinsamkeiten psychodynamischer Ansätze zur Entwicklung des Subjektes. Sie sind nicht nur Prozess orientiert, sondern weisen sich vor allem dadurch aus, dass sie mehr oder minder stark auf unbewusste psychische Prozesse Bezug nehmen. So lauten die beiden fundamentalen Strukturhypothesen der Psychoanalyse, dass psychische Prozesse dem Prinzip der psychischen Determiniertheit oder Kausalität folgen und dass Bewusstheit eher ein außergewöhnliches als ein regelmäßiges Attribut psychischer Prozesse ist. Die kategoriale und funktionale

Fassung des psychischen Apparates bilden drei Instanzen, nämlich Es, Ich und Über-Ich. Das Es ist phylogenetisch und ontogenetisch die älteste Instanz und strebt nach Triebbefriedigung und folgt dem Lustprinzip. Das Über-Ich repräsentiert bewusste, vorbewusste und unbewusste gesellschaftliche Normen und Werte. Das Ich folgt dem Realitätsprinzip und entwickelt sich als regulierende Instanz zwischen dem Es und dem Über-Ich. Solche Vermittlungsaufgaben, die das Ich nicht bewältigen kann – vor allem dort, wo tiefgreifende Angst abgewehrt werden muss –, werden mit Abwehrmechanismen belegt. Das Ich verändert den Inhalt der bedrohlich wirkenden Impulse zum Beispiel durch Verdrängung oder Tilgung aus dem Bewusstsein, Verkehrung ins Gegenteil und Verleugnung der Realität, durch Projektion von eigenen Wünschen, Bedürfnissen oder Gefühlen auf andere Menschen oder Objekte und anderes mehr. Bei Störungen in Lehr- und Lernprozessen, aber auch in vielen anderen Konflikten, spielen Abwehrmuster eine große Rolle (Lisop/Huisinga 2004, S. 187ff.).

Eine Ausweitung hat das psychoanalytische Grundmodell der Entwicklung durch Erikson erfahren (vgl. Erikson 1966; 2003), da er die Identitätsentwicklung mit dem Schwerpunkt auf psychodynamische Krisen oder Konflikte analysierte. Dabei treten die unbewussten Prozesse eher in den Hintergrund, weil die Konfliktbewältigung als in der Auseinandersetzung zwischen Person und Umwelt angenommen wird. Für die Bewältigung der Krise oder des Konfliktes geht Erikson von einem spezifisch zu schaffendem psychosozialen Moratorium aus, welches angemessen gestaltet sein muss, damit Entwicklung gelingen kann. Gerade Ausbildungsprozesse haben sich diesem Moratorium immer wieder verschlossen (vgl. Lempert bereits 1965) und auch institutionelle Träger des Übergangssystems haben sich an der Stiftung von entwicklungsfördernden Moratorien immer wieder – jedoch ohne großen Erfolg – versucht.[21] Die von Erikson entwickelten Konflikt bzw. Krisenkonstellationen gelten empirisch als gut abgesichert. Die Theorie der Identitätsentwicklung gerade in der Adoleszenz wurde vor allem von Marcia weiterentwickelt (vgl. Marcia 1980 u. 1989). Seine Studien zeigen die Bedeutung nahezu aller von Erikson beschriebenen Konflikt- und Krisenthemen, die in späteren Lebensphasen virulent sind. Darüber hinaus kommt Marcia zu dem Schluss, dass das Bemühen, persönliche Entwicklungsmöglichkeiten und -alternativen zu erkunden sowie eine innere Verpflichtung, persönliches Engagement und die Teil-

---

21 Die Entwicklung der Zahl der Jugendlichen unter 25 bzw. 29 (U25/29) ohne Ausbildung und Arbeit ist dafür ein deutlicher Beleg.

nahme bei der Bewältigung von Entwicklungsaufgaben für die Phase der Adoleszenz konstitutiv sind. Identität sei in diesem Sinne zu *erarbeiten*, woraus ein geringerer Neurotizismus, positiver Selbstwert sowie die Ausbildung internaler Kontrollüberzeugungen resultierten.[22]

Das Konzept der Entwicklungsaufgaben von Havighurst ist ebenfalls prozessorientiert angelegt und die Bewältigung kultur- und altersspezifischer Aufgaben gilt ihm als Voraussetzung für eine gesunde Entwicklung. Die Nähe zum Ansatz von Erikson ist damit überdeutlich. Über Erikson hinaus verweist Havighurst auf die besondere Bedeutung der Bindung, die später von Bowlby in seiner Bindungstheorie ausgearbeitet wird. Ihrer Intention nach lassen sich die Entwicklungsaufgaben lerntheoretisch ausdeuten.

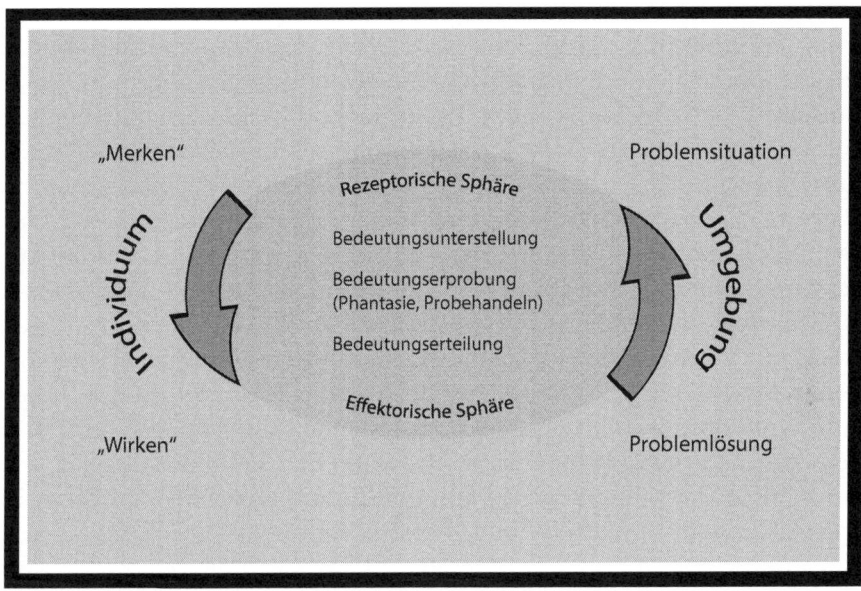

Abb. 2: Lernen als Verknotung nach Uexküll
Quelle: Uexküll 1996, S. 41

Im Rahmen der Berufs- und Wirtschaftspädagogik haben Lisop und Huisinga eine Ergänzung der psychodynamischen Sichten auf die Entwicklung und Entfaltung des Subjektes durch eine Lerntheorie vorgeschlagen, die sich

---

22 Ob demgegenüber die Identitätsdiffusion sogar gesellschaftlich funktional sein kann, wie Kraus und Mitzscherlich (1995) argumentieren, kann pädagogisch wohl kaum nachvollzogen werden. Die Einheit von Funktionalität und Diffusion spräche dann deutlich die Sprache einer instrumentellen Vernunft.

auf das Situationskreismodell nach Uexküll stützt und *Lernen als Verknotung* begreift (siehe Abbildung 2). Lernen ist an die Verarbeitung von Informationen in neuronalen Netzen gebunden, deren Verbindungswege sich an Umschaltstellen verknoten. Dabei spielen die biologische und die emotionale Bewertung eine zentrale Rolle. Insbesondere sind Emotionen als wertende Instanz Mittler zwischen dem jeweils biologischen System und der Außenwelt (vgl. Uexküll/Wesiack 1996,47). Die Wirkungsweise der Merkmalsextraktion und Kopplungen veranschaulicht das folgende Situationsmodell.

Danach leitet das Nerven-Sinnessystem bzw. die rezeptorische Sphäre Einwirkungen der Umgebung an ein Merkorgan, welches Bedeutungen erteilt und damit die Umgebung bzw. die Umgebungseinflüsse als Problem strukturieren. Gleichzeitig wird probeweise Bedeutungsverwertung (Wirken) durchgespielt, bevor über die effektorische Sphäre bio-psycho-soziale Reaktionen als Problemlösung erfolgen. Nach Uexküll müssen dabei zwei Wechselbeziehungen aufgeklärt werden. Die Beziehung zwischen Organismus und Umgebung und die Beziehungen zwischen den biologischen, psychischen und sozialen Vorgängen. Insofern versteht Uexküll das Situationsmodell als Korrelationsmodell. Die Auslegung ist stets auf zwei Implikationszusammenhänge bezogen, die wechselseitig aufeinander verwiesen sind, nämlich auf den Gesellschaftlichen Implikationszusammenhang und das System der Lebenskräfte und Lebensbedürfnisse (vgl. Lisop/Huisinga 2004, S. 151-251).

Schließlich sind in der Adoleszenz besondere Risikofaktoren bzw. kritische Lebensereignisse von Bedeutung. Zur Aufklärung von kritischen Lebensereignissen hat die medizinische Epidemiologie beigetragen, aber auch solche Risikoforschungen, wie sie der Sonderforschungsbereich 186 *Statuspassagen und Risikolagen im Lebenslauf* der Universität Bremen untersucht hat. Ausgangspunkt war die Hypothese, dass die Lehrzeit für viele Jugendliche eine Risikolage im Lebenslauf darstellt. Die Ergebnisse der Untersuchungen sind unter dem Titel *Zur Konstruktion des ordentlichen Menschen* veröffentlicht worden (vgl. Mariak/Kluge 1998). Die Hypothese Risiko Lehrzeit wird zunächst einmal aus den statistischen Befunden abgeleitet, wonach die Lehrabbruchsquote damals bei 25 Prozent lag.[23] Da für Haupt- und Sonderschülerinnen sowie -schüler die Risikolage besonders hoch ist, untersuchten Mariak und Kluge speziell dieses Klientel. Die Adoleszenz ist noch nicht abgeschlossen und der Übergang in die Arbeitstätig-

---

23 Die Abbrecherquote bei Ausbildungen befindet sich in Europa seit Jahren konstant auf einem sehr hohen Niveau. Dies betrifft sowohl Länder mit dualem als auch mit schulischem Berufsbildungssystem. Sie beträgt aktuell nach den Daten des BIBB rund 20 %.

keit noch nicht vollzogen. Aufgrund des Bildungsniveaus und der altersspezifischen Entwicklung des Moralbewusstseins sind die Gefahren des Scheiterns deshalb ungleich größer. Verhaltensweisen wie Kaufhausdiebstahl, unentschuldigtes Fehlen in der Berufsschule, Körperverletzungen, Verstöße gegen die Schulordnung, Gruppenrivalitäten, Unterrichtsstörungen und analoge Verhaltensformen im Betrieb zeigen, dass die Grenze zum Rechtsbruch berührt war. Damit waren bereits zu Ausbildungsbeginn soziale Konflikte gegeben, deren Lösung nicht nur von den Jugendlichen abhing. Allerdings fußt diese Sicht auf einem pädagogischem Ethos, das entsprechend § 14 des Berufsbildungsgesetzes Hilfe zur Charakterentwicklung geben will. Dort heißt es nämlich in Absatz (1), Ziffer 5: »Ausbildende haben dafür zu sorgen, dass Auszubildende charakterlich gefördert sowie sittlich und körperlich nicht gefährdet werden.«

Die Studie zeigt nun, auf eine knappe Formel gebracht: Eine große Gruppe von Jugendlichen bedarf einer Ausgestaltung ihrer Ausbildungsphase, die ihnen durch besondere Curricula die Chance bietet, bezüglich ihrer Selbst- und Sozialkompetenz nachzureifen. Man könnte auch von einem pädagogischen Moratorium sprechen, das die fachlichen und sozialen Leistungsanforderungen sukzessive einführt. Gemessen an den Kosten einer eventuellen Kriminalisierung rechtfertigt sich eine solche Nachsozialisation auch ökonomisch. Vor allem formale betriebliche Leistungszwänge und informeller sozialer Gruppendruck der Lehrkräfte und Ausbilderinnen und Ausbilder führen in der Praxis aber eher dazu, dass eine Selektion stattfindet, die letztlich zum Abbruch der Ausbildung führt. Diese Aussage von 1998 ist auch 15 Jahre später noch gültig.

Die knappe Betrachtung führt noch einmal vor Augen, dass eine große Diskrepanz zwischen dem wissenschaftlichen Wissen um die soziale und sozial-emotionale Entwicklung von Jugendlichen bzw. Adoleszenten und der Ausbildungspraxis vorliegt – und dies nicht erst seit heute. Bedenkt man ferner die Bemühungen des BIBB z. B. im Rahmen der Good Practice Center, von europäischen Projekten wie z. B. PraeLAB oder sogar des Übergangssystems in seiner Gesamtheit, die allesamt das Ziel verfolgen, Ausbildungsabbrüchen oder Krisen vorzubeugen, dann wird mehr als deutlich, dass eine inklusionstheoretische Betrachtung zu dem Schluss unangemessener Attribuierungen, Allokationen, Ressourcenverschwendung, falscher Zuordnungen, Verschwendung und Insuffizienzen all dieser Bemühungen gelangt, die aufgehoben und zu einer neuen Synthese gebracht werden müssen: Ausbildung und mit ihr die Lehr- und Lernprozesse müssen neu vergesellschaftet werden. Alles andere bleibt Stückwerk. Es ist dies das Einfache, was so schwer zu machen ist.

4 Subjektentwicklung ohne Arbeit – eine Chance?

Der bisherige Gang der Argumentation hat zunächst die gesellschaftlichen Transformationsentwicklungen unter dem Aspekt von Freisetzungen referiert. In diesem Freisetzungsprozess werden die Kategorien Inklusion, Beruf, Heterogenität/Diversity sowie Übergang als kategoriale Bestimmungen benannt, durch die eine Vergesellschaftung des Passungsproblems möglich erscheint. Eine kritische Betrachtung zeigt, dass allenfalls eine Entfaltung der Kategorie Inklusion in der Lage zu sein scheint, die bestehenden Dysfunktionalitäten in Ausbildungsprozessen angemessen im Hinblick auf neue Vergesellschaftungszusammenhänge zu beschreiben. Die Analyse zeigt ferner, dass die das Passungsproblem lösenden Ausbildungsprozesse in ihrer Gesamtheit erodieren bzw. atomisieren. Eine besondere sozial- und bildungspolitische sowie moralische Bedeutung kommt dabei seit Beginn der Industrialisierung den Klienteln zu, die am gesellschaftlichen Verwertungsprozess nur mühsam teilnehmen können.[24] Mit Blick auf diese Risikogruppen wurden im dritten Abschnitt klassische Konzepte des Förderns und ihre Wissensbasen in den Mittelpunkt der Betrachtung gerückt, um beurteilen zu können, in welchem Maße ihre ungenügende Berücksichtigung die Atomisierung von Lebensbereichen und die Trennung von Körperlichem, Seelischem und Intellektuellen, von Ausbildung und Allgemeinbildung, von kognitiver und sozialer Entwicklung, Prüfungsbezug und Lebensbezug perpetuiert, aber auch, wie vor allem die wissenschaftlichen Wissensbestände und Erkenntnisse inklusiv zu nutzen sind.

Bei der bestehenden Kopplung von Bildungs- und Beschäftigungssystem werden die sogenannten Förderansätze, die sich der Risikogruppen annehmen, immer ausgeprägter Instrumente der Arbeitsmarktpolitik sein als solche der Bildungspolitik! Das heißt aber, dass sie a priori doppelt zum Scheitern verurteilt sind: Erstens, weil an die Ausbildung keine Arbeitsplatzmöglichkeit geknüpft ist. Zweitens, weil durch die Bindung an die Arbeitsmarktpolitik sie auf die Schul- und Ausbildungspädagogik angewiesen sind und sich diesen annähern müssen, weil ansonsten die Passungsherstellung nicht gelingen kann. Damit verlieren sie aber ihren vorgeblichen Eigencharakter. Stellen sie allerdings auf diesen ab, dann verlieren sie an Handlungsbasis sowie Aktionsradius und schließlich Legi-

---

24 Vgl. hierzu meine historisch angelegte Übersicht in Biermann/Bonz (2011) S. 90.

timation. Die pädagogischen Aufgaben, die sich mit den Risikogruppen stellen, werfen demnach die folgenden Grundsatzprobleme auf:

- das Grundsatzproblem der Inklusion abgekoppelter Förderpädagogiken;
- das Grundsatzproblem der (curricularen) Inklusion von Ausbildung und Allgemeinbildung;
- das Grundsatzproblem der generellen Verpflichtung von Pädagogik auf die Pflege der Entwicklung und Entfaltung des Humanvermögens;
- das Grundsatzproblem der Entkoppelung von Bildungs- und Beschäftigungssystem.

Für die Gruppe der Benachteiligten ergibt sich nun eine weitere objektive Problemlage, die insgesamt aus dem Prozess der Vergesellschaftung von Arbeit resultiert. Auf diese Problemlage sei hier summarisch hingewiesen (vgl. detaillierter Huisinga 2007). Folgende Entwicklungen sind unabweislich:

- die Entbindung von Arbeitszeit und Ausbildungszeit aus bestehenden Rechtsverhältnissen (z. B. Tarifierung) und ihre Vergesellschaftung;
- die Entbindung von Arbeitszeit und Ausbildungszeit aus bestehenden Kooperations- und Organisationsstrukturen und ihre Vergesellschaftung (Neokorporatismus – Markt):
- die Verwaltung von entbundener Arbeitszeit im bestehenden Sicherungssystem durch die Bundesagentur für Arbeit nach dem SGB III oder anderen Gebietskörperschaften nach SGB VIII (besonders für Risikogruppen);
- die Nutzung von entbundener Arbeitszeit als Vorwegnahme in Form von Schulverweigerung oder ähnlichen Eigenbestimmungen (Rückaneignung);
- die Entbindung von Lernzeit aus den bestehenden nationalen Organisationsstrukturen und Institutionen (Neuverteilung von Lernzeit).

Die gesellschaftlich freie Arbeitszeit, welche im privaten Arbeitsmarkt (Erwerbsarbeitszeit) weder qualitativ noch quantitativ benötigt wird, fällt dem Staat als öffentliche Arbeitszeit wieder zu und wird von ihm nurmehr passiv verwaltet. Es handelt sich um eine passive öffentliche Arbeitszeit, weil der Staat sie der Tendenz nach einer Warentransaktion zuführt (er entledigt sich dieser Zeit also wieder), indem er z. B. Wettbewerbe und Ausschreibungen für Qualifizierungsmaßnahmen initiiert und diese gleichzeitig auch noch gesellschaftlich finanziert, ohne dabei jedoch die gesellschaftlichen Strukturverschiebungen bedacht zu haben. Wendet man diese Sicht bildungswissenschaftlich, dann ginge es gerade im Feld der Benachteiligten mit Blick auf eine strategische Teilhabeplanung darum, die öffentlich gewonnene Zeit einer gesellschaftlichen Neubestimmung so zuzuführen, dass darin psycho-soziale Moratorien der Entwicklung und Entfaltung des Humanvermögens, wie oben unter Punkt drei vorgestellt, möglich werden.

Damit ist man jedoch an einen Punkt gelangt, den sowohl der Deutsche Ausschuss für das Erziehungs- und Bildungswesen als auch der Deutsche Bildungsrat intensiv begutachtet hatten und mit Vorschlägen zur Realisierung gescheitert sind, weil sie Teillösungen keinen Vorrang vor einer Gesamtperspektive einräumen wollten. Vor dem Hintergrund des unabweislichen öffentlichen Inklusionsdrucks sowie der Schließungsformen im oberen Segment der Ausbildungsformen seien gleichwohl im Folgenden Empfehlungen zur Diskussion gestellt.

5 Empfehlungen zur Sicherung von Lehr- und Lernprozessen mit Ausbildungsbezug unter Inklusionsanspruch

Die naturwüchsige Vergesellschaftung von Jugend ohne Arbeit vergegenwärtigt die Übersicht zu Programmen der beruflichen Eingliederung in Nordrhein-Westfalen. Sie gilt in ähnlicher Form auch für die anderen Bundesländer. Die Übersicht (siehe Tabelle 4) enthält, das muss man sich ebenfalls bewusst machen, bei weitem nicht alle Programme (so fehlen z. B. die SGB VIII finanzierten Maßnahmen wie Schulsozialarbeit oder Jugendwerkstätten). Maßnahmen wie das freiwillige soziale Jahr (FSJ) sind gleichfalls dazurechnen. Über alle Anbieter hinweg engagieren sich rund 50.000 junge Menschen in diesem orientierenden Programm. Neben dem freiwilligen sozialen Jahr gibt es zwei weitere Freiwilligendienste: den Bundesfreiwilligendienst (BFD) und das freiwillige ökologische Jahr (FÖJ). Sie werden durch Einrichtungen der Kinder- und Jugendhilfe, Wohlfahrts-, Gesundheits- und Altenpflege sowie Behindertenhilfe genutzt. Berücksichtigt man schließlich die UN-Behindertenkonvention und den Inklusionsanspruch, so lassen sich eine Vielzahl von Maßnahmen nach SGB IX unter den hier geäußerten Vergesellschaftsgedanken subsumieren.

Empfehlungen zur Sicherung von Lehr-und Lernprozessen mit Ausbildungsbezug

Tab. 4: Übersicht der Programme zur beruflichen Eingliederung im Bundesland Nordrhein-Westfalen

Schul-jahr	Schulische Konzepte	Programme des Landes NRW	Programme des ESF im Bundesland NRW	Programme der Bundesagentur für Arbeit nach SGB III (2012)	Sonstige durch Kammern, Betriebe, Vereine
7	**Berufsorientierung (BO)** durch Arbeitslehre-unterricht in Haupt-, Real- und Gesamtschulen			**Berufsorientierung (BO)** nach §§ 33 und 48	**Berufsorientierung (BO) durch** Berufswahlpass Projektwochen Betriebspraktika/Praxistage Schülerfirmen MentorensystemeTransferagenturen Messebesuch Patenschaften mit Azubis Komptenzchecks
8					
9					
10	**Jugendliche ohne Ausbildungsverhältnis** an Berufskollegs (berufliche Schulen) nach §§19-22 APO-BK (Nachholen des Hauptschulabschlusses) **Berufsorientierungsjahr (BOJ)** an Berufskollegs (berufliche Schulen) nach §§11-14 APO-BK (Vorbereitung auf die Aufnahme einer Berufsausbildung; Erwerb des Hauptschulabschlusses möglich) **Berufsgrundschuljahr (BGJ)** an Berufskollegs (berufliche Schulen) nach §§15-18 APO-BK (berufliche Grundbildung und Hauptschulabschluss nach Klasse 10)	**Übergang** Schule Beruf Jugend in Arbeit plus Starthelfendes Ausbildungsmanagement	**Berufsvorbereitung** Bildung Wirtschaft Arbeit im Quartier (BIWOU) Integration und Vielfalt (XENOS) Integration durch Austausch (IdA)	**Berufseinstieg** § 37 Potentialanalyse § 45 Aktivierung und beruflichen Eingliederung § 49 Berufseinstiegsbegleitung **Berufsvorbereitung** § 51 berufsvorbereitende Bildungsmaßnahmen (BvB) § 53 Vorbereitung auf einen Hauptschulabschluss § 54a Einstiegsqualifizierung	
11		**Ausbildung** 100 zusätzliche Ausbildungsplätze Teilzeitberufsausbildung (TEP) Überbetriebliche Lehrlingsunterweisung (ÜLU) Kooperation Ausbildung Kohlestandorte	Berufsbildung ohne Grenzen Jobstarter Jobstarter Connect Girl/Boy-Day Jugend stärken Schulverweigerung (2. Chance)	**Berufsausbildung** § 73 ff div. Hilfen	

Quelle: Ministerium für Arbeit, Integration und Soziales des Landes NRW: Kein Abschluss ohne Anschluss – Übergang Schule Beruf in NRW 2012

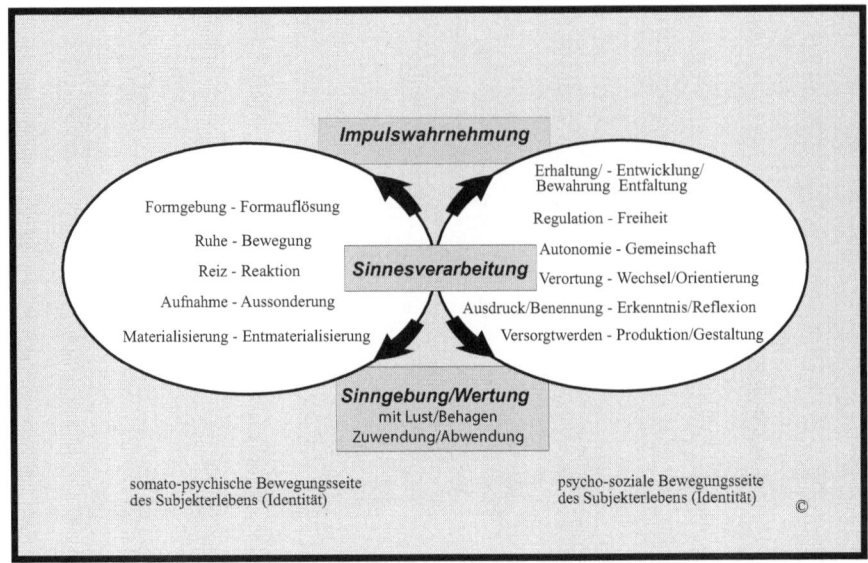

Abb. 3: Psychodynamischer Implikationszusammenhang der Lebenskräfte und Lebensbedürfnisse (Quelle: Lisop/Huisinga 2004, S. 180)

Unter Berücksichtigung der Theorien zur kognitiven und sozial-emotionalen Entwicklung plädiert die *erste Empfehlung* dafür, ein *altersgerechtes einheitliches Moratorium der Entwicklung und Entfaltung* zu schaffen. Aktuellen Vorschlägen zur Gestaltung des Übergangs Schule – Arbeitswelt (vgl. Stauber/Pohl/Walther 2007; Leeker 2008; Schröeder/Thielen 2009; Kruse 2010; Kremer/Zoyk 2010; Bals u. a. 2011), so stellt man verblüfft fest, fehlt eine solche Perspektive völlig. Viel wird über Rahmenbedingungen, Institutionen, Netzwerke etc. recherchiert, geschrieben und empfohlen, jedoch an fast keiner Stelle rückt die Spezifik dieser Altersphase ins Blickfeld; es fehlt also völlig am Subjektbezug. Ausbildung ohne Subjekt und ohne Subjektverständnis ist schlechterdings nicht möglich. Für die Arbeit in Bildungsprozessen haben Lisop und Huisinga einen diesbezüglichen Vorschlag erarbeitet, der die oben referierten Aspekte der psychodynamischen Prozesse in der Entwicklung aufgreift (siehe Abbildung 3). In diesem Modell wird das Zusammenspiel von Kräften und Bedürfnissen menschlichen Lebens nach zwei Seiten hin ausdifferenziert. Aufgrund ihrer unterschiedlichen Bedeutung sind sie in eine somato-psychische und eine psycho-soziale Seite gruppiert. Die Lebenskräfte und Lebensbedürfnisse drängen von beiden Seiten her zugleich auf Befriedigung wie auf Objektivierung von Lebensäußerung, wodurch sich Sinn und Identität ergeben (vgl. Lisop/Huisinga 2004, S. 179ff.). Das Modell Psychodynamischer Implikationszusammenhang ist in vielen Beiträgen und Bezügen vorgestellt und diskutiert worden, wobei zugleich der subjektwissenschaftliche Diskurs, der ca. ab dem Jahr 2000 einsetzt, berücksichtigt wurde.

Der subjektbezogene Zeitraum des Moratoriums umfasst die Altersstufen 12/13 bis 15/16. Sie entsprechen dem Modell Eriksons und Marcias in der Spannweite mit den zentralen Entwicklungsaufgaben Werksinn gegen Minderwertigkeitsgefühl und Identität versus Diffusion. Auf diesen Entwicklungszeitraum hin sind die Curricula abzustimmen.

Die *zweite Empfehlung* bezieht sich auf die erforderliche *Konsolidierung der unstrukturierten und nicht abgestimmten Programme*. Es zeigt sich bei den Förderformaten und Programmen, folgt man den nationalen Bildungsberichten, keine Nachhaltigkeit. Zwar haben sogenannte Netzwerkentwicklungen zu Synergien geführt, allerdings brechen viele Netzwerke bereits während, vor allem aber am Ende des Förderzeitraumes zusammen und können so nicht nachhaltig wirken. Die Gründe für die Auflösung liegen vor allem in der fehlenden öffentlichen Legitimation und in der Fähigkeit, Konsense stabil zu organisieren. So bleiben strukturbildende Entscheidungen aus. Die Kurzfristigkeit der Finanzierung mag ein zusätzlich destabilisierender Faktor sein. Demgegenüber verfügen Institutionen über einen klar geregelten gesellschaftlichen Auftrag. Ein diesbezüglich vielversprechender Institutionalisierungsansatz wurde bereits von Deutschen Ausschuss für das Erziehungs- und Bildungswesen vor dem Hintergrund einer sich modernisierenden Gesellschaft eingebracht, der aus heutiger Perspektive geradezu modern anmutet. In den Empfehlungen zum Aufbau der Hauptschule heißt es:

>»Die aus der Förderstufe – oder, solange sie noch nicht besteht, aus der Mittelstufe der Volksschule – kommenden Schüler der Hauptschule gehen in der Regel in das dreizehnte Lebensjahr; sie verlassen die ausgebaute vierjährige Hauptschule mit sechzehn Jahren. Das allein schon macht deutlich, dass die ausgebaute Hauptschule nicht mehr eine etwas verlängerte Volksschule alten Stils für das Kind ist, sondern eine *Jugendschule* (Herv. R.H.), die als solche neben den anderen Oberschulen steht, welche Schüler dieses Jugendalters aufnehmen. Die Altersverschiebung gibt ihr völlig neue pädagogische Möglichkeiten, dem Jugendlichen zu einem neuen Verhältnis zu sich selbst und zu seiner Mitwelt zu verhelfen und ihn in entscheidenden Jahren körperlicher und geistig-seelischer Reifung zu erziehen und bildend zu fördern. Die gleichaltrigen Mitschüler des Gymnasiums sind in der Quarta bis Untersekunda: Die Hauptschule führt also unmittelbar an jenen Zeitpunkt heran, an dem die Schüler anderer Schularten gegenwärtig das erwerben, was man die »mittlere Reife« genannt hat.« (Deutscher Ausschuss 1968, S. 16)

Die Idee der Jugendschule entsprach einerseits dem psycho-sozialen Moratorium, beschreibt doch das Gutachten im Anschluss an das Zitat die Besonderheiten des Jugendalters, andererseits ist in sie die Spezifik (Eigencharakter) eingebettet, eine »allgemeine Bildung in einem neuen, zeitgemäßen Sinn zu verwirklichen« (Deutscher Ausschuss 1968, 21), für die »eine stärkere Rationalität und intellektuelle Wachheit in allen Lebensbereichen der Gesellschaft unabweisbar geworden ist« (eda. S. 21). Die Richtung dieser allgemeinen Bildung werde durch die Tatsache mitbestimmt, so der Ausschuss, dass sie auf Arbeit ziele als sinnerfüllte Tätigkeit, insofern in ihr und durch sie menschliche Potentiale entäußert, angeeignet und entfaltet werden können, so dass sich Identität bildet. Korreliert man diese Einheit mit der Übersicht der Förderprogramme, dann springt die inhaltliche und institutionelle Zerfaserung und Zersplitterung sofort ins Auge. Sie – so ist schlussfolgernd zu argumentieren – verhindert geradezu, dass die Trinität Jugendalter, allgemeine Bildung und Arbeit zielbezogen auf Prozesse der Entwicklung und Entfaltung aufeinander bezogen werden kann. In der Wiedergewinnung der vom Ausschuss reklamierten Einheit liegt denn auch ein wesentlicher Aspekt von Inklusion. Deutlich wird darüber hinaus, dass die Jugendschule dann nicht mehr die alte Hauptschule sein kann. Sie muss als eigenständige neue Bildungsinstitution einheitlich konzipiert werden und sie ist eine Pflichtschule für alle Jugendlichen, die nicht eine andere Schule besuchen. Ferner ist sie eine Schule, die angesichts der gesellschaftlichen Rationalität über die Anforderungen der bisherigen Hauptschule hinausgeht. Sie dient der Jugendbildung, welche Schülerinnen und Schüler auf der Grundlage praktischen Könnens und Verstehens für verschiedene Lebensbereiche der modernen Welt orientiert, sie darauf vorbereitet und dafür ihre Kräfte entfaltet.

Die *dritte Empfehlung* nimmt nun notwendigerweise den Aspekt der *Organisation der Vermittlung*, also die Subjekt-Objekt-Vermittlung (vgl. Huisinga 2008) in den Blick. *Curricula* stehen nicht in einem direkten kausalen, gar einfach abzuleitenden Zusammenhang zur Welt. Ihre Entwicklung hebt mit der Frage an, in welcher Beziehung die Subjekte zur Welt stehen: *die Subjekt-Welt-Vermittlung*. Die Beziehung zwischen dem Subjekt und der Welt ist, einfach formuliert, eine doppelte. Auf der einen Seite ist das Subjekt Objekt von Welt, insofern es Gestaltetes ist. Auf der anderen Seite ist es Subjekt und damit Gestalter von Welt. Bildungstheoretisch geht es deshalb immer um die Frage des Grades von Aufklärung, Reflexion und Kritik gegenüber dem Objektsein und damit um Emanzipation und Autonomie im Hinblick auf die Weltgestaltung. Tritt das Lernen aus dem unmittelbaren Lebenszusammenhang heraus, so ist Weltgestaltung nur möglich unter Rückgriff auf vorher gewonnenes »Wissen« im weitesten Sinne. Da dieses Wissen für das Subjekt aber nicht mehr aus dem unmittelbaren Lebenszusammenhang zu generieren ist, bedarf es einer sinnbezogenen Vermittlungsleistung, eines Rückbezugs auf den Lebenszusammenhang bzw. einer Repräsentanz von Welt, die den Rückbezug erlaubt. Insofern die Welt nicht traditionell und statisch verfasst ist, was für moderne industrielle Gesellschaften gilt, müssen diese Repräsentanzen (im einfachen Sinne z. B. Lehrpläne, in komplexerer Weise Bildungsgänge und ganze Bildungssysteme) in gewisser Weise dynamisch organisiert sein. Nur so genügen die Repräsentationen ihrer Vermittlungsfunktion zwischen Subjekt und Welt. Damit wird auch deutlich, dass um Repräsentationen deutlich mehr gestritten wird als um Methoden. Die Anlage der Repräsentationen kann nämlich auch Weltaufschluss, Verfügungserweiterung und erhöhte Lebensqualität verhindern. Das, was nicht in den Lehrplänen stehen darf, das Vorenthaltene, fasst der ebenso fließende wie unverzichtbare Begriff der Bildung.

Das Vermittlungsgefüge ergibt sich aus der Verschränkung von drei Korrelationen, die in Stufen zu bewältigen sind:

- einer Grundbildung in den gesellschaftsspezifischen Auffassungs-, Ausdrucks- und Darstellungsweisen, welche Teilnahme an der gesellschaftlichen Arbeit[25] sichern und auf diese vorbereiten in Form von *Basislernfeldern*. Basislernfelder sind modularisiert und nach allgemeiner und spezieller Art inhaltlich differenziert. Die allgemeinen Basislernfelder umfassen den Fachunterricht nach den sachlich differenzierten Inhaltskomplexen Sprachen, Weltkunde, Naturlehre sowie Formenlehre und Ordnung/Mathematik. Die speziellen Basislernfelder beinhalten vereinfachte Fachlehren aus den Relevanzgebieten Technik, Ökonomie, Ökologie, Recht und Sozialwissenschaften. Das Fach Arbeitslehre geht in diese neuen Basislernfelder auf, wobei ein großer Teil der oben aufgeführten Fördermaßnahmen sich erübrigen dürfte;
- einer Vorbereitung auf die Bewältigung konkreter Anforderungen, die der gesellschaftlichen Produktion geschuldet sind und deshalb die Fächer übergreifen sowie mit dem Bedürfnis nach Produktion und Gestaltung verknüpft sind bzw. nach Werksinn und Identität. Die Vorbereitung auf die Bewältigung vollzieht sich in den *Transferlernfeldern*.

---

25 Arbeit erfordert in diesem Zusammenhang das Verständnis von dreierlei Arbeit als öffentlicher Arbeit, Erwerbsarbeit und privater Reproduktionsarbeit (vgl. Lisop/Huisinga 2004).

Sie stellen eine Auswahl prototypischer Konstellationen klassischer und moderner Formgebung von vergesellschafteter Arbeit dar. Die Systematik der Transferlernfelder ist phylogenetisch und ontogenetisch zu organisieren und impliziert die Werkstoffe nach Auffassung des Bauhauses (soweit möglich): Agrarbezug (z. B. Gartenbau, Färbergärten, Sämerei); Textil/Kleidung (z. B. Textilwerkstatt, Design; Schneiderei, Juniorfirmen wie Sekondhand-Shops); Wohnen (z. B. Jugendbauhütten, Gestaltung); Manufaktur (z. B. Formenbau, Spielzeug, Druckwerkstatt; Modelle der Kleinökonomie); Mobilität (z. B. Zweiradwerkstatt); Kommunikation (z. B. Rundfunkstation, Call-Center); Dienstleistungen (z. B. Büros aller Art (z. B. Reisebüro), Technologie- und Umweltlabor); Medien; Sozialität (z. B. Alten- und Pflegebetreuung). Demgegenüber fokussieren die vielen gängigen Fördermaßnahmen nach SGB überwiegend eine soziale und emotional-motivationale individuelle Entwicklung ohne gesellschaftlichen Gegenstand. Das ist zweifelsohne – mit Blick auf die Benachteiligungen – von besonderer Bedeutung; allerdings hängt die gesellschaftliche Inklusion wesentlich davon ab, ob kognitive Potentiale den Zugriff auf bestimmte Wissenskontingente ermöglichen, ob und wie die betroffenen Jugendlichen in der Lage sind bzw. versetzt werden, kognitive Potentiale aufzubauen als Fähigkeit zu analysieren, zu differenzieren, zu strukturieren, und zwar mithilfe entsprechender curricularer Repräsentationen, die zugleich eine bedingte Erwerbsperspektive ermöglichen;

- die Transferlernfelder besetzen, dies sollte deutlich gemacht werden, vor allem die alten Handlungsfelder Berufsorientierung und Berufsvorbereitung. An ihrer Konzeptionierung müssen regionale Akteure beteiligt werden und es sind zugleich fachliche Standards sichernde Zertifizierungen einzuziehen;
- einer besonderen subjektbezogenen Potentialentwicklung. Der Erfolg von Arbeit resultiert, wie wir aus Arbeitsstudien und Studien der Organisationssoziologie hinreichend wissen, nicht ausschließlich aus sogenanntem Fachwissen. Erst die spezifische Kombination aus Fachkompetenzen mit denen der Selbst- und Sozialkompetenzen sichert, wenn auch noch nicht hinreichend, so doch notwendig den Erfolg von Arbeit. Der übende Umgang mit der Entwicklung dieser Kompetenzen ist nicht mehr lediglich funktional zu bewerkstelligen, d. h., es werden gezielte und gesonderte *Lernfelder subjektbezogener Potentialentwicklung* als Module dafür zur Verfügung stehen müssen. In diese Lernfelder fließen neben dem Sachwissen die Erfahrung, die Reflexivität, Interessen und Konflikte sowie sozialisatorische Faktoren ein. Vorzuschlagen sind die

folgenden Lernfelder: Sprachkompetenz und Artikulation, Umgangs- und Kommunikationsformen sowie Verhaltensstile, Umgang mit Zeit und Zeitmanagement, Gestaltung des Sozialklimas (vgl. Lisop/Huisinga 1999, S. 185).

Die spezifischen lerntheoretischen und didaktischen Fragen, die mit der Vermittlungsfrage verbunden werden, können hier nicht weiter expliziert werden. Verwiesen sei jedoch auf die vier Studien *Arbeitsorientierte Exemplarik* (Lisop/Huisinga 2004), *Curriculumentwicklung im Strukturwandel* (Huisinga/Lisop 2005), *Lernfeldorientierung* (Huisinga/Lisop/ Speier 1999), und *Die neue Stufe der Schulentwicklung* (Lisop/Huisinga 2011).

Die *vierte Empfehlung* geht von der Einsicht aus, dass die *Jugendschule eine Institution im Sozialraum* ist. Der Diskurs über Bildungslandschaften (vgl. Bleckmann/Durdel 2009; Schröteler-von Brandt u. a. 2012), der hier nicht gesondert zur Anschauung gebracht wurde, macht deutlicher denn je, dass das Passungsproblem ein regionales ist. Der Diskurs ist nicht zuletzt der Programmdurchführung der »Lernenden Regionen«, gefördert vom BMBF und ESF, geschuldet, die eine gesteigerte Aufmerksamkeit hinsichtlich der Etablierung von Bildungslandschaften bewirkt hat. Eine Expertise zum Bildungsmanagement als kommunale Aufgabe haben Kruse u. a. vorgelegt (vgl. Kruse 2010), die sich umsichtig mit der Frage beschäftigt, wie die Verzahnung zwischen Bildungs-, Arbeits- und Sozialverwaltung gelingen kann. Diese Verzahnung ist deshalb wichtig zu lösen, weil eine Analyse der Zuständigkeitsstrukturen zeigt (vgl. Diezemann 2013), wie das sogenannte Benachteiligtenproblem zwischen der föderalen Bildungspolitik, der Bildungspolitik des Bundes für betriebliche Ausbildung sowie der Sozialpolitik seit den 1980er Jahren hin- und hergeschoben wurde, ohne dass es zu einer befriedigenden Lösung des Passungsproblems kam. Der demographische Wandel sowie der fiskalische Druck und die damit verbundene Novellierung des Sozialgesetzbuches führen aber unausweichlich zur Frage der institutionell-politischen Inklusion, die sich durch die zunehmende gesellschaftliche Aufgabenverlagerung von der gesetzgebenden Ebene (Bund und Länder) auf die Gebietskörperschaften (Kreise und Kommunen) ebenso zeigt wie am wissenschaftlichen Diskurs über regionale Bildungslandschaften. Beide bedingen also einander. Die aktuelle Absurdität der Zuständigkeiten zeigt sich besonders daran, dass die Bildungsverwaltung ein Bildungsangebot nur dann finanziert, wenn die teilnehmenden Jugendlichen den Status eines Schülers haben – d. h. Schulpflicht besteht. Die Arbeitsverwaltung finanziert dagegen nur dann

Qualifizierungsmaßnahmen, wenn die Jugendlichen dem Arbeitsmarkt zur Verfügung stehen, also keine Schüler mehr sind, d. h., sie müssen Arbeitssuchende sein. Wer weder schulpflichtig ist noch Arbeitssuchender, unterliegt in aller Regel den Rechtsvorschriften der Sozial- und Jugendämter. Schulrecht und Sozialrecht benötigen also einer dringenden Revision der Schneidungen für Zuständigkeiten, damit eine Konsolidierung im Feld der Berufsorientierung und Berufsvorbereitung stattfinden kann. Die historisch zu bewertenden Schneidungen für Zuständigkeiten laufen also der gesellschaftlichen Entwicklung hinterher, sind also aus einer rechtsstaatlichen und legitimatorisch-demokratischen Perspektive obsolet und bedürfen deshalb einer neuen Bewertung. Die Legitimation für die Neubewertung liefert der Artikel 28 Abs. 2 des Grundgesetzes:

> »(2) Den Gemeinden muss das Recht gewährleistet sein, alle Angelegenheiten der örtlichen Gemeinschaft im Rahmen der Gesetze in eigener Verantwortung zu regeln. Auch die Gemeindeverbände haben im Rahmen ihres gesetzlichen Aufgabenbereiches nach Maßgabe der Gesetze das Recht der Selbstverwaltung. Die Gewährleistung der Selbstverwaltung umfasst auch die Grundlagen der finanziellen Eigenverantwortung; zu diesen Grundlagen gehört eine den Gemeinden mit Hebesatzrecht zustehende wirtschaftskraftbezogene Steuerquelle.«

Aus Absatz 2 ergibt sich die zu klärende Frage, ob die Kommunen Pflichtaufgaben im Bereich von Bildung und Ausbildung haben, die über ein Verwaltungs- und Gebäudemanagement hinausgehen, weil sich die historischen Gegebenheiten und Notwendigkeiten verändert haben und inwieweit das Hebesatzrecht Kompensationen möglich macht, die bei den Arbeitgebersätzen zur Sozialversicherung zur Anrechnung gebracht werden können.

Schließlich sei eine *fünfte Empfehlung* formuliert: Eine sozialraumbezogene Jugendschule bedarf eines *neuen Professionsverständnisses*. Zu diesem Professionsverständnis hat die Sektion Berufs- und Wirtschaftspädagogik in einem Memorandum Stellung bezogen (DGfE 2009). Insbesondere geht es um die Professionalisierung des pädagogischen Personals in der Integrationsförderung aus berufsbildungswissenschaftlicher Sicht (vgl. den Beitrag von Lisop 2009, S. 58; Biermann/Buchmann/Friese 2009, S. 36 und zusätzlich Buchmann/Bylinski 2013, S. 147). Ergänzend zu den im Memorandum dargelegten Erfordernissen sei darauf verwiesen, dass sich die Professionalität konsequent am Paradigma der Subjekt-Objekt-Vermittlung orientieren muss. Nur so können Bildungstheorie, Subjektentwicklungstheorie, Kompetenztheorie, Organisationstheorie, Modularisierung und Curriculumtheorie, Lerntheorie, Theorie des Quartiers und Sozialraums zu unverrückbaren Bestandteilen des bildungswissenschaftlichen Professionsbestandes werden.

Mit den Empfehlungen sind natürlich nicht alle Probleme, die sich in diesem Teilfeld der Passungsforschung stellen, gelöst. In ihrer Gesamtheit wenden sie sich jedoch gegen die Vorstellung, dass das Passungsproblem durch ein verbessertes Übergangsmanagement[26] zu lösen sei. Es ist ja nicht der Übergang an sich, welcher die Passung misslingen lässt, sondern die Transformation der komplexen gesellschaftlichen Reproduktion und ihr Verhältnis zur Passungsfrage. Die Transformation bzw. Dysfunktionalität in der Passung bewirkt eben, dass die bisherige Aufgabenzuweisung, deren Regulation und Erfolg inhaltlich in Frage gestellt werden. Insofern entsteht für diejenigen Einrichtungen – und das sind nicht wenige –, welche die gesellschaftliche Aufgabe glaubten lösen zu können, ein Legitimations- und Verteilungsdruck. Nur eine neue Zuweisung der Aufgabe durch eine politische Entscheidung in Form eines Kriteriensatzes kann das Verteilungsproblem, welches als mehrschichtige Inklusionsaufgabe auftritt, lösen. Da Bildungsfragen grundsätzlich öffentlichen Charakter haben, entsteht zumindest die Frage danach, wie Hauptschulen und berufliche Schulen/Berufskollegs Träger einer Jugendschule sein können. In welchem Maße sich weitere Einrichtungen im Sozialraum für den Aufbau einer Jugendschule qualifizieren, muss der öffentlich geführte Diskurs zeigen. Das Hauptargument für eine *Jugendschule* entsteht dabei, dies sei zum Schluss noch einmal hervorgehoben, aus der historischen Tatsache, dass es in Vergesellschaftungsprozessen Punkte gibt, die eine höhere Rationalität an Verfahrensweisen bedingen – was für alle Lebensbereiche gilt. So entsteht Schule insgesamt aus der Ablösung funktionaler Erziehung und als Garant für eine höhere Verfahrensrationalität des Lernens vor allem durch Anbindung an die wissenschaftliche Entwicklung. Die Jugendschule und die mit ihr verknüpften vorgestellten theoretischen Rückbezüge stellen eine solche neue Verfahrensrationalität im Umgang mit dem Passungsproblem dar, welche sich aus Praktizismus, Traditionsgebundenheit, Unübersichtlichkeit und Zufälligkeit zu lösen vermag.

---

26 Übergangsmanagement ist ja doch bloß der Euphemismus dafür, dass es den Akteuren im Feld nicht gelungen ist, das Passungsproblem zu lösen.

Literatur

Ainsworth, M. D. S. u. a. (1978): Patterns of attachment. A psychological study of strange situation. Hillsdale.

Autorengruppe Bildungsberichterstattung (Hrsg.) (2008): Bildung in Deutschland 2010. Ein indikatorengestützter Bericht mit einer Analyse zu Übergängen im Anschluss an den Sekundarbereich I. Bielefeld.

Autorengruppe Bildungsberichterstattung (Hrsg.) (2010): Bildung in Deutschland 2010. Ein indikatorengestützter Bericht mit einer Analyse zu Perspektiven des Bildungswesens im demografischen Wandel. Bielefeld.

Autorengruppe Bildungsberichterstattung (Hrsg.) (2012): Bildung in Deutschland 2012. Ein indikatorengestützter Bericht mit einer Analyse zur kulturellen Bildung im Lebenslauf. Bielefeld.

Bastian, J./Combe, A./Hellmer, J./Wazinski, E. (2007): Zwei Tage Betrieb – drei Tage Schule. Kompetenzentwicklung in der Lernortkooperation an Allgemeinbildenden Schulen. Bad Heilbrunn.

Baumgartner, H.-M./Gerhardt, G./Konhardt, K./Schönrich, G. (1976): Kategorie, Kategorienlehre. In: Ritter, J. et al. (Hrsg.) (1976): Historisches Wörterbuch der Philosophie. Band 4. Darmstadt, S. 714-776.

Beck, K. (1996): »Berufsmoral« und »Betriebsmoral« – Didaktische Konzeptualisierungsprobleme einer berufsqualifizierenden Moralerziehung. In: Beck, K./Müller, W./Deißinger, T./Zimmermann, M.: Berufserziehung im Umbruch. Didaktische Herausforderungen und Ansätze zu ihrer Bewältigung. Weinheim, S. 125-142.

Beck, U. (1986): Risikogesellschaft. Auf dem Weg in eine andere Moderne. Frankfurt.

Beicht, U./Friedrich, M./Ulrich, J. G. (2008): Ausbildungschancen und Verbleib von Schulabsolventen. Bielefeld.

Berk, L. E. (2005): Entwicklungspsychologie. München.

Betz, T. (2008): Ungleiche Kindheiten. Theoretische und empirische Analysen zur Sozialberichterstattung über Kinder. Weinheim, München.

Bierbaumer, A./Steinhardt, G. (Hrsg.) (2003): Der flexibilisierte Mensch. Subjektivität und Solidarität im Wandel. Heidelberg, Kröning.

Biermann, H. (2011a): Segmentierung des deutschen Berufsbildungssystems. In: Siecke, B./Heisler, D. (Hrsg.) (2011): Berufliche Bildung zwischen politischem Reformdruck und pädagogischem Diskurs. Paderborn, S. 169-183.

Biermann, H. (2011b): Qualifizierung von Risikogruppen. In: Biermann, H./Bonz, B. (Hrsg.) (2011): Inklusive Berufsbildung. Baltmannsweiler, S. 12-35.

Biermann, H./Bonz, B. (2011): Annäherung an eine inklusive Berufsbildung. In: Biermann, H./Bonz, B. (Hrsg.) (2011): Inklusive Berufsbildung. Baltmannsweiler, S. 220-226.

Biermann, H./Bonz, B. (Hrsg.) (2011): Inklusive Berufsbildung. Didaktik beruflicher Teilhabe trotz Behinderung und Benachteiligung. Baltmannsweiler.

Biermann, H./Buchmann, U./Friese, M. (2009): Professionspolitische Handlungsbedarfe. In: Deutsche Gesellschaft für Erziehungswissenschaft (DGfE)/Sektion Berufs- und Wirtschaftspädagogik (Hrsg.) (2009): Memorandum zur Professionalisierung

des pädagogischen Personals in der Integrationsförderung aus berufsbildungswissenschaftlicher Sicht. Bonn, S. 36-46.
Blankertz, H. (2011): Die Geschichte der Pädagogik. Von der Aufklärung bis zur Gegenwart. Wetzlar.
Bleckmann, P./Durdel, A. (Hrsg.) (2009): Lokale Bildungslandschaften. Perspektiven für Ganztagsschulen und Kommunen. Wiesbaden.
Bojanowski, A./Eckert, M. (Hrsg.) (2012): Black Box Übergangssystem. Münster.
Bojanowski, A./Koch, M./Ratschinski, G./Steuber, A. (Hrsg.) (2013): Einführung in die Berufliche Förderpädagogik. Pädagogische Basics zum Verständnis benachteiligter Jugendlicher. Münster.
Boltanski, L./Chiapello, È. (2006): Der neue Geist des Kapitalismus. Konstanz.
Bourdieu, P./Passeron, J.-C. (1971): Die Illusion der Chancengleichheit. Untersuchungen zur Soziologie des Bildungswesens am Beispiel Frankreichs. Stuttgart.
Bowlby, John (1973): Mütterliche Zuwendung und geistige Gesundheit. Maternal Care and Mental Health (ungekürzte Enquete im Auftrag der WHO). München.
Bowlby, J. (1984): Bindung. Frankfurt.
Buchmann, U. (2007): Subjektbildung und Qualifikation. Frankfurt.
Buchmann, U./Bylinski, U. (2013): Ausbildung und Professionalisierung von Fachkräften für eine inklusive Berufsbildung. In: Döbert, H./Weishaupt, H. (Hrsg.) (2013): Inklusive Bildung professionell gestalten. Situationsanalyse und Handlungsempfehlungen. Münster, S. 147-202.
Buchmann, U./Diezemann, E. (Hrsg.) (2013): Subjektentwicklung und Sozialraumgestaltung als Entwicklungsaufgabe: Szenarien einer transdisziplinären Realutopie. Frankfurt.
Buchmann, U./Diezemann, E./Huisinga, R./Jarschel, S. (2010): Benachteiligtendiskurs. Eine kommentierte Bibliographie. Frankfurt.
Buchmann, U./Diezemann, E./Huisinga, R./Köhler, S./Zielke, T. (Hrsg.) (2011): Internationale Perspektiven der Subjektentwicklung- und Inklusionsforschung. Frankfurt.
Buchmann, U./Diezemann, E./Huisinga, R. (2014): Standortbestimmung Kollegschule – eine inklusionstheoretische Studie. Frankfurt (i.V.).
Buchmann, U./Huisinga, R. (2012): Subjektentwicklung und Inklusion im Übergangssystem. Überlegungen zu einem Forschungsprogramm. In: Bojanowski, A./Eckert, M. (2012): Black Box Übergangssystem. Münster, S. 143-156.
Buchmann, U./Huisinga, R./Kell, A. (2006): Veränderungen in der kaufmännischen Arbeit und der Beitrag berufsbildungswissenschaftlicher Qualifikationsforschung zu ihrer Bewältigung. In: Bundesverband der Lehrerinnen und Lehrer an Wirtschaftsschulen (Hrsg.) (2006): Herausforderungen an die kaufmännische Berufsbildung. Sonderschriftenreihe d. VLW, H. 53, S.10-18.
Bundesgesetzblatt (2011): Gesetz zur Verbesserung der Eingliederungschancen am Arbeitsmarkt. BGBl. I Nr. 69, 27.12.2011.
Bürger, P. (1998): Das Verschwinden des Subjektes. Eine Geschichte der Subjektivität von Montaigne bis Barthes. Frankfurt.
Castel, R. (2008): Die Fallstricke des Exklusionsbegriffs. In: Bude, H./Willisch, A. (Hrsg.) (2008): Exklusion. Die Debatte über die »Überflüssigen«. Frankfurt. S.69-86.
Chomsky, N. (1974): Thesen zur Theorie der generativen Grammatik. Frankfurt.

Deutsche Gesellschaft für Erziehungswissenschaft/Sektion Berufs- und Wirtschaftspädagogik (Hrsg.) (2009): Memorandum zur Professionalisierung des pädagogischen Personals in der Integrationsförderung aus berufsbildungswissenschaftlicher Sicht. Bonn.
Deutscher Ausschuss für das Erziehungs- und Bildungswesen (1968): Empfehlungen und Gutachten. Folge 8/7. Stuttgart.
Deutscher Bildungsrat (1968): Begabung und Lernen. Gutachten und Studien der Bildungskommission Band 4. Stuttgart.
Deutscher Bundestag (2011): Entwurf eines Gesetzes zur Verbesserung der Eingliederungschancen am Arbeitsmarkt. Drs. 17/6277 v. 24.06.2011.
Diezemann, E. (2013): Benachteiligte Jugendliche zwischen Autonomie und Abhängigkeit – Eine Studie zur gesellschaftlichen Deprivation. (Diss.) Siegen.
Diezemann, E. (2014): Benachteiligte Jugendliche. Eine systematische Studie zur Begriffsgenese. Frankfurt.
DuBois-Reymond, M. (1971): Strategien kompensatorischer Programme. Das Beispiel der USA. Frankfurt.
Efing; C./Janich, N. (Hrsg.) (2006): Förderung der berufsbezogenen Sprachkompetenz. Befunde und Perspektiven. Paderborn.
Ehrenberg, A. (2008): Das erschöpfte Selbst. Depression und Gesellschaft in der Gegenwart. Frankfurt.
Erikson, E. H. (1966/2003): Identität und Lebenszyklus. Frankfurt.
EU (2004): Entscheidung Nr. 2241/2004/EG des Europäischen Parlaments und des Rates vom 15. Dezember 2004 über ein einheitliches gemeinschaftliches Rahmenkonzept zur Förderung der Transparenz bei Qualifikationen und Kompetenzen (Europass). In: Amtsblatt der Europäischen Union (ABl.) L 390 vom 31.12.2004, S. 6-20.
EU (2008): Empfehlung des Europäischen Parlaments und des Rates vom 23. April 2008 zur Einrichtung des Europäischen Qualifikationsrahmens für lebenslanges Lernen). In: ABl. C 111 vom 6.5.2008, S. 1–7.
EU (2009): Empfehlung des Europäischen Parlaments und des Rates vom 18. Juni 2009 zur Einrichtung eines Europäischen Leistungspunktesystems für die Berufsbildung (ECVET). In: ABl. C 155 vom 8.7.2009, S. 11–18.
Flusser, V. (1998): Vom Subjekt zum Projekt. Menschwerdung. Frankfurt.
Gagel, A. (2012): Kommentar SGB II/SGB III. Grundsicherung Arbeitsförderung. Band 1. Vorbemerkung zum § 1 SGB III. München, S 5.
Gennep van, A. (1909): Les rites de passage. Paris.
Gennep van, A. (2005): Übergangsriten. Frankfurt.
Glaser, B.G./Strauss, A. L. (1967): The Discovery of Grounded Theory. Strategies for Qualitative Research. Chicago
Glaser, B. G./Strauss, A. L. (1979): Die Entdeckung gegenstandsbezogener Theorie: Eine Grundstrategie qualitativer Sozialforschung. In: Hopf, C./Weingarten, E.: (1979): Qualitative Sozialforschung. Stuttgart.
Glaser, B. G./Strauss, A. L. (1970/2010): Status Passage. Chicago.
Grossmann, K.E./Grossmann, K. (Hrsg.) (2003): Bindung und menschliche Entwicklung: John Bowlby, Mary Ainsworth und die Grundlagen der Bindungstheorie.

Grundmann, M./Beer, R. (Hrsg.) (2004): Subjekttheorien interdisziplinär. Diskussionsbeiträge aus Sozialwissenschaften, Philosophie und Neurowissenschaften. Münster.
Habermas, J. (1996): Inklusion – Einbeziehen oder Einschließen? Zum Verhältnis von Nation, Rechtsstaat und Demokratie. In: Habermas, J. (1996): Die Einbeziehung des Anderen. Studien zur politischen Theorie. Frankfurt, S. 154-184.
Harney, K./Ebbert, A. (1999): Biographieforschung in der Berufspädagogik. In: Krüger, H.-H./Marotzki, W. (Hrsg.) (1999): Handbuch erziehungswissenschaftliche Biographieforschung. Opladen.
Harrington, M. (1964): The other America. Poverty in the United States. New York.
Havighurst, R.J. (1948): Developmental Tasks and Education. New York.
Heinz, W.R. (1988): Übergangsforschung: Überlegungen zur Theorie und Methodik. In: Deutsches Jugendinstitut (Hrsg.) (1988): Berufseinstieg heute. Problemlagen und Forschungsstand zum Übergang Jugendlicher in Arbeit und Beruf. München.
Heydorn, H.-J. (1970): Über den Widerspruch von Bildung und Herrschaft. Frankfurt.
Hopfner, J. (1999): Das Subjekt im neuzeitlichen Erziehungsdenken. Ansätze zur Überwindung grundlegender Dichotomien bei Herbart und Schleiermacher. Weinheim, München.
Hradil, S. (2001): Soziale Ungleichheit in Deutschland. Opladen.
Huisinga, R. (1990): Dienstleistungsgesellschaft und Strukturwandel der Ausbildung. Frankfurt.
Huisinga, R. (2003): Spezifische Wissensbasen und Folgerungen für berufliches Lernen im Bereich der Hochtechnologie. In: Pahl, J.-P./Schütte, F./Vermehr, B. (Hrsg.) (2003): Verbundausbildung. Lernorganisation im Bereich der Hochtechnologie. Bielefeld, S. 103-128.
Huisinga, R. (2004): Personalentwicklung von Lehrerinnen und Lehrern in der Phase des Berufseinstiegs – Zur versäumten Professionalisierung eines Berufsstandes. In: Busian, A./Drees, G./Lang, M. (2004): Mensch Bildung Beruf. Herausforderungen an die Berufspädagogik. Bochum, Freiburg, S.37-57.
Huisinga, R. (2005): Zur Transformation des beruflichen Bildungswesens durch die Veränderung seiner Reproduktionsfunktion. In: Büchter, K./Seubert, R./Weise-Barkowsky, G. (Hrsg.) (2005): Berufspädagogische Erkundungen. Eine Festschrift für Martin Kipp. Frankfurt, S.233-253.
Huisinga, R. (2007): Prekarisierung von Arbeitsverhältnissen – eine bildungswissenschaftliche Betrachtung. In: Greb, U./Schüßler, I. (Hrsg.) (2007): Berufliche Bildung als nachhaltige Ressource. Entwicklung und Entfaltung versus Zurichtung und Vereinnahmung. Frankfurt, S. 41-56.
Huisinga, R. (2008): Von der Arbeitsorientierten Exemplarik zum Lernfeldkonzept. In: Fischer, M./Spöttl, G. (Hrsg.) (2008): Forschungsperspektiven in Facharbeit und Berufsbildung. Frankfurt, S. 199-213.
Huisinga, R. (2011a): Arbeitsorientierte Exemplarik – ein Beitrag zur Grundlegung strategischer Teilhabeplanung Benachteiligter. In: Biermann, H./Bonz, B. (Hrsg.) (2011): Inklusive Berufsbildung. Baltmannsweiler, S. 87-106.
Huisinga, R. (2011b): Berufliche Übergangsforschung und Inklusionspolitik: Anmerkungen zu einem prekären Verhältnis. In: Siecke, B./Heisler, D. (Hrsg.) (2011): Berufliche Bildung zwischen politischem Reformdruck und pädagogischem Diskurs. Paderborn, S. 150-165.

Huisinga, R. (2011c): Jugendbildung: Herausforderungen bei der Verwissenschaftlichung des Begriffs. In: Coelen, T./Gusinde, F. (Hrsg.) (2011): Was ist Jugendbildung? Positionen – Definitionen – Perspektiven. München, S. 79-90.
Huisinga, R. (2014a): Inklusion: theoretische Prolegomena. In: Buchmann, U./Diezemann, E./Huisinga, R. (2014): Standortbestimmung Kollegschule – eine inklusionstheoretische Studie. Frankfurt.
Huisinga, R. (2014b): 30 Jahre Förderdschungel – Die schulische Berufsvorbereitung im Übergangssystem. In: Buchmann, U./Diezemann, E./Huisinga, R. (2014): Standortbestimmung Kollegschule – eine inklusionstheoretische Studie. Frankfurt.
Huisinga, R./Buchmann, U. (2003): Curriculum und Qualifikation. Zur Reorganisation von Allgemeinbildung und Spezialbildung. Frankfurt.
Huisinga, R./Lisop, I. (2005): Curriculumentwicklung im Strukturwandel. Frankfurt.
Huisinga, R./Lisop, I./Speier, H. D. (Hrsg.) (1999): Lernfeldorientierung. Konstruktion und Unterrichtspraxis. Frankfurt.
Hurrelmann, K. (2003): Der entstrukturierte Lebenslauf. Einige sozialpolitische Betrachtungen. In: Zs. f. Soziologie d. Erziehung u. Soziologie, 2, S. 115-126.
Iben, G. (1971): Kompensatorische Erziehung. Analysen amerikanischer Programme. München.
Johannsen, C. (2011): Professionelle im Strukturwandel der beruflichen Rehabilitation. (Diss.). Siegen.
Keupp, H. (1999/2002): Identitätskonstruktionen. Das Patchwork der Identitäten in der Spätmoderne. Reinbek.
Keupp, H./Höfer, R. (Hrsg.) (1997): Identitätsarbeit heute. Klassische und aktuelle Perspektiven der Identitätsforschung. Frankfurt.
Key, E. (1902): Das Jahrhundert des Kindes. Übertragung von Francis Maro. Berlin.
Kohlberg, L. E. (1974): Zur kognitiven Entwicklung des Kindes. Frankfurt.
Kohlberg, L. E. (1995): Die Psychologie der Moralentwicklung. Frankfurt.
Krahn, S. (2005): Untersuchungen zum intuitiven naturwissenschaftlichen Wissen von Kindern im Alter zwischen zwei und sieben Jahren. (Diss.). Bielefeld.
Kraus, W./Mitzscherlich, B. (1995): Identitätsdiffusion als kulturelle Anpassungsleistung. In: Psychologie in Erziehung und Unterricht. Jg. 42, S. 65-72.
Kremer, H.H./Zoyke, A. (Hrsg.) (2010): Individuelle Förderung in der beruflichen Bildung. Grundlegung und Annäherung im Kontext von Forschungs- und Entwicklungsprojekten. Paderborn.
Kronauer, M. (20102): Exklusion. Die Gefährdung des Sozialen im hoch entwickelten Kapitalismus. Frankfurt.
Kruse, W. u. a. (2010): Jugend: Von der Schule in die Arbeitswelt. Bildungsmanagement als kommunale Aufgabe. Stuttgart.
Kuhn, T. S.: (1978) Die Entstehung des Neuen. Studien zur Struktur der Wissenschaftsgeschichte. Frankfurt.
Kuhn, Thomas S.: (1989) Die Struktur wissenschaftlicher Revolutionen. Frankfurt.
Kutscha, G. (1991): Übergangsforschung – Zu einem neuen Forschungsbereich. In: Beck, K./Kell, A. (Hrsg.) (1991): Bilanz der Berufsbildungsforschung – Stand und Zukunftsperspektiven. Weinheim, S.113-155.

Leeker, W. (2008): Zur Konzeption und Wirksamkeit von Maßnahmen zur Verbesserung des Übergangs von benachteiligten Jugendlichen von der Schule in den Beruf in Niedersachsen seit 1970. Paderborn.

Lempert, W./Ebel, H. (1965): Lehrzeitdauer, Ausbildungssystem und Ausbildungserfolg. Grundlagen für die Bemessung des Zeitraums der Ausbildung bis zum Facharbeiterniveau. Freiburg.

Lisop, I. (1973): Die Denk- und Sprachsysteme der Wirtschaftswissenschaften und des Rechts in der Didaktik der Wirtschaftslehre. In: Golas, H. G. (1973): Didaktik der Wirtschaftslehre. Situation Diskussion Revision. München, S.167-183.

Lisop, I. (1973): Integration von Berufsbildung und Allgemeinbildung durch didaktische Prinzipien? In: Lisop, I. (2008): Leben und Erkenntnis. Bd. 2. Problemfelder Bildungssystem und Bildungspolitik. Frankfurt, S. 201-226.

Lisop, I. (1991): Zur notwendigen Integration von Berufsbildung und Allgemeinbildung. In: Lisop, I. (2008): Leben und Erkenntnis. Bd. 2. Problemfelder Bildungssystem und Bildungspolitik. Frankfurt, S. 227-241.

Lisop, I. (2009): Neue pädagogische Professionalität durch Managementkompetenz, Transfer- und Kooperationskultur (2009): In: Deutsche Gesellschaft für Erziehungswissenschaft/Sektion Berufs- und Wirtschaftspädagogik (Hrsg.) (2009): Memorandum zur Professionalisierung des pädagogischen Personals in der Integrationsförderung aus berufsbildungswissenschaftlicher Sicht. Bonn, S. 58-67.

Lisop, I. (Hrsg.) (2006): Der europäische Qualifizierungsweg – kritische Zwischenbilanz der deutschen Entwicklung. Frankfurt.

Lisop, I./Huisinga, R. (1999): Exemplarik – eine Forderung der KMK Handreichungen. In: Huisinga, R./Lisop, I./Speier, H. D. (Hrsg.): (1999) Lernfeldorientierung. Konstruktion und Unterrichtspraxis. Frankfurt.

Lisop, I./Huisinga, R. (2004): Arbeitsorientierte Exemplarik. Subjektbildung – Kompetenz – Professionalität. Frankfurt.

Lisop, I./Huisinga, R. (2011): Die neue Stufe der Schulentwicklung. Wege kollegialer Erfolgssicherung. Frankfurt.

Lisop, I./Huisinga, R. (Hrsg.) (1984): Bildung zum Sozialschrott? Frankfurt.

Lorenzer, A. (1977): Sprachspiel und Interaktionsformen. Frankfurt.

Luhmann, N. (1995): Inklusion und Exklusion. In: Ders. Soziologische Aufklärung 6. Die Soziologie und der Mensch. Opladen, S. 237-264.

Marcia, J. E. (1980): Identity in adolescence. In: Adelson, J. (Hrsg.) (1980): Handbook of adolescent psychology. New York, S. 159-187.

Marcia, J. E. (1989): Identity diffusion differentiated. In: Luszcz, M. A./Netterbeck, T. (Hrsg.): Psychological development across the lifespan. North-Holland, S. 289-295.

Mariak, V./Kluge, S. (1998): Zur Konstruktion des ordentlichen Menschen. Normierungen in Ausbildung und Beruf. Frankfurt.

Ministerium für Arbeit, Integration und Soziales des Landes NRW (2012): Kein Abschluss ohne Anschluss – Übergang Schule Beruf in NRW. Zusammenstellung der Instrumente und Angebote. Düsseldorf.

Mollenhauer, K. (1968): Erziehung und Emanzipation. Polemische Skizzen. München.

Moser, F. (2012): Subjekt – Objekt – Intersubjektivität. Eine Untersuchung zur erkenntnistheoretischen Subjekt-Objekt-Dialektik Hegels und Adornos mit einem Ausblick auf das Intersubjektivitätsparadigma Habermas'. Bern.

Nassehi, A. (2008): Exklusion als soziologischer oder sozialpolitischer Begriff? In: Bude, H./Willisch, A. (Hrsg.) (2008): Exklusion. Die Debatte über die »Überflüssigen«. Frankfurt, S.121-137.
Nassehi, A. (2009): Der soziologische Diskurs der Moderne. Frankfurt.
Niethammer, F. I. (1808): Der Streit des Philanthropinismus und Humanismus in der Theorie des Erziehungs-Unterrichts unsrer Zeit. Jena.
OECD (1990): Public Management Developments: Survey. Paris.
OECD (1996): Gouvernance in Transition. Public Management Reforms in OECD Countries. Paris.
Oerter, R./Montada, L. (Hrsg.) (2002): Entwicklungspsychologie. Weinheim.
Parsons, T. (1971): The System of Modern Societies. Englewood Cliffs.
Parsons, T. (1972): Das System moderner Gesellschaften. München.
Parsons, T. (1977): Social Systems and the Evolution of Action Theory. New York, London.
Parsons, T. (1982): On Institutiones and Social Evolution. Selected Writings. Edited and with an Introduction by Mayhew, L. H. Chicago, London.
Petermann, F./Niebank, K./Scheithauer, H. (2004): Entwicklungswissenschaft. Entwicklungspsychologie – Genetik – Neuropsychologie. Berlin, Heidelberg.
Piaget, J. (1975): Gesammelte Werke. Studienausgabe. 4 Bde. Stuttgart.
Piaget, J. (1984): Theorien und Methoden der modernen Erziehung. Frankfurt.
Reckwitz, A. (2010): Das hybride Subjekt. Eine Theorie der Subjektkulturen von der bürgerlichen Moderne bis zur Postmoderne. Weilerstwist.
Röben, P. (2005): Kompetenz- und Expertiseforschung. In: Rauner, F. (Hrsg.) (2005): Handbuch Berufsbildungsforschung. Bielefeld, S. 247-254.
Schäfer, M. (2012): Zur Effizienz handlungsorientierter Unterrichtssettings – Eine empirische Studie. (Diss.) Siegen.
Schemme, D. (2005): Geschäfts- und arbeitsprozeßorientierte Berufsbildung (GAB). In: Rauner, F. (Hrsg.) (2005): Handbuch Berufsbildungsforschung. Bielefeld, S. 524-532.
Schmidt, C. (2011): Krisensymptom Übergangssystem. Die nachlassende soziale Inklusionsfähigkeit beruflicher Bildung. Bielefeld.
Schroeder, J./Thielen, M. (2009): Das Berufsvorbereitungsjahr. Eine Einführung. Stuttgart.
Schröteler-von Brandt, H./Coelen, T./Zeising, A. Ziesche, A. (Hrsg.) (2012): Raum für Bildung – Ästhetik und Architektur von Lern- und Lebensorten. Bielefeld.
Schülein, J. A. (2003): Über Veränderungen in den Konstitutions- und Reproduktionsbedingungen von Subjektivität. In: Bierbaumer, A./Steinhardt, G. (Hrsg.) (2003): Der flexibilisierte Mensch. Subjektivität und Solidarität im Wandel. Heidelberg, Kröning, S.38-57.
Siecke, B./Heisler, D. (Hrsg.) (2011): Berufliche Bildung zwischen politischem Reformdruck und pädagogischem Diskurs. Paderborn.
Siemsen, A. (1926): Beruf und Erziehung. Berlin.
Statistische Ämter des Bundes und der Länder (2011): Demografischer Wandel in Deutschland. Bevölkerungs- und Haushaltsentwicklung in Bund und in den Ländern. Wiesbaden.
Statistische Ämter des Bundes und der Länder (2013): Bevölkerung nach Migrationshintergrund regional. Ergebnisse des Mikrozensus 2011. Wiesbaden.

Statistisches Bundesamt (2009): Bevölkerung Deutschlands bis 2060. 12. koordinierte Bevölkerungsvorausberechnung. Wiesbaden.
Stauber, B. Pohl, A./Walther, A. (Hrsg.) (2007): Subjektorientierte Übergangsforschung. Rekonstruktion und Unterstützung biographischer Übergänge junger Erwachsener. Weinheim, München.
Stratmann, K. (1993): Die gewerbliche Lehrlingserziehung in Deutschland. Modernisierungsgeschichte der betrieblichen Berufsbildung. Bd. I: Berufserziehung in der ständischen Gesellschaft (1648-1806). Frankfurt.
Stratmann, K. (1999): Berufserziehung und sozialer Wandel (hrsg. v. Pätzold, G./ Wahle, M.). Frankfurt.
Uexküll, T. v./Wesiack, W. (1996): Wissenschaftstheorie: ein bio-psycho-soziales Modell. In: Uexküll, T. v. (1965) Psychosomatische Medizin. München, S. 13-52.
Verweyst, M. (2000): Das Begehren der Anerkennung. Subjekttheoretische Positionen bei Heidegger, Sartre, Freud und Lacan. Frankfurt.
Wagemann, L. G. (Hrsg.) (1789-1803): Göttingisches Magazin für Indüstrie- und Armenhilfe. 6 Bde. Göttingen.
Wälzer, H. (Hrsg.) (2001): Das soziale Gedächtnis. Geschichte, Erinnerung, Tradierung. Hamburg.
Wellmann, H. M./Gelman, S. A. (1998): Knowledge acquisition in foundational domains. In: Damon, W. (Hrsg.) (1998): Handbook of Child Psychologie. Bd.2: hg. v. Kuhn, D./Siegler, R. (1998): Cognition, perception, and language. 5. Aufl. New York, S. 523-573.
Wygotski, L. S. (1971): Denken und Sprechen. Frankfurt.
Wygotski, L. S. (1987): Ausgewählte Schriften. Bd 2: Arbeiten zur psychischen Entwicklung der Persönlichkeit. Köln.
Zima, P. V. (2009): Narzissmus und Ich-Ideal. Psyche-Gesellschaft-Kultur. Tübingen.
Zima, P. V. (2010): Theorie des Subjektes. Tübingen, Basel.

Universelles Design des Lernens und Arbeitens

Christian Bühler

1   Universelles Design in der UN-BRK

1.1   Inklusion und Universelles Design

Mit der Verabschiedung der UN-Behindertenrechtskonvention (UN-BRK) 2006 und deren Inkrafttreten im Mai 2008 (UN 2008) wurde die Forderung nach vollständiger Teilhabe von Menschen mit Behinderungen in allen Lebensbereichen nochmals deutlich hervorgehoben. Als Voraussetzung für die Umsetzung der Menschenrechte für Menschen mit Behinderungen wird dabei angesehen, dass der Zugang zu allen Infrastrukturen hergestellt wird. Neben der Nutzung assistiver Technologien steht traditionell die Forderung nach Barrierefreiheit (Zugänglichkeit-Accessibility) im Vordergrund (UN 2008, Art. 9). Mit der Einführung des Begriffs der Inklusion wird dabei gleichzeitig der Weg für ein neues Zugänglichkeitskonzept zur Infrastruktur bereitet: das universelle Design (UN 2008, Art. 2). Während die assistive Technologien und die Barrierefreiheit insbesondere auf den Zugang und die Teilhabe von Menschen mit Behinderungen abzielen, nimmt das universelle Design alle Nutzergruppen gleichermaßen in den Blick (Design für Alle). Dieser Ansatz schließt die Nutzung von assistiver Technologie und Barrierefreiheit keineswegs aus, sondern ist als eine Ergänzung oder Qualifizierung anzusehen. Gerade in den wichtigen Bereichen Bildung und Arbeit bietet das Konzept einen Ansatz zu Unterstützung der vollständigen Teilhabe und Inklusion.

1.2 Definition des Universellen Designs

In Artikel 2 – Begriffsbestimmungen definiert die UN-BRK universelles Design wie folgt:

> »Im Sinne dieses Übereinkommens [...] bedeutet ›universelles Design‹ ein Design von Produkten, Umfeldern, Programmen und Dienstleistungen in der Weise, dass sie von allen Menschen möglichst weitgehend ohne eine Anpassung oder ein spezielles Design genutzt werden können. ›Universelles Design‹ schließt Hilfsmittel für bestimmte Gruppen von Menschen mit Behinderungen, soweit sie benötigt werden, nicht aus« (Deutsche UN-BRK v. 24.2.2009, BMAS 2010, Art. 2).

Ähnlich wie bei der Inklusion, die die Existenz von Heterogenität als normalen Zustand betrachtet, die keinen Grund zur Segregation darstellt, werden mit dem Konzept des Universellen Designs Lösungen für alle angestrebt, die niemanden ausschließen. Gleichwohl wird mit dem Ausdruck »möglichst weitgehend« eine Einschränkung eingeführt und mit dem abschließenden Satz die Notwendigkeit von Hilfsmitteln für bestimmte Gruppen festgestellt. An dieser Stelle ist anzumerken, dass das englische Wort Design, das hier wörtlich ins Deutsche übernommen wurde, für mehr steht als nur das ästhetische Design. Vielmehr sind im englischen Begriff auch der technische Entwurf und die Funktionalität enthalten und gemeint.

In der Begriffsdefinition führt die Konvention eine weitere Einschränkung ein (BMAS 2010, Art. 2):

> »Im Sinne dieses Übereinkommens [...] bedeutet ›angemessene Vorkehrungen‹ notwendige und geeignete Änderungen und Anpassungen, die keine unverhältnismäßige oder unbillige Belastung darstellen und die, wenn sie in

einem bestimmten Fall erforderlich sind, vorgenommen werden, um zu gewährleisten, dass Menschen mit Behinderungen gleichberechtigt mit anderen alle Menschenrechte und Grundfreiheiten genießen oder ausüben können;«

In der allgemeinen Verpflichtung, angemessene Vorkehrungen zu ergreifen, wird ein Prinzip der Verhältnismäßigkeit und der Überlastung eingeführt, das die zu treffenden Maßnahmen möglicherweise einschränkt. Dies ist sicherlich einerseits der international unterschiedlichen Ausganssituation und Leistungsfähigkeit unterschiedlicher Staaten, Institutionen, Firmen und Einzelpersonen geschuldet. Andererseits soll bei keinem Akteur eine Überlastung eintreten, die möglicherweise zur Verschuldung, zum Verlust der Konkurrenzfähigkeit oder gar zum Bankrott führt. Die jeweilige Einschätzung der Verhältnismäßigkeit und der Nicht-Überlastung bleibt an dieser Stelle offen. Hieraus ergeben sich praktische Probleme bei der Umsetzung, die bei der Inanspruchnahme dieser Klausel möglicherweise exkludierende Konsequenzen zur Folge haben.

1.3 Anwendungsbereiche

Geht man von der Definition der Barrierefreiheit (BBGG 2002, § 4) im Gesetz zur Gleichstellung behinderter Menschen aus, so ergeben sich folgende Anwendungsbereiche des Universellen Design: bauliche und sonstige Anlagen, Verkehrsmittel, technische Gebrauchsgegenstände, Systeme der Informationsverarbeitung, akustische und visuelle Informationsquellen und Kommunikationseinrichtungen sowie andere gestaltete Lebensbereiche. Beispiele für die Anwendung des Konzepts sind aus den Bereichen Architektur und Verkehr bekannt, wo versucht wird, ein Design anzubieten, das möglichst vielen Kunden die Nutzung der Bauten und Verkehrsmittel ermöglicht. So sind beispielsweise Niederflurfahrzeuge im Gebrauch, die ein nahezu schwellenfreies Einsteigen ermöglichen soll. Oder in Gebäuden werden schwellenfreie Eingänge, breite Türen, entsprechend ausgestattete Aufzüge usw. vorgesehen. Neuer ist die Anwendung im Bereich der Information und Kommunikation, wo insbesondere die modernen Kommunikationsmittel gleichzeitig Lösungsansätze und Herausforderungen bieten. So wird insbesondere angestrebt, Internetseiten und -angebote so zu gestalten, dass sie für alle Menschen nutzbar sind. Andere Bereiche wie zum Beispiel medizinische Versorgung rücken insbesondere im Kontext der demographischen Entwicklung stärker ins Blickfeld. So soll der Zugang für alle zu Krankenhäusern, Therapieeinrichtungen, Arztpraxen, Apotheken usw. hergestellt werden. Im Rahmen der allgemeinen technischen Entwicklung bietet sich mit dem Konzept der ambienten Intelligenz eine Chance zur Verknüpfung mit dem universellen Design (Emiliani 2008). Vor dem Hintergrund der Forderungen der UN Konvention (UN-BRK 2008, Art.24) werden Anwendungsfelder im Bereich Bildung und Ausbildung intensiv betrachtet. Die inklusive Schule, Ausbildung, Hochschulbildung strebt dabei nicht nur den Zugang zu den Gebäuden und Einrichtungen für alle an, sondern muss sich auch im Hinblick auf die Didaktik stärker auf heterogene Gruppen ausrichten. Alle am Bildungsprozess Beteiligten sollen in der allgemein üblichen Weise, ohne besondere Erschwernis und grundsätzlich ohne fremde Hilfe teilnehmen können. Die (sonder-) pädagogische Förderung und persönliche Assistenz sind dabei natürlich nicht ausgeschlossen. Ähnliches kann man für den Bereich Arbeit feststellen. Auch hier geht es nicht nur um die Möglichkeit, den Arbeitsplatz aufzusuchen und zu nutzen, sondern im Gesamtkonzept die Arbeit so zu organisieren, dass Arbeitsmöglichkeiten für die unterschiedlichsten individuellen Voraussetzungen hergestellt werden.

2   Prinzipien des Universellen Designs

Gemäß der oben eingeführten Definition des Universellen Designs soll sich der Entwurf von Produkten, Umfeldern, Programmen und Dienstleistungen an den Bedürfnissen aller ausrichten. Das Konzept fordert, beim Entwurf die Anforderungen aller Nutzer in ihrer Heterogenität systematisch zu berücksichtigen. Das Ergebnis soll nach Möglichkeit von allen benutzt werden können. Es handelt sich um eine hohe Anforderung, deren Erfüllung wohl oft nicht wirklich alle Nutzerinnen und Nutzer erfassen wird. Trotzdem bedeutet die Anwendung des Konzeptes eine grundsätzliche Änderung des Designansatzes: es wird nicht länger für den Durchschnitt entworfen, sondern für die Heterogenität der Nutzerinnen und Nutzer. Damit werden nicht länger Menschen von der Nutzung ausgeschlossen oder erst durch nachträgliche spezielle Zusätze und Nachbesserungen einbezogen, sondern bereits im grundlegenden Entwurf von Anfang an mit berücksichtigt.

Mit sieben Prinzipien hat das Centre for Universal Design (CUD) der North Carolina State University bereits 1997 eine Anleitung für die die

Umsetzung des Konzeptes formuliert (CUD 1997). Diese sieben Prinzipien werden im Folgenden in einer deutschen Übersetzung kurz vorgestellt. In der Tabelle sind in der linken Spalte sieben Prinzipien aufgeführt und in rechten Spalte dazugehörigen Richtlinien dargestellt.

Tab. 1: Die Prinzipien des Universellen Design

Prinzipien	Richtlinien
1. Breite Nutzbarkeit: Das Design ist für Menschen mit unterschiedlichen Fähigkeiten nutzbar und marktfähig.	Gleiche Möglichkeiten der Nutzung für alle Nutzer zur Verfügung stellen: identisch, soweit möglich; gleichwertig, falls dies nicht möglich ist. Ausgrenzung oder Stigmatisierung jedwelcher Nutzer vermeiden. Mechanismen zur Erhaltung von Privatsphäre, Sicherheit und sicherer Nutzung sind für alle Nutzer gleichermaßen verfügbar; das Design für alle Nutzer ansprechend gestalten.
2. Flexibilität in der Benutzung: Das Design unterstützt eine breite Palette individueller Vorlieben und Möglichkeiten	Wahlmöglichkeiten der Benutzungsmethoden vorsehen. Rechts- oder linkshändigen Zugang und Benutzung unterstützen. Die Genauigkeit und Präzision des Nutzers unterstützen. Anpassung an die Schnelligkeit des Benutzers vorsehen.
3. Einfache und intuitive Benutzung: Die Benutzung des Designs ist leicht verständlich, unabhängig von der Erfahrung, dem Wissen, den Sprachfähigkeiten oder der momentanen Konzentration des Nutzers	Unnötige Komplexität vermeiden. Die Erwartungen der Nutzer und ihre Intuition konsequent berücksichtigen. Ein breites Spektrum von Lese- und Sprachfähigkeiten unterstützen. Information entsprechend ihrer Wichtigkeit kennzeichnen. Klare Eingabeaufforderungen und Rückmeldungen während und bei der Ausführung vorsehen.
4. Sensorisch wahrnehmbare Informationen: Das Design stellt den Benutzer notwendige Informationen effektiv zur Verfügung, unabhängig von der Umgebungssituation oder der sensorischen Fähigkeiten der Benutzer.	Unterschiedliche Modi für redundante Präsentation wichtiger Informationen vorsehen (bildlich, verbal, taktile). Angemessene Kontraste zwischen wichtigen Informationen und ihrer Umgebung vorsehen. Maximierende Lesbarkeit von wichtigen Informationen. Unterscheiden von Elementen in der Art der Beschreibung (z. B. einfache Möglichkeit nach Anweisungen oder Instruktionen zu geben). Kompatibilität mit einer Palette von Techniken oder Geräten, die von Menschen mit sensorischen Einschränkungen benutzt werden, vorsehen.
5. Fehlertoleranz: Das Design minimiert Risiken und die negativen Konsequenzen von	Arrangieren der Elemente zur Minimierung von Risiken und Fehlern: die meist benutzen Elemente am besten zugänglich; risikobehaftete Elemente vermeiden, isolieren oder abschirmen.

Prinzipien	Richtlinien
zufälligen oder unbeabsichtigten Aktionen.	Warnungen vor Risiken und Fehlern vorsehen. Fail-Safe-Möglichkeiten vorsehen. Bei Operationen, die Wachsamkeit verlangen, unbewusste Aktionen nicht ermutigen.
6. Niedriger körperlicher Aufwand: Das Design kann effizient und komfortabel mit einem Minimum von Ermüdung benutzt werden.	Die Beibehaltung der natürlichen Körperhaltung ermöglichen. Angemessene Bedienkräfte verlangen. Minimierung sich wiederholender Aktionen. Andauernde körperliche Beanspruchung vermeiden.
7. Größe und Platz für Zugang und Benutzung: Angemessene Größe und Platz für den Zugang, die Erreichbarkeit, die Manipulation und die Benutzung unabhängig von der Größe des Benutzers, seiner Haltung oder Beweglichkeit vorsehen.	Eine klare Sicht auf wichtige Elemente für jeden sitzenden oder stehenden Benutzer vorsehen. Eine komfortable Erreichbarkeit aller Komponenten für alle sitzenden oder stehenden Benutzer sicherstellen. Unterstützen unterschiedlicher Hand- und Greifgrößen. Ausreichend Platz für die Benutzung sonstiger Hilfsmittel oder von Hilfspersonen vorsehen.

Quelle: Forschungsinstitut für Technologie und Behinderung, FTB 2004

Die aufgeführten sieben Prinzipien des universellen Designs bieten beim Entwurf Hinweise, die Bedürfnisse von möglichst vielen Nutzern zu berücksichtigen. Die UN-BRK erkennt das große inhärente Potenzial dieses Entwurfskonzeptes an, die Entwicklung einer inklusiven Gesellschaftsentwicklung zu unterstützen. Dabei müssen die Produkte und Dienstleistungen konkurrenz- und marktfähig sein. Neben den sieben Prinzipien, die ausschließlich auf die universelle Nutzbarkeit eines Produktes oder einer Dienstleistung zielen, müssen beim Entwurf weitere Aspekte für einen marktgerechtes Ergebnis berücksichtigt werden (z. B.: ästhetisches Design, Materialauswahl, Preisgestaltung, gesetzliche Regelungen, Umweltanforderungen oder technische Regelwerke).

Tatsächlich sind die vielfältigen Anforderungen nicht immer ohne weiteres deckungsgleich oder kompatibel. Oft müssen für gute Lösungen Kompromisse gefunden werden, die eine Balance zwischen den Anforderungen herstellen. Lösungen für wirklich alle in einem Produkt könnten technisch nicht realisierbar oder schlichtweg zu teuer werden und so ihre Marktfähigkeit verlieren. Andererseits liegt die Gefahr liegt auch darin, dass Kompromisse dazu führen, das ein Ergebnis zwar für alle irgendwie nutzbar sein mag, aber in Wirklichkeit für alle nicht gut genug ist. Durch die Perspektive des universellen Designs soll aber vermieden werden, dass die bloße Ausrichtung auf bestimmte Marktanteile zur Ausgrenzung von Gruppen der Nutzerinnen und Nutzer führt. Insofern sind hier ergänzende Überlegungen notwendig. Statt alles in einem Produkt unterzubringen bietet sich die Betrachtung von Produktfamilien an, die insgesamt möglichst viele Nutzergruppen adressieren (Bühler 2009). Beispielsweise können um die Kernfunktionalität des Produktes unterschiedliche Optionen der Bedienung und Interaktion platziert werden. Ein weiterer Ansatz ist die Anpassung von Darstellung und Funktion bei der Benutzung im Sinne eines Rendering oder einer nutzerzentrierten (und gesteuerten) Adaption. Solche Ansätze sind insbesondere bei modernen Softwareanwendungen möglich und üblich. Der komplementäre Charakter zur assistiven Technologie wird in der pragmatischen, dreistufigen Strategie des Design für Alle deutlich (Bühler 2009, S. 908f.). Sie sieht vor:

- Stufe 1: Produkte, die direkt für alle nutzbar sind,
- Stufe 2: Produkte, die weiter angepasst werden können,
- Stufe 3: Produkte, die über normierte Schnittstellen zu ergänzenden Geräten (assistive Technologien) verfügen.

Die Idee ist dabei, so viel als möglich in Stufe 1 zu realisieren und dann schrittweise auf die Stufe 2 und Stufe 3 auszuweichen, um möglichst viele Benutzerinnen und Benutzer zu berücksichtigen. Erst wenn in den beiden ersten Stufen noch Gruppen nicht berücksichtigt werden können, wird mit der der dritten Stufe der Bezug zu spezifische Speziallösungen und individuelle Anpassungen, der assistiven Technologie hergestellt. Ähnlich argumentiert auch die UN-BRK (BMAS 2010, Art. 2): » ...›Universelles Design‹ schließt Hilfsmittel für bestimmte Gruppen von Menschen mit Behinderungen, soweit sie benötigt werden, nicht aus« (s. o.). Das bedeutet auch, dass Menschen, die eine Fähigkeit durch ein individuelles Hilfsmittel (z. B. Hörgerät, Gehhilfe, Rollstuhl, Sprachausgabe, gestützte Kommunikation, usw.) wieder herstellen oder erweitern, das Produkt oder die Dienstleistung mit diesem Hilfsmittel benutzen können (Kompatibilität mit technischen Hilfsmitteln).

Ähnlich kann auch bei Dienstleistungen und anderen alltäglichen Prozessen gedacht und stufenweise vorgegangen werden. In erster Linie werden die vorhandenen, unterschiedlichen individuellen Ressourcen betrachtet und der Prozess so gestaltet, dass er damit genutzt werden kann. Durch Anpassung einzelner Prozessschritte kann ggf. der Nutzerkreis erweitert werden (Stufe 2). Übergänge zu ergänzenden und alternativen Prozessen können durch gezielte und transparente Übergänge hergestellt werden (Stufe 3). An dieser Stelle könnte es sich speziell auch um Assistenz- und Förderangebote handeln.

Ein erweiterbarer Satz von Kriterien zum Benchmarking von UD (Übersetzung Bühler 2010) wird mit fünf Sektionen (Prozessorientierung, Umfeld und Infrastruktur, Nutzungssituation, Vorbildung und Fertigkeiten, Exklusion) vorgeschlagen:

1. Prozessorientierung
   a. universelles Design als Langzeitstrategie innerhalb der Institution verankert
   b. Nutzerbeteiligung im Entwicklungsprozess
   c. Anwendung von Entwurfsmethoden und Instrumenten im Hinblick auf universelles Design eingesetzt
   d. Einbindung von Anwendergruppen
   e. et cetera.
2. Umfeld und Infrastruktur
   a. Nutzbarkeit des Produktes in unterschiedlichen Umgebungen
   b. Mindestanforderungen für sichere Nutzung
   c. et cetera.
3. Nutzungssituation
   a. stationäre Nutzung und Nutzung unterwegs
   b. Nutzung im Dunkeln und sehr heller Umgebung
   c. Nutzung in lauten Umgebungen
   d. et cetera.
4. Vorbildung und Fertigkeiten
   a. notwendiger Bildungsstand
   b. benötigte Lesefertigkeiten
   c. erforderliche Vorerfahrung in der Computer-Anwendung
   d. Optionen für den barrierefreien Zugang für Menschen mit Behinderung
   e. et cetera.
5. Exklusion
   a. nutzerfreundlich und einfach nutzbar für alle Nutzer; wer wird ausgeschlossen?
   b. Verfügbarkeit für alle
   c. Bezahlbarkeit
   d. et cetera.

3 Verwandte Designkonzepte

Neben den bereits angesprochenen Konzepten des Universellen Designs und des Design für Alle gibt es weitere, die in eine ähnliche Richtung zielen oder zumindest verwandt sind, etwa Barrierefreiheit, Accessible Design oder Inclusive Design. Die nachfolgende Tabelle zeigt eine Übersicht unterschiedlicher Designkonzepte und einige ihrer wesentlichen Charakteristiken. Bei der Betrachtung wird deutlich, dass insbesondere zwischen den Konzepten des Inclusive Design, Design für Alle und Universelles Design hohe Übereinstimmungen vorliegen. Obwohl sie unterschiedliche Wurzeln haben und sich im Detail unterscheiden, gibt es hier große Ähnlichkeiten. In der Praxis werden die drei Konzepte daher oft gleichgesetzt und die Termini synonym eingesetzt.

Tab. 2: Designkonzepte

	ID	DfA	UD	UCD	CD	MD	AccD	D4D	D4R
Akzeptabilität	++	++	++	+	++				
Gebrauchstauglichkeit (Usability)	++	++	++	++	++				
Ergonomie	++	++	+	++	++	++	++	++	++
Anpassungsvermögen	++	++	++	+	++	++	+		
Einstellbarkeit	++	++	++	+	++		+		
Zugänglichkeit	++	++	++	+			+		
Behinderungsspezifische Anforderungen	++	+						++	
Anforderungen der Rehabilitation									+

Legende:
ID – Inclusive Design
DFA – Desig für alle
UD – Universelles Design
UCD – User Centered Design
CD – Customisable Design
MD – Modular Design
AccD – Accessible Design
D4D – Design for Disability
D4R – Design for Rehabilitation

4 Universelles Design des Lernens

Schon lange vor der Formulierung des Artikel 24 »Bildung« der UN BRK (UN 2008, Art. 24) wurde in verschiedenen Kontexten überlegt, wie Lernprozesse so gestaltet werden, dass sie für unterschiedliche Lernende zugänglich gemacht werden können. Auch hier waren zunächst die physischen Barrieren in Bezug auf den Zugang von Gebäuden und Materialien zu überwinden. Ausgehend von der Idee des universellen Design wurde mit dem »Universellen Design im Unterricht« (Universal Design of Instruction) – UDI (Burgstahler 2008) und dem »Universellen Design des Lernens« (Universal Design for Learning) – UDL (Center for Applied Special Technology, CAST 2012) das Konzept auf dem Bereich des Lernens übertragen. UDL strebt dabei eine Curriculumentwicklung an, die allen Individuen gleiche Lernchancen ermöglicht. Mit drei Prinzipien, den dazugehörigen neun Richtlinien und 31 Prüfpunkten wird ein Instrument angeboten Ansätze für Lernziele, Lernmethoden Lernmaterialien und Beurteilung zu entwickeln, die eine Teilnahme aller ermöglichen:

I. unterschiedliche Arten der *Darstellung* ermöglichen den Lernenden verschiedene Wege, sich Information und Wissen anzueignen,
   1. Optionen zur Wahrnehmung,
   2. Optionen in der Sprache, mathematischen Ausdrücken und Symbole,
   3. Optionen zum Verständnis,
II. vielfältige Wege *sich auszudrücken* bieten den Lernenden Alternativen ihr Wissen zu zeigen,
   1. Optionen für körperliche Aktivität,
   2. Optionen für Ausdruck und für die Kommunikation,
   3. Optionen für die Anleitung,
III. unterschiedliche Möglichkeiten *sich einzubringen* greifen die Interessen der Lernenden auf, fordern sie angemessen und motivieren sie zum Lernen
   1. Optionen das Interesse zu wecken,
   2. Optionen Fleiß und Ausdauer zu unterstützen,
   3. Optionen zur Selbststeuerung.

(Eigene Übertragung anhand der Quelle National Center on Universal Design for Learning: http://www.udlcenter.org/aboutudl/udlguidelines; dort sind auch die 31 Prüfpunkte und weitere Erläuterungen zu finden).

Das Ziel des UDL geht dabei über die Zielsetzung, Lernenden einen bestimmten Wissens- oder Fertigkeitsbereich zu vermitteln, hinaus. Es strebt an, den Lernprozess als solches zu bewältigen und die Entwicklung der Lernenden zu »Experten des Lernens« zu fördern. Die Lernenden sollen a) strategisch, geschickt und zielgerichtet, b) sachkundig und c) zweckmäßig und motiviert (mehr zu lernen) arbeiten. Den Lehrenden erlaubt UDL, Hindernisse zu diesem wichtigen Ziel aus dem Weg zu räumen. Dabei müssen die vier Elemente Ziele, Methoden, Materialien und Beurteilung neu interpretiert werden:

- Lernziele werden häufig standardisiert als Lernerwartungen im Hinblick auf Wissen, Konzepte und Fertigkeiten formuliert. Beim UDL berücksichtigen die Ziele die Heterogenität der Lernenden und richten sich insbesondere auf das übergeordnete Ziel Expertise des Lernens (s. o.) zu erreichen.
- Auch bei den Methoden berücksichtigt UDL die Unterschiedlichkeit der Lernenden im Zusammenhang mit der Aufgabe, ihren sozialen und emotionalen Ressourcen und dem Lernklima. Dabei sollen die Methoden flexibel und variantenreich an den individuellen Lernfortschritt angepasst werden.
- Bei den Materialien fordert UDL Variantenreichtum und Flexibilität, etwa durch Einsatz von Multimedia, verlinkte Erklärungen und Hintergrundinformationen; Unterstützung des Zugangs, der Analyse, der Organisationen, Synthese und Wiedergabe von Lerninhalten; unterschiedlichen Hilfestellungen und Motivationselementen; usw.
- Die Bewertung soll insbesondere der Steuerung des Lernprozesses dienen, weniger der finalen Beurteilung.

Als Konsequenz ergeben sich eine weitgehende Lösung von traditionellen Lernkonzepten und die Konzentration auf einen variantenreichen Lernprozess, der sich für jede Lernerin und jeden Lerner anders vollzieht. Neben barrierefrei zugänglichen Räumlichkeiten und Materialien wird das Vorhalten unterschiedlicher didaktischer Konzepte für heterogene Lerngruppen eingefordert. Dabei wird postuliert, dass ein Lernprozess in jedem Falle möglich ist, allerdings mit einer deutlichen individuellen Ausrichtung organisiert werden muss.

5 Universelles Design am Arbeitsplatz (Beispiel Computer und Software)

Mit dem Art. 27 »Arbeit und Beschäftigung« der UN BRK (UN 2008) wird das Recht auf Arbeit und Beschäftigung für Menschen mit Behinderungen gestärkt. In Zeiten des demographischen Wandels liegt es aber auch schon im ureigenen Interesse der Arbeitgeber in Wirtschaft und im öffentlichen Bereich, qualifiziertes Personal zu finden und in den Unternehmen und Institutionen zu halten. Dabei soll eine angeborene oder erworbene Behinderung nicht im Wege stehen. Der Gedanke der ambienten Intelligenz kann dabei auch in den Bereich der Arbeit übertragen werden (Bühler 2009 b). Die Rolle von universellem Design am Arbeitsplatz wird im Folgenden im Wesentlichen mit Bezug auf Computer und Software dargestellt.

5.1 Räumliche und organisatorische Aspekte

Wie in den zuvor behandelnden Bereichen gilt es auch im Zusammenhang mit Arbeit zunächst den barrierefreien Zugang zur Arbeitsstätte und Arbeitsplätzen (Art. 9 UN BRK, und das Behindertengleichstellungsgesetz § 4, SGB IX, Arbeitsstättenverordnung Art. 3a(2)) herzustellen. Weiterhin muss der Arbeitsplatz selbst so ausgestattet werden, dass die vorgesehenen Arbeiten mit Hilfsmitteln ausgeführt werden können. Beispiele gelungener Arbeitsplatzanpassungen sind in der Datenbank REHADAT (REHADAT 2013) im Datenpool »Aus der Praxis – Praxisbeispiel-Suche« zu finden. Oftmals wird in diesem Zusammenhang nicht nur der physische Zugang und die Arbeitsplatzanpassung betrachtet, sondern das gesamte organisatorische Setting geprüft. Computer oder Geräte, die Computer als Komponente oder eine Schnittstellen für die Programmierung und Dokumentation enthalten, spielen an vielen Arbeitsplätzen eine wichtige Rolle.

5.2 Universal Design und Computer

In der heutigen Zeit gehört die Benutzung von Computern oder computergestützten Geräten in der Arbeitswelt zum beruflichen Alltag. Oft werden Standard-Computer eingesetzt, in der Regel Desktop Geräte (CPU, Speicher, Peripheriegeräte) in einem stationären Gehäuse mit Bildschirm,

Sound, Tastatur, Maus und verschiedenen Verwendungsmöglichkeiten. Meist werden Tastatur und Maus zur Eingabe und Bildschirm und Sound als Ausgabe genutzt. Sie werden in weitgehend strukturierten Umgebungen meist in Gebäuden zu Hause, in der Schule oder bei der Arbeit verwendet. Neuer ist die Kategorie der mobilen Computer (Notebooks, sub-Notebooks, Netbooks, Tablets, PDAs, Smartphones), die alle Elemente einschließlich eines Akkus in einem mobilen Gehäuse unterbringen und mit weiteren Geräten drahtlos kommunizieren. Aufgrund der geringen Größe dieser Geräte kommen in diesem Bereich vermehrt andere Eingaben wie Touchscreen mit Gestensteuerung zum Einsatz. Auf der Basis verschiedener Betriebssysteme bietet die Anwendungssoftware eine breite Palette von Funktionen. Allerdings können die Eigenschaften der Hardware und der Software den mögliche Nutzen eines Computers einschränken: so kann in hellem Sonnenschein ein Bildschirm nicht mehr lesbar sein; in feuchten oder extrem heißen Umgebungen mag der Computer gar nicht mehr funktionieren; eine Person die schlecht lesen kann oder die Landessprache nur schwer versteht mag die erforderlichen Ein-/Ausgabe-Dialoge nicht beherrschen; Tastatur, Maus und Gesten mögen bei einer holprigen Reise oder für eine Person mit Parkinson nicht nutzbar sein (Bühler 2010). Das universelle Design im Computerbereich strebt danach, solche Einschränkungen zu überwinden mit dem Ziel Optionen anzubieten, dass der Computer unter allen Umständen benutzt werden kann.

Viele Menschen nutzen Computer und Software als Unterstützung bei ihren Arbeitsprozessen sehr häufig. Meist wird das als hilfreich angesehen, allerdings kämpfen auch viele Menschen mit den vielfältigen Möglichkeiten der Software, die sich ständig ändern. Oder sie fühlen sich aufgrund der Komplexität durch Überforderung ausgeschlossen. So kann der Einsatz von Computern und Software am Arbeitsplatz im Sinne der ICF Kontextfaktoren (WHO 2001) von einem förderlichen zu einem hinderlichen Faktor werden. Auf der anderen Seite sind Computer und Software in der Regel nicht für eine Person oder eine enge Anwendergruppe ausgelegt. Vielmehr besitzen Sie ein grundsätzliches Anwendungspotenzial mit großer Variabilität, Änderungsmöglichkeiten und Optionen zur einfachen Aktualisierung. Sehr unterschiedliche Menschen nutzen erfolgreich Softwareanwendungen in einer breiten Palette von Anwendungszwecken und unter sehr unterschiedlichen Randbedingungen. Insofern können Computer in gewisser Weise als universelle Produkte betrachtet werden. Ein universelles Design von Computern überwindet dabei die herkömmlichen Einschränkungen üblicher Standard Computer, die mit Bildschirm Tastatur und Maus bedient werden. Statt beim Systementwurf durchschnittliche Nutzer in Standardumgebungen und Situationen zu betrachten, müssen die Anforderungen heterogener Nutzergruppen, unterschiedlichster Nutzungsumgebungen und Nutzungssituation berücksichtigt werden. Dabei wird aber keineswegs ein Produkt mit dem Charakter einer identischen Lösung für alle angestrebt, sondern vielmehr die Flexibilität und inhärente maschinelle Intelligenz der Geräte genutzt, Produkte und Dienste zur Verfügung zu stellen, die für möglichst viele Menschen zugänglich und nutzbar sind. Das wird auf der Grundlage von Standardprodukten durch die Anpassung einzelner Komponenten und der Software erreicht. Neben den sieben Prinzipien des universellen Design finden hier insbesondere die vier Prinzipien der WCAG 2.0 (WCAG2.0, W3C WAI) Berücksichtigung (W3C 2008): Wahrnehmbarkeit, Bedienbarkeit, Verständlichkeit und Robustheit. Des Weiteren finden verschiedene Normen Anwendung, etwa

- ISO 13407 (1999) »Human-centred design processes for interactive systems« provides guidance on human-centred design activities throughout the life cycle of interactive computer-based systems. (ISO 1999)
- ISO 9241-171: 2008 (revises ISO/TS 16071) »Ergonomics of human-system interaction – Part 171: Guidance on software accessibility« (ISO 2008)
- ISO/IEC Guide 71:2001 (also CEN/CENELEC Guide 6) »Guidelines for standards developers to address the needs of older persons and persons with disabilities« (ISO 2001)
- The »Human Factors (HF); Guidelines for ICT products and services; Design for All« (ETSI 2002)

Auf dem Weg zu einem universellen Gerät sind vielfältige Anforderungen zu berücksichtigen. Das sind zunächst die allgemeinen Umgebungsbedingungen wie Klima, Infrastruktur, verfügbare Technologie und Dienstleistungen und die grundlegende Bildungssituation. Dann sind die unmittelbaren Einsatzumstände zu berücksichtigen etwa die Nutzung im Arbeitskontext (Büro, Produktionshalle, chemische Produktion Dienstleistung, usw.), zu Hause oder an öffentlichen Plätzen, in der Schule oder unterwegs (beim Gehen, beim Autofahren, in Bus und Bahn, in Flugzeugen, auf Schiffen, beim Wandern) usw. Man muss auch unterscheiden, ob der Computer als persönliches Gerät genutzt oder mit anderen geteilt wird, etwa bei der Arbeit oder in einem Internetcafé. Auf dem globalen Markt der Informationstechnik ist es wichtig, Computer einsetzen zu können, die in Landessprache und mit Bezug zum Bildungsniveau in einem Land eingesetzt werden können. Dazu gehören Handbücher, Anleitungen und entsprechende Software in Landessprache. Genauso müssen gesetzliche Vorschriften und Regelungen Bezug auf Sicherheit, Arbeitsschutz, Umweltschutz barrierefreien Zugänglichkeit, Urheberrechtsschutz, Datenschutz, Zensur usw. eingehalten werden.

Weitere Anforderungen ergeben sich aus der Betrachtung der heterogenen Nutzergruppe. So ist es ein großer Unterschied, ob ein Kind, ein Erwachsener, ein älterer Mensch, Mann oder Frau, Menschen mit hohem oder niedrigem Bildungsniveau, Menschen die mit Technik aufgewachsen sind oder nicht, einen Computer nutzen wollen. Weitere individuelle Faktoren sind Seh- und Hörfähigkeit, Geschicklichkeit, kognitive Leistungsfähigkeit, Möglichkeit der Auge-Hand Koordination usw. Hier sind Anforderungen von Menschen mit unterschiedlichen Behinderungen genauso einzubeziehen wie individuelle Vorlieben und Anforderungen von erfahrenen Computernutzern oder -anfängern.

Ein großer Vorteil aller Computersysteme liegt in ihrer modularen Struktur, wo ein flexibler Wechsel Einzelkomponenten der Ein-/Ausgabe, aber auch der verwendeten Software möglich ist. Aufgrund entsprechender Standards ist in der Regel eine »Plug and Play«-Verbindung (z. B. USB, Mini-USB, Bluetooth, LAN, WLAN) möglich. Das bedeutet, dass bei Anschluss oder Aktivierung einer Komponente die Registrierung und Einbindung in das Computer-Gesamtsystem von der Software automatisch vorgenommen wird. So können alternative Komponenten wie Spezialtastaturen (zum Beispiel mit wenigen Tasten, Mini-Tastatur, Maxi-Tastatur, virtuelle Laser-Tastatur), Joysticks, Trackballs, Touchscreens, Gestensteuerung, Spiele-Controller, Kameras, Mikrofone, vergrößerte Bildschirme, Braillezeilen, Spracheingabe und -Ausgabe usw. ohne Probleme angeschlossen oder aktiviert werden. Sensoren können die Nutzerinnen und Nutzer bei der Authentifizierung (z. B. per Fingerabdruck, Transponder) und der Arbeit (Helligkeit, Neigung, Beschleunigung) mit dem Gerät oder unterwegs (GPS, UMTS, LTE, WLAN) unterstützen.

Im ETSI Standard »IKT Produkte und Dienstleistungen; Design für alle« (ETSI 2002, § 7) werden für Software unter anderem folgende Richtlinien formuliert:

- Anpassbarkeit – Möglichkeit ein Endgerät oder einen Dienst an spezifische Nutzeranforderungen oder Vorlieben anzupassen
- Einstellbarkeit – Umstellung eines Moduls oder eines kompletten Endgerätes, um die Einstellungen entsprechend der persönlichen Anforderungen vorzunehmen

- Farbe – Bildschirmen und den Menüs, Farbkontrast (siehe auch WAI WCAG 2.0 Richtlinien)
- Konsistenz und Standards – verlässliche Funktion bei Aktionen und ähnliches Verhalten bei ähnlichen Geräten
- Fehler Management – Minimierung der Auswirkung bei Fehleingaben, nach Möglichkeit ein vollständiges Rückgängig-Machen des Fehlers (»Undo« – rückgängig machen)
- Rückmeldung – Anzeigen einer Aktion oder laufenden Aktivität oder eines Fehlers
- Flexibilität – Unterstützung unterschiedlicher Wege, das gleiche Ziel zu erreichen, entsprechend der Fertigkeiten und Erfahrungen der Nutzer
- Antwortzeiten – des Systems bei Nutzereingaben
- Menüdialoge – Nutzung von Hierarchien, Anzahl der Auswahlmöglichkeiten, Selektion, usw.
- grafische Benutzeroberflächen und Multimedia als Option oder mit Alternativen zur Interaktion
- Tastatur Bedienbarkeit (Softskills)
- Dialoge zur Formularbehandlung
- natürlich-sprachliche Dialoge
- Benutzerführung.

Auch die ETSI-Richtlinie verweist wieder explizit auf den komplementär erforderlichen Einsatz von Assistiver Technologie (ETSI 2002, § 7.3). Die großen Softwarehersteller haben ähnliche Anforderungen in ihren Betriebssysteme und Produkten berücksichtigt. So halten beispielsweise Microsoft, Apple, Google, und andere in ihren Betriebssystemen Mechanismen zur alternativen Ein- und Ausgaben vor und informieren über die Möglichkeiten unter anderem auf ihren Internetseiten. Die Optionen der Betriebssysteme werden in den Softwarepaketen aufgegriffen und etwa in Textverarbeitung, Tabellenkalkulation, Datenbanken und Präsentationsprogrammen verwendet. Dort sind häufig Seitenvergrößerung, Layoutwechsel, Tastaturkürzel, einstellbare Werkzeuge und Menüs, Spracheingabe und -ausgabe, Fehlerbehandlung, Bearbeitung von Diagrammen mit der Tastatur, Unterstützung von Vorlagen und Galerien implementiert. Dies gilt in ähnlicher Wese für Betriebssysteme mobiler Geräte wie Tablet-Computer und Smartphones. So unterstützen die am weitesten verbreiteten Systeme (Android, IOS) mit dem Ziel universeller Zugänglichkeit und Nutzbarkeit (Android 2013) unterschiedliche Einstellmöglichkeiten und alternative Optionen für die Ein- und Ausgabe. So wird beispielsweise eine Bedienung ohne den Bildschirm zu sehen (Explore by Touch, Talk-

Back, VoiceOver) oder ohne akustische Rückmeldung (Vibration) ermöglicht (Android 2013, Apple 2013).

Für Internetanwendungen sind insbesondere die Richtlinien des World Wide Web Consortiums (W3C) zu berücksichtigen. Das W3C entwickelt Interoperabilitätstechnologien (Spezifikationen, Richtlinien, Software und Werkzeuge), um die Nutzung des globalen Internets sicherzustellen. Die Web Accessibility Initiative (WAI) des W3C kümmert sich um die Aspekte der barrierefreien Zugänglichkeit in unterschiedlichen Arbeitsgruppen. Die wesentlichen Richtlinien der W3C-WAI umfassen (W3C 2011):

- Richtlinien für barrierefreie Webinhalte – Web Content Accessibility Guidelines (WCAG 2.0 ISO/IEC 40500)
- Richtlinien für barrierefreie Nutzeragenten – User Agents Accessibility Guidelines (UAAG)
- Richtlinien für Barrierefreiheit von Autorenwerkzeugen-Authoring-Tool Accessibility Guidelines (ATAG)
- Richtlininien für Barrierefreiheit von »reichhaltigen« Internet Anwendungen – Accessible Rich Internet Applications (WAI-ARIA).

Obwohl international ein gutes Richtlinienwerk zur Verfügung steht, muss man leider feststellen, dass dies an vielen Stellen von Redakteuren im Software- und Internetbereich nicht vollständig genutzt wird. Das liegt zum einen daran, dass die Richtlinien noch immer nicht allen bekannt sind, zum anderen an der Komplexität der Materie und der eingeschränkten Kenntnisse der handelnden Personen. Leider unterstützen gerade die Autorenwerkzeuge in vielen Fällen ein barrierefreies universelles Design nur unzureichend. In Deutschland bietet der BITV-Lotse (BMAS 2012) eine online-Information zur Hilfestellung bei der Umsetzung der BITV 2.0, die im Wesentlichen der WCAG 2.0 entspricht.

Eine wichtige Funktion moderner Computersysteme sind automatische Aktualisierungen, mit denen Fehler in der Software, Sicherheitslücken, neue Funktionen usw. ohne Zutun der Nutzerinnen und Nutzer auf die Computer übertragen werden. Dies ist einerseits sehr hilfreich, kann andererseits aber auch zu Problemen führen. Ungeübte Nutzer werden durch Sicherheitsfragen des Systems irritiert, sollen umfangreichen Lizenz- und Datenschutzregelungen zustimmen, da sonst eine Installation nicht erfolgen kann. Manche Aktualisierungen erfordern auch dem Neustart des Systems, was ebenfalls für viele Benutzer Schwierigkeiten bereitet. Nicht zuletzt bedrohen auch kriminelle Elemente diese Systeme, was die Nutzer zusätzlich verunsichert.

Obwohl die Computersysteme eigentlich so entworfen sind, dass sie intuitiv bedienbar sein sollen, ist die Komplexität der Funktion und die Vielzahl der verfügbaren Optionen oft so groß, dass sie nicht mehr vollständig überblickt und verstanden werden kann. Aus diesem Grund sind Hilfs- und Unterstützungsfunktionen unerlässlich. Oftmals werden diese heute als Tutorial oder Onlinehilfe zusammen mit der Software angeboten. Auch hierfür macht die ETSI Norm EG 202 116 (ETSI 2002, § 7.8) Vorschläge:

- multimodale Hilfe, wo möglich
- Nutzung von Sprachausgabe bei Systemen mit begrenzten Bildschirmen
- Information über die Funktionalität und online Dienstleistungen
- kontextsensitive Hilfe und aufgabenbezogene Hilfen
- Hilfsinformationen in kurzen einfachen Sätzen
- Informationen über mögliche nächste Aktionen und wie man zur Hauptaufgabe zurückkehren kann
- Informationen zur Identifikation von Funktionalitäten und Steuerelementen
- Flexibilität zur Suche nach Hilfsfunktionen
- die Möglichkeit für erfahrene Nutzer, Hilfefunktionen auszuschalten
- Verfügbarkeit vertiefter Hilfsinformation
- bei umfangreichen Hilfen Navigationsunterstützung
- Mechanismen zur nutzergerechten Steuerung von Hilfsmöglichkeiten
- Klärung möglicher Kosten der Hilfe vor der Inanspruchnahme.

Mit all diesen Eigenschaften bieten Computer ein großes Potenzial, unterschiedlichste Arbeitsplätze für die diverse Aufgaben und verschiedenste Arbeitskräfte geeignet auszurüsten. Gleichzeitig wird aber anhand der aufgeführten Aspekte deutlich, dass die bloße Bereitstellung eines Computers keineswegs ausreicht. Das vorhandene universelle Potenzial der Computer muss vielmehr zielgerichtet genutzt werden und an die Anforderungen der Arbeitsumgebungen und der Arbeitskräfte angepasst werden.

6 Managementaspekte

Im Zusammenhang mit universellem Design wird immer wieder die Beteiligung der Benutzerinnen und Benutzer im Entwurfsprozess hervorgehoben. Dabei wird der Entwicklungsprozess als kontinuierliche Rückkopplung der Nutzer-Anforderungen im Entwicklungsprozess verstanden (Bühler 2009). Solche Rückkopplungen können zum Beispiel durch Fragebögen, durch die Arbeit mit Focusgruppen und durch Nutzertests hergestellt werden. Ähnlich kann auch die Rückkopplung von Nutzererfahrungen mit auf dem Markt befindlichen Produkten oder Dienstleistungen realisiert werden. Dabei ist es von besonderer Bedeutung mit der Heterogenität der Nutzerinnen und Nutzer und der Unterschiedlichkeit der Lebensumgebungen und Lebenssituationen umzugehen. Somit beginnt eine neue Designschleife spätestens, wenn das Produkt oder der Dienst (Bildung und Arbeit) auf dem Markt platziert wurde. Können Nutzer das Ergebnis nicht nutzen, wird an einer verbesserten Lösung gearbeitet. Leitend kann dabei der Gedanke »geht nicht gibt's nicht« beziehungsweise »und es geht doch« sein. Mit dieser Einstellung wird die universelle Nutzbarkeit konkret eingefordert.

Ein erfolgreiches Management des universellen Design muss zudem nicht nur auf der Produktebene, sondern über die Marke, die Firma, die Branche bis hin zur nationalen und internationalen Institutionen erfolgen (Bühler 2009, S. 905/6). Ohne die grundlegende Unterstützung der obersten Ebene einer Institution ist universelles Design nur schwer zu verwirklichen. Mit der konkreten Nennung des Universellen Design in der UN-BRK (UN 2008) ist hierfür gesetzlich eine neue Basis geschaffen worden.

Literatur

Android (2013): Adroid's Accessibility Tools. http://developer.android.com/design/patterns/accessibility.html [Abruf 30.12.2013].
Apple (2013): Accessibility in IOS. https://developer.apple.com/technologies/ios/accessibility.html [Abruf 30.12.2013].
BBGG (2002): Gesetz zur Gleichstellung behinderter Menschen (Behindertengleichstellungsgesetz – BGG vom 27.04.2002 zuletzt geändert d. Art. 12 G v. 19.12.2007. BGBl. I S. 1467, 1468, 3024. Online: http://bundesrecht.juris.de/bgg/index.html [Abruf 28.12.2013].
BMAS (2010): Übereinkommen der Vereinten Nationen über die Rechte von Menschen mit Behinderung. Behindertenrechtskonvention. Deutsch: BMAS: Bonn, 2010 http://www.bmas.de/SharedDocs/Downloads/DE/PDF-Publikationen/a729-un-konvention.pdf?__blob=publicationFile.
BMAS (2012): BITV-Lotse, in Einfach Teilhaben.

www.bitv-lotse.de [Abruf 28.12.2013].

Bühler C. (2010): Universal Design – Computer. In: J. Stone/M. Blouin (editors) Center for International Rehabilitation Research Information and Exchange (CIRRIE): International Encyclopedia of Rehabilitation. Online: http://cirrie.buffalo.edu/encyclopedia/en/article/146/[Abruf 28.12.2013].

Bühler, C. (2009): Managing of Design for All. In: C. Stephanidis: The Universal Access Handbook, CRC Press, S. 56-1, 903-914.

Bühler, C. (2009b): Ambient Intelligence in Working Environments. In: J.A. Jacko et al. (ed.): HCI International 2009. 13th International Conference HCI International 2009, with 10 Further Associated Conferences, San Diego, CA, USA, July 19-24, 2009, Proceedings. (Lecture Notes in Computer Science, Vol. 5610-56). Heidelberg 2009.

Burgstahler, S. (2008): Universal Design of Instruction. http://www.washington.edu/doit/Resources/udesign.html [Abruf 28.12.2013].

Center for Applied Special Technology (CAST) (2012): Universal Design for Learning – UDL. http://www.udlcenter.org [Abruf 28.12.2013].

Center for Universal Design (CUD) (1997): The Principles of Universal Design, The Centre for Universal Design, NC State University, http://www.ncsu.edu/ncsu/design/cud/about_ud/udprinciples.htm [Abruf 27.12.2013].

Emiliani, P.L. (2008): »Design for All in the Ambient Intelligence (AmI) environment« (ICCHP Linz, July 2008). In: Lecture Notes in Computer Science, vol. 5105-2008, S. 123-129.

ETSI (2002): The »Human Factors (HF); Guidelines for ICT products and services; Design for All«, ETSI EG 202 116 V1.2.1 (2002-09); http://www.etsi.org [Abruf 28.12.2013].

Forschungsinstitut Technologie und Behinderung (FTB) (2004): Die Prinzipien des Universellen Design (Übersetzung Ch. Bühler), http://ftb-esv.de/uniprinc.html [Abruf 28.12.2013].

ISO (1999): ISO 13407: »Human-centred design processes for interactive systems« provides guidance on human-centred design activities throughout the life cycle of interactive computer-based systems. http://www.iso.org/iso/iso_catalogue/catalogue_tc/catalogue_detail.htm?csnumber=21197 [Abruf 28.12.2013].

ISO (2001): ISO/IEC Guide 71: 2001 (also CEN/CENELEC Guide 6) »Guidelines for standards developers to address the needs of older persons and persons with disabilities« http://www.iso.org/iso/catalogue_detail?csnumber=33987 [Abruf 28.12.2013].

ISO (2008): ISO 9241-171: 2008 (revises ISO/TS 16071) »Ergonomics of human-system interaction – Part 171: Guidance on software accessibility« http://www.iso.org/iso/iso_catalogue/catalogue_tc/catalogue_detail.htm?csnumber=39080 [Abruf 28.12.2013].

REHADAT (2013): REHADAT – Informationssystem zur beruflichen Teilhabe. http://www.rehadat.info/de [Abruf 28.12.2013].

UN (2008): Convention on the Rights of Persons with Disabilities, http://www.un.org/disabilities/convention/conventionfull.shtml [Abruf 27.12.2013].

W3C (2008): Web Content Accessibility Guidelines, http://www.w3.org/TR/WCAG20/ [Abruf 28.12.2013].

W3C (2011): WAI Guidelines and Techniques, http://www.w3.org/WAI/guid-tech.html [Abruf 28.12.2013].

WHO (2001): ICF – Internationale Klassifikation der Funktionsfähigkeit, Behinderung und Gesundheit. Hrsg. v. Deutschen Institut für Medizinische Dokumentation und Information (2004): DIMDI WHO-Kooperationszentrum für die Familie internationaler Klassifikationen. Köln.

Ziele, Prozesse und Strukturen beruflicher Rehabilitation – Situationsaufriss und Perspektivbetrachtung

Wolfgang Seyd

1 Einführung und Überblick über das System beruflicher Rehabilitation

Wer behindert ist, kann möglicherweise nicht aus eigener Kraft am regulären Bildungs- und Sozialsystem teilnehmen. Er[27] ist auf Hilfe und Unterstützung angewiesen. Dabei kann es sich um ein Kind, einen Jugendlichen oder Erwachsenen handeln; je nach Schädigung und Alter kommen verschiedene Leistungen und Institutionen und demzufolge auch Rehabilita-

---

27 oder »sie«: Hier und im weiteren Verlauf wird allein aus Lesbarkeitsgründen auf die weibliche Form verzichtet.

tionsträger als Financiers auf unterschiedlichen gesetzlichen Grundlagen in Betracht.

Ein Jugendlicher, der die Förderschule besucht hat und dem der Jobcenter-Mitarbeiter der örtlichen Arbeitsagentur den Behindertenstatus zuerkannt hat, wird in einem *Berufsbildungswerk* seine Ausbildung bis zur Abschlussprüfung vor der zuständigen Handwerkskammer erfahren.

Ein Erwachsener, der infolge eines Unfalls seinen Ursprungsberuf nicht weiter ausüben, aber durchaus noch in einem anderen Beruf erwerbstätig sein kann, wird in einem *Berufsförderungswerk* seinen zweiten Beruf anstreben und dabei schließlich auch vor der örtlichen Industrie- und Handelskammer seine Gehilfen- oder Gesellenprüfung ablegen.

Ein junges Mädchen, das durch einen Behandlungsfehler während seiner Geburt eine Hirnschädigung davongetragen hat, erhält nach dem Besuch der Schule für geistig behinderte Kinder und Jugendliche die Chance, als Mitglied einer Arbeitsgruppe in einer *Werkstatt für behinderte Menschen* (WfbM) produktive Arbeit zu verrichten; darauf wird sie in einer zweijährigen Trainingsmaßnahme im Berufsbildungsbereich der WfbM gezielt vorbereitet.

Ein Lagerfacharbeiter erleidet durch einen von einem Hochschrank fallenden Werkzeugkasten ein schweres Schädel-Hirn-Trauma. Er wird in ein Unfallkrankenhaus gebracht und unverzüglich operiert. Nachdem er aus dem Koma erwacht ist und seine lebenswichtigen Grundfunktionen wieder hergestellt sind, wird er in einer Klinik – aus dem Bereich der *medizinisch-beruflichen Rehabilitation* – in der »zweiten« Phase seiner Rekonvaleszenz behutsam über ein intensives Trainingsprogramm und eine passgenaue Medikamentation an seine frühere Berufstätigkeit herangeführt.

Eine kaufmännische Angestellte, die aufgrund diverser Schicksalsschläge in die Depression abgeglitten ist, bedarf der therapiebegleiteten Auffrischung ihrer Berufskenntnisse und ihrer emotionalen Stabilisierung in einem Programm von sechs bis zwölf Monaten Dauer in einem *Beruflichen Trainingszentrum*, um dann auf ihren alten Arbeitsplatz zurückkehren zu können.

Noch nicht »reif«, weil noch nicht hinreichend stabilisiert, war eine junge Frau, die in ihrer Berufstätigkeit als Lehrerin ganz offensichtlich überfordert war. Nur mit übergroßem Aufwand vermochte sie, ihren beruflichen Anforderungen zu genügen. Immer wieder kam es zu Beschwerden von Schülern und zu Auseinandersetzungen mit Kollegen. Dies mündete schließlich in eine schwere Depression. Im Anschluss an die Akutphase, in der sie auch medikamentös »eingestellt« wurde, gelangte sie in eine RPK-Einrichtung. RPK steht für »*Rehabilitation psychisch Kranker*«. Die Ex-Lehrerin fand sich mit sieben Leidensgenossen in einer Übergangseinrichtung (aus der Klinik in die Teilhabe am gesellschaftlichen Leben mit eigenem Haushalt), die von der Arbeiter-Wohlfahrt betrieben wurde.

Es gibt durchaus weitere Einrichtungen neben den sechs o.g. »klassischen«. Dazu gehören beispielsweise ungezählte Anbieter von außerbetrieblicher Berufsausbildung (BaE = Berufsausbildung in außerbetrieblichen Einrichtungen), aber auch jene sieben Einrichtungsgruppen, die sich in der »Bundesarbeitsgemeinschaft ambulante berufliche Rehabilitation« zusammengeschlossen haben. Als ein weiteres Beispiel mag die Abteilung Berufsfachschule der Hamburger Blindenschule gelten. Hier werden blinde und sehbehinderte Jugendliche auf eine Ausbildung vorbereitet oder erfahren eine Ausbildung zum Erzieher. Es handelt sich um eine staatliche Einrichtung mit rund 50 Schülern und 20 Lehrern, allesamt Spezialisten in der Sehgeschädigtenpädagogik.

Das folgende Schema bildet die Grundstruktur der beruflichen Rehabilitation ab.

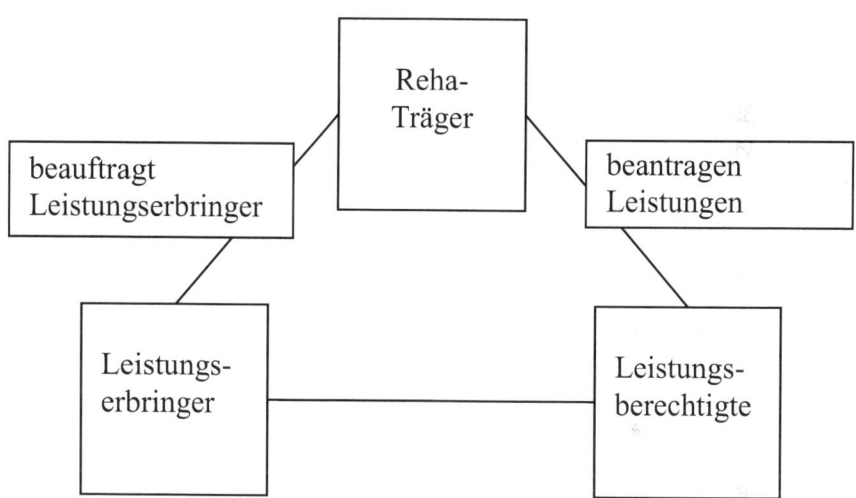

Abb. 1: Grundstruktur der beruflichen Rehabilitation

Laut Mikrozensus 2009 leben in Deutschland rund 12 % der Bevölkerung mit einer Behinderung (Destazis 2009). Gemeinhin werden neun Behinderungsarten unterschieden:

- Blindheit (Visus unter 2% der Sehkraft eines Normalsichtigen auf dem besseren Auge)
- Sehbehinderung (hochgradig: 2 bis 5%; sehbehindert: 5 bis 30%)
- Gehörlosigkeit (Taubheit)
- Schwerhörigkeit (hochgradig bzw. resthörig)
- Sprachbehinderung (Sprachentwicklungsverzögerung, Kommunikationsschwierigkeit, Stimmbandlähmung, Stummheit, Artikulationsunfähigkeit, Stottern, Poltern, Stammeln)
- Körperbehinderung (Gehirn, Rückenmark, Muskel- und Skelettsystem, innere Organe, in ihrer Funktion nicht nur vorübergehend eingeschränkt)
- Psychische Behinderung (Psychosen, Persönlichkeitsstörungen, Neurosen, Autismus, Aufmerksamkeits-Defizit-(Hyperaktivitäts-)Syndrom (ADHS), Verhaltensstörungen)
- Lernbehinderung (pragmatisch: Intelligenzquotient zwischen 70 und 85)
- Geistige Behinderung (Intelligenzquotient unter 70).

Es gibt wohl kein Land mit einer vergleichbar breiten Palette an Spezialeinrichtungen (s. Schröder 2005, S. 43ff.). Nicht zu Unrecht wird das System als »gegliedertes System« bezeichnet. Dem Vorteil der Vielfalt und der damit ermöglichten Individualisierung und Flexibilisierung steht der Nachteil der Unübersichtlichkeit gegenüber. Das verlangt hohe Beratungsintensität, damit der Leistungsberechtigte (wie der behinderte Mensch seit dem am 1.7.2001 in Kraft getretenen IX. Sozialgesetzbuch genannt wird) die Hilfen, Unterstützung und Förderung erhält, mit denen er sich erfolgreich in Arbeit und Gesellschaft zu (re-)integrieren imstande ist. Lässt man beiseite, dass sich auch Regeleinrichtungen wie allgemeine und berufliche Schulen für Kinder und Jugendliche mit Behinderungen geöffnet haben, so gehören zum Kreis der Leistungserbringer in der beruflichen Rehabilitation folgende Spezialeinrichtungen:

- Berufsbildungswerke (BBW)
- Berufsförderungswerke (BFW)
- Werkstätten für behinderte Menschen (WfbM)
- Einrichtungen zur medizinisch-beruflichen Rehabilitation (mbR)
- Berufliche Trainingszentren (Btz)
- Einrichtungen zur Rehabilitation psychisch Kranker (RPK).

Die ersten vier waren Gegenstand des Aktionsprogramms Berufliche Rehabilitation der Bundesregierung Brandt/Scheel im Jahre 1970. Dessen Bedeutung für den institutionellen Ausbau der beruflichen Rehabilitation kann gar nicht hoch genug geschätzt werden: »Regelrechtes Startsignal für die ›Dekade der Rehabilitation‹ war in der Tat das ›Aktionsprogramm der Bundesregierung zur Förderung der Rehabilitation‹ von 1970« (vgl. Ameloh et al. 2008). Berufliche Trainingszentren für psychisch behinderte Menschen und Einrichtungen zur Rehabilitation psychisch Kranker sind erst in den folgenden Jahren entstanden.

Die Kostenübernahme für die Reha-Leistungen obliegt den Reha-Trägern (s.a. § 5 SGB IX):

* Deutsche Rentenversicherung Bund (DR-Bund)
* Deutsche Rentenversicherung Land (DR-Land)
* Bundesagentur für Arbeit (BA)
* Deutsche Gesellschaft für Unfallversicherung (DGUV) und in deutlich geringerer Fallzahl
* Deutsche Rentenversicherung Knappschaft Bahn-See sowie
* Gesetzliche Krankenversicherung.

Die Leistungserbringer (wie die Einrichtungen zur beruflichen Rehabilitation im Gesetz genannt werden) und ihr Teilnehmerkreis (»Leistungsberechtigte«) sowie die Rehabilitationsträger werden in den nachfolgenden Kapiteln ausführlich beschrieben.

2 Der gesellschaftliche Umgang mit behinderten Menschen sowie ihrer allgemeinen und beruflichen Bildung im geschichtlichen Rückblick

In der Antike wollte sich die Gesellschaft offenbar nicht durch »missgestaltete« Neugeborene belasten. Oft waren dafür soziale Not und Hunger ausschlaggebend. Das erklärt, weshalb selbst anerkannte Philosophen wie Platon und Seneca »die verbreitete Sitte der Aussetzung (man denke an das Märchen von Hänsel und Gretel; W.S.) und der aktiven Tötung« gutgeheißen haben (http://de.wikipedia.org/wiki/Kindst%C3%B6tung).

»Im römischen Reich erstreckte sich die Patria Potestas des Familienoberhauptes auch auf Leben und Tod aller Familienangehörigen. Neugeborene mussten ihm zu Füßen gelegt werden und er entschied, ob das Kind aufgezogen wurde. Aussortierte Kinder wurden allerdings oft nicht getötet, sondern ausgesetzt und konnten von jedermann als Sklaven aufgezogen werden. Dieses Recht wurde erst 374 n.Chr. abgeschafft, das Verbot musste mit drakonischen Strafen durchgesetzt werden« (ebd.).

Ein anderes Motiv steckte hinter der Tötung von männlichen Nachkommen in China: Sie konnten offenbar zu wenig zur Haushaltsführung beitragen. Waren seinerzeit die Jungen unwillkommen, so sind es heute vielfach die weiblichen Nachkommen, die unter dem chinesischen Diktat der Ein-Kind-Ehe höchst unerwünscht sind, weil sie nicht genug zur Feldarbeit beitragen können.

Bis in die Mitte des 19. Jahrhunderts galten die Krüppel, Schwachsinnigen und Idioten als nicht bildbar. Erst mit Einführung des Jahrgangsklassensystems wurden gesonderte Klassen für sie eingerichtet, aus denen dann in den 60er und 70er Jahren des 19. Jahrhunderts »Schulen für schwachbefähigte Kinder« hervorgingen (Schröder 2005, S. 15; s.a. Oelkers 2013, S. 233ff.). Zu Beginn des 20. Jahrhunderts setzte sich der Begriff »Hilfsschule« allgemein durch.

Über Jahrhunderte kam eine Ausbildung für diesen Personenkreis nicht in Frage. Er war auf Hilfs- und Anlerntätigkeiten angewiesen. In Deutschland wurden 1832 erstmals körperbehinderte Menschen in Heimen »sonder- und heilpädagogisch« erzogen: Sie sollten nicht Almosenempfänger sein, sondern ihren Unterhalt mit eigener Hände Arbeit verdienen können. Um 1870 wurden systematisch spezielle Förder- und Unterrichtsmethoden für körperbehinderte Kinder entwickelt. Seit den 1950er Jahren werden in der Bundesrepublik körperbehinderte Kinder auch in Tagesschulen betreut.

Interessant ist die didaktische Position des Heinrich Ernst Stötzner (»Vater der Hilfsschule«), in einer kleinen Schrift im Jahre 1864 niedergelegt. Sie mutet gleichwohl in ihren organisatorischen Forderungen recht modern an (Schröder 2005, S. 18):

- »Halbierung des Lerntempos;
- Verminderung der Gruppengröße auf 12-15;
- Klassenlehrer-, nicht Fachlehrerprinzip;
- Verschärfung allgemeiner methodischer Grundsätze:
- größtmögliche Anschaulichkeit, Betonung nicht nur der optischen sinnlichen Erfahrung: »so handgreiflich wie möglich«;
- systematisches Vorgehen »Schrittchen für Schrittchen«;

- Abwechslung, um Langeweile zu vermeiden;
- [....]
- Intensivierung der Kontakte mit den Eltern.«

Ein Umdenken im Umgang mit Körperbehinderten lösten 1973 die Empfehlungen des Deutschen Bildungsrates »Zur pädagogischen Förderung behinderter und von Behinderung bedrohter Kinder und Jugendlicher« aus, in denen die stärkere Aktivierung vorhandener Fertigkeiten und Fähigkeiten und dabei auch die gemeinsame Beschulung von Kindern mit und ohne Behinderung gefordert wird.

Einen weiteren Meilenstein setzte 2001 die »International Classification of Functioning, Disability and Health« (ICF) der WHO. Mit ihr rückten die Aktivität der körperbehinderten Menschen und ihre Teilhabe am gesellschaftlichen Leben – in Familie, Betreuungseinrichtungen, Schule, Beruf und Freizeit – in den Vordergrund. Die aktuelle Theorie legt im Anschluss an Maria Montessori größten Wert auf »Hilfe zur Selbsthilfe« und auf Kompensationsstrategien (z.B. Rollstuhlsport, künstlerische Gestaltung, intensive Beschäftigung mit Informationstechnik (Brockhaus Enzyklopädie 2006, S. 579).

Noch Ende der 60er Jahre des vergangenen Jahrhunderts mündeten rund 30% der Schulabsolventen direkt in eine betriebliche Beschäftigung, ohne vorher eine betriebliche Ausbildung in einem nach dem Berufsbildungsgesetz verordneten Ausbildungsberuf durchlaufen zu haben. Darunter befand sich ein großer Anteil behinderter Erwerbspersonen, denen man eine betriebliche Lehre vorenthalten hatte oder die ein größeres Interesse am »schnellen Geldverdienen« gegenüber einer soliden, grundständigen Ausbildung hatten.

Anders sah die Sache allerdings bei den Veteranen aus, die ihre körperliche Unversehrtheit in einem der beiden Weltkriege eingebüßt hatten. Weder im Altertum noch im Mittelalter kannte man eine soziale Absicherung. Erst mit den Bismarck'schen Sozialgesetzen wurde eine finanzielle Absicherung in Angriff genommen. Als erste Sozialversicherung wurde 1883 die *Krankenversicherung* eingeführt, ein Jahr später die Unfallversicherung. Die »Invaliden- und Alterssicherung« (gesetzliche *Rentenversicherung*) trat zum 1. Januar 1891 in Kraft. Einen Rentenanspruch erwarb man erst ab dem 71. Lebensjahr, die Rente betrug maximal 40% des letzten Einkommens, sie wurde im Durchschnitt ganze sieben Monate gewährt. Selbst die Kriegsversehrten verfügten nicht über eine soziale und wirtschaftliche Absicherung.

Diese folgte erst nach und nach in den ersten Jahrzehnten des 20. Jahrhunderts. 1911 kam die *Angestelltenversicherung*, erst 1927 wurde die *Arbeitslosenversicherung* eingeführt. Den – vorläufigen – Schlusspunkt der sozialen Absicherung setzte 1995 die *Pflegeversicherung*.

Das 20. Jahrhundert ist durch die beiden Weltkriege und die jeweils folgende Nachkriegsperiode gekennzeichnet. 1917 war von sozialdemokratischen Kriegsveteranen der »Bund der Kriegsteilnehmer und Kriegsbeschädigten« gegründet worden, um die Interessen der Kriegsheimkehrer des Ersten Weltkriegs zu vertreten. 1933 löste sich dieser Bund auf und kam so seiner Gleichschaltung zuvor, 1946 wurde er unter dem Namen »*Reichsbund der Körperbeschädigten, Sozialrentner und Hinterbliebenen e. V.*« neu gegründet. Nach nahezu endlosen Diskussionen über die Tragfähigkeit des Vereinsnamens – wegen seiner Affinität zum Nationalsozialismus, die faktisch niemals bestanden hat – gab sich der Verein den heute gültigen Namen »Sozialverband Deutschland« mit dem Zusatz »ehemals Reichsbund, gegründet 1917« und dem Kürzel »SoVD«. Der SoVD hat 525.000 Mitglieder. Ihm gehören neben Kurkliniken und Hotels auch die Berufsbildungswerke Bremen und Stendal sowie die Werkstatt für behinderte Menschen in Witten.

Erst 1950 wurde der *Sozialverband VdK Deutschland* gegründet. Er ist der größte Interessenverband im Sozialbereich mit 1,6 Mio. Mitgliedern. Gemeinsam mit dem SoVD vertritt er die Rechte von 20,6 Mio. Rentnern und Pensionären. Der VdK ist an zwei Berufsförderungswerken (Nürnberg und Dresden) beteiligt.

Markierungspunkte der Förderung behinderter Menschen bilden nicht allein speziell für diesen Sozialbereich erlassene Gesetze und Verordnungen, sondern auch allgemeine zur beruflichen Bildung mit Rechtswirkung für die berufliche Rehabilitation. Dazu gehören insbesondere

- das Berufsbildungsgesetz aus dem Jahr 1969,
- das Rehabilitations-Angleichungsgesetz aus dem Jahr 1974, später aufgegangen im Sozialgesetzbuch IX,
- das Schwerbehindertengesetz aus dem Jahr 1974, ebenfalls heute Bestandteil des SGB IX,
- das Aktionsprogramm berufliche Rehabilitation der sozialliberalen Koalition aus dem Jahr 1970 sowie seine Fortschreibungen und Aktualisierungen 1980 und 1990,
- die Verabschiedung des Sozialgesetzbuchs IX zum 1.7.2001,
- die Entwicklung der International Classification of Functioning, Disability and Health (ICF) durch die Weltgesundheitsorganisation (WHO) und ihre Veröffentlichung im Jahr 2000,

- die Verabschiedung der UN-Behindertenrechtskonvention mit ihren für die Allgemeinbildung (Artikel 24) und die Arbeitsmarktintegration (Artikel 27) bedeutsamen Inklusionsforderungen im Jahr 2006.

3 Auftrag und Kontrolle beruflicher Rehabilitation

Ein funktionierendes System beruflicher Rehabilitation bedarf der Impulsgebung ebenso wie der Evaluation und Kontrolle. Diese Funktionen liegen in der Zuständigkeit des Bundesministeriums für Arbeit und Soziales, das die (politische) »Strukturverantwortung« innehat. Selbstverständlich wird die Gestaltung der Rehabilitationsleistungen wesentlich von den Reha-Trägern, die ja für die Finanzierung der individuellen Leistungen zuständig sind, mit bestimmt. Einfluss nehmen auch die beiden großen Interessenverbände, der Sozialverband VdK und der SoVD, sowie die Deutsche Vereinigung für Rehabilitation (DVfR) und die Bundesarbeitsgemeinschaft Rehabilitation (BAR), dazu zahlreiche weitere Interessenverbände wie Weibernetz, Lebensnerv-Stiftung zur Förderung der psychosomatischen MS-Forschung sowie geschätzte 70.000 bis 100.000 Selbsthilfegruppen in Deutschland (Selbsthilfegruppe 2014).

Leistungsberechtigte, Leistungserbringer, Rehabilitationsträger, Interessenverbände und nicht zuletzt das zuständige Bundesministerium stellen den Kern des Systems beruflicher Rehabilitation dar. In ihren Händen liegt die Gestaltung dieses Systems. Sie werden im Folgenden als Elemente aber auch als Bestandteile eines hochdifferenzierten Netzwerks dargestellt.

Berufliche Rehabilitation richtet sich auf Hilfen und Unterstützung, die zur Ausübung einer Berufstätigkeit und damit zur Teilhabe an der Gesellschaft befähigen. Der Partizipationsbegriff spielt in der Definition der ICF eine gegenüber dem im SGB IX zugrunde gelegten Verständnis eine wichtige Rolle, werden doch in der ICF erstmals Kontextfaktoren in die Begriffsbestimmung einbezogen.

> »Behinderung ist gekennzeichnet als das Ergebnis oder die Folge einer komplexen Beziehung zwischen dem Gesundheitsproblem eines Menschen und seinen personenbezogenen Faktoren einerseits und der externen Faktoren, welche die Umstände repräsentieren, unter denen Individuen leben, andererseits.« (DIMDI 2005, S. 20)

Einer Behinderung geht eine Schädigung voraus. Diese Schädigung führt zu einer spürbaren Beeinträchtigung (Handicap), die sich bei der Ausübung gewöhnlicher Verrichtungen als Einschränkung (Behinderung) bemerkbar macht. Dabei kann es sich um ein Geburtsleiden handeln, das sich im Laufe der Zeit verschlimmert, es kann sich aber auch um die Folgen einer akuten Erkrankung oder eines Unfalls handeln.

Man kann nicht »überhaupt« behindert sein, sondern nur in Bezug auf bestimmte Funktionen. Inhaltliche Grundlage ist heute die International Classification of Functioning, Disability and Health« (ICF), von der Genfer Weltgesundheitsorganisation im Jahre 2000 beschlossen (Körner 2005; Schliehe 2006; Schuntermann 2008). Eine spürbare Verbesserung gegenüber vorherigen Systematiken stellt der Einbezug der biologischen, psychischen und sozialen neben den medizinischen Faktoren dar, wenn es um eine Beschreibung der individuellen Voraussetzungen der behinderten Menschen geht. Mit der Defizitorientierung bei der Bewilligung der Leistungen soll nach allgemein gültiger Auffassung endgültig Schluss gemacht werden: Der Schlüsselbegriff lautet »Partizipation«, gleichbedeutend mit den im SGB IX zugrunde gelegten Begriffen »Teilhabe am Arbeitsleben«, »Teilhabe am gesellschaftlichen Leben« und »Teilhabe am Leben in der Gemeinschaft« (Wittwer 2003).

Das war eigentlich schon im Rehabilitations-Angleichungsgesetz 1974 angelegt mit dem ebenfalls als Paradigmenwechsel bezeichneten Begründungstausch »von der Kausalität zur Finalität«. Mithin sollten Leistungen nicht mehr – wie über Jahrzehnte hinweg – mit der Beseitigung von individuellen Schwächen und Defiziten begründet werden, sondern mit ihrem Beitrag zur Gewinnung oder Wiedergewinnung der Teilhabe am Arbeitsleben und (damit auch) am gesellschaftlichen Leben und am Leben in der Gemeinschaft.

4 Struktur und Situation der Spezialeinrichtungen und ihres Teilnehmerkreises

4.1 Berufsbildungswerke (BBW)

In der Bundesarbeitsgemeinschaft der Berufsbildungswerke sind 52 Einrichtungen Mitglied. Darunter befinden sich allgemeine BBW, die körper-

und lernbehinderte Jugendliche aufnehmen, aber auch Spezialeinrichtungen für Blinde und Sehbehinderte (Soest, Chemnitz), Hörgeschädigte (Leipzig, Husum) oder psychisch behinderte Jugendliche und junge Erwachsene (Rot-Kreuz-BBW Berlin, Neumünster). Voraussetzung ist, dass die Jugendlichen ohne institutionelle Hilfe keinen Ausbildungsabschluss erreichen können. Dies wird vom jeweils zuständigen Reha-Fachberater beim Reha-Träger festgestellt. Er kann sich dabei auf Gutachten seines medizinischen und psychologischen Dienstes stützen.

Die BBW bieten Ausbildung und Berufsschule meist unter gemeinsamem Dach. In Sonderfällen wird auch die Berufsschule der Region besucht, wobei kleine Klassen von 8 bis 12 Schülern Voraussetzung für ein »Mitkommen« sind. Gelegentlich findet man auch Abteilungen einer Berufsschule im BBW. Die Lehrer werden von ihrer zuständigen Kultusbehörde abgeordnet.

Ziel ist grundsätzlich ein Abschluss gemäß § 4 Berufsbildungsgesetz. Sollte eine Ausbildung auf diesem Niveau nicht wahrgenommen werden können, kann auch gemäß § 66 BBiG bzw. § 42 m HwO (Gesetz zur Ordnung im Handwerk – Handwerksordnung) nach einer theoriereduzierten Sonderregelung ausgebildet werden. Der Abschluss lautet dann beispielsweise »Fachkraft für Lagerlogistik« oder »Bürofachkraft«. Es gibt derzeit rund 900 Sonderregelungen, von denen allerdings nur gut die Hälfte »aktiv« ist, also genutzt wird. Gleichwohl ist es ein wichtiges Unterfangen, die Flut an Sonderregelungen, bei denen häufig auch unterschiedliche Bezeichnungen für identische Ausbildungen und gleiche Bezeichnungen für unterschiedliche Ausbildungen vorliegen, kräftig einzudämmen. Gelungen ist das bislang nicht (Biermann 2005; 2011).

Berufsbildungswerke heben sich von anderen außerbetrieblichen Bildungsträgern durch eine auf den behinderten Jugendlichen abgestimmte Didaktik und umfangreiche Beratungsangebote durch Psychologen, Sozialarbeiter, Erzieher, medizinische Fachkräfte und im Einzelfall auch Sportpädagogen ab. Teamarbeit wird groß geschrieben; die eben genannten Fachlichkeiten werden personell in Reha-Teams gebündelt, so dass der Jugendliche eine wirklich umfassende Betreuung erfährt. Rund 5.000 Plätze werden jährlich für die Aufnahme neuer Teilnehmer von den BBW angeboten. Ausgebildet wird in rund 180 Berufen, darunter knapp die Hälfte nach Sonderregelungen. Weitere Leistungsangebote sind die Arbeitserprobung, die bis zu drei Monaten dauern kann, und die Berufsvorbereitende Bildungsmaßnahme (BvB), die im Regelfall bei nicht-behinderten Jugendlichen bis zu 10 Monaten dauert, bei behinderten Jugendlichen 11 Monate, im Ausnahmefall bis 18 Monate. Diese Maßnahme ist im Jahre 2004 an die Stelle der vormaligen Förderlehrgänge und einiger weiterer weniger bedeutender Lehrgänge getreten. Sie hat sich in ihrer Doppelfunktion – Berufsfindung und Arbeitserprobung mit dem Training handwerklicher und kaufmännischer Grundfertigkeiten – durchaus bewährt.

In den letzten 15 Jahren haben sich die Einrichtungen insoweit geöffnet, als dass mit Wirtschaftsunternehmen kooperiert wird, so dass die Jugendlichen einen Teil ihrer Ausbildung bei Partnerbetrieben absolvieren. Diese unter dem Namen »Verzahnte Ausbildung« geführte Innovation wurde 2004–2006 mit der METRO als Großunternehmen konkretisiert und erprobt (Seyd/Schulz/Vollmers 2007). Inzwischen ist das Konzept zum Regelangebot geworden, an dem alle BBW und etwa 700 Unternehmen teilnehmen.

4.2 Berufsförderungswerke (BFW)

BFW gehen auf ein Konzept zurück, das der schwerkriegsgeschädigte Werner Boll entworfen hatte und in den 60er Jahren des vergangenen Jahrhunderts mit dem BFW Heidelberg in die Tat umsetzte (http://www.srh.de/de/die-srh/geschichte/). Wer seinen erlernten oder zuletzt ausgeübten Beruf nicht mehr wahrnehmen konnte, der besaß den Anspruch auf eine zweite Ausbildung, eine Umschulung. Das war auch in volkswirtschaftlicher Hinsicht eine wichtige Weichenstellung, unterlagen doch seinerzeit die Wirtschaftsunternehmen einem erheblichen Arbeitskräftemangel.

Strukturell gesehen gab es in einem Berufsförderungswerk Abteilungen für elektrotechnische, metalltechnische und kaufmännische Ausbildungen, daneben einen ärztlichen, psychologischen und sozialen Dienst. Diese »Rundumversorgung« – etwa 60 % der Teilnehmer lebten während der Umschulung im angeschlossenen Internat – sollte die Umschulung bis hin zur erfolgreich bestandenen Kammerprüfung sichern (Clever 2004).

In früheren Jahren betrug der Anteil orthopädisch Geschädigter rund 60 %. Inzwischen ist deren Anteil deutlich zurückgegangen. Dafür sind heute mehr als ein Viertel der insgesamt ca. 12.000 Plätze mit psychisch Behinderten in der Erstdiagnose besetzt. Es gibt vier Spezialeinrichtungen für Blinde und Sehbehinderte (Düren, Halle, Mainz, Würzburg), zwei für Schwerstkörperbehinderte (Bad Wildbad, Heidelberg-Schlierbach), spezielle Angebote für Aphasiker in Heidelberg und Nürnberg sowie für Schmerzpatienten in Heidelberg.

Die Arbeitsgemeinschaft der Berufsförderungswerke, inzwischen mit Vereinsstatus ausgestattet, hat 28 Mitglieder. Weitere Leistungen sind die zehntägige Berufs- und Arbeitserprobung sowie der drei Monate umfassende Reha-Vorbereitungslehrgang.

4.3 Werkstätten für behinderte Menschen (WfbM)

Es gibt in Deutschland 682 Werkstätten für behinderte Menschen mit 297.293 Mitarbeitern (Stand 2012). Auffällig ist der drastische Anstieg bei den Werkstattplätzen. Waren es 1980 noch rund 300 WfbM mit 53.000 Plätzen, so hat sich ihre Zahl bei den Einrichtungen fast verdreifacht, bei den Teilnehmern fast versechsfacht. Davon entfallen 88 % auf den Arbeitsbereich und 12 % auf den Berufsbildungsbereich (Klinkhammer/Kohl/Niehaus 2013, S. 28). Allein im ersten Jahrzehnt des 21. Jahrhunderts stieg die Platzzahl um rund 60.000.

Die Klientel bestand ursprünglich aus Menschen mit einer geistigen oder schwer körperlichen Behinderung. Der Teilnehmerkreis ist allerdings so heterogen wie die Werkstätten, deren Kapazität von unter 100 bis zu über 2.000 Plätzen – dann in der Regel mit Zweigbetrieben und Außenarbeitsplätzen in Wirtschaftsunternehmen – reicht. Inzwischen nehmen Menschen mit psychischen Behinderungen einen spürbaren Anteil der Klientel ein.

WfbM stimmen darin überein, dass sie sich des Personenkreises derer annehmen, die zwar keinen betrieblichen Arbeitsplatz einnehmen können, aber noch ein Mindestmaß wirtschaftlich verwertbarer Leistungen zu erbringen in der Lage sind. Diese Definition ist inhaltlich-quantitativ nicht unterfüttert. Dabei kann es sich um Teilnahme an der Produktion mit leichteren Routinetätigkeiten, aber auch um anspruchsvollere, gar künstlerisch wertvolle Arbeiten, z. B. Anfertigen von Keramikartikeln, handeln. WfbM weisen in der Regel einen Berufsbildungsbereich auf, in dem die Teilnehmer maximal zwei Jahre lang auf ihre spätere Berufstätigkeit in der WfbM vorbereitet werden.

Vielfach sind den WfbM Wohnheime oder betreute Außenwohngruppen angeschlossen. Die behinderten Mitarbeiter werden nach einem gesonderten Werkstatttarif entlohnt; das ist quasi ein Ausgleichslohn, der im Regelfall durchschnittlich bei 159,- € liegt. Die Kosten für den Berufsbildungsbereich werden von der Bundesagentur für Arbeit getragen.

Alljährlich wird eine große Werkstattmesse organisiert. Inzwischen fest verankert und deshalb schon beinahe traditionell in Nürnberg waren es 2013 234 WfbM, die ihre Produkte und ihre Dienstleistungen anboten. Die Messe ist offen für Betriebe und Privatpersonen. Für Betriebe ist der

Kontakt zu WfbM aus zwei Gründen vorteilhaft: Ihnen werden einfache Arbeitsleistungen zu einem ausgesprochen günstigen Kostensatz angeboten; und sie können den Aufwand zur Minderung der Ausgleichsabgabe für unbesetzte Pflichtarbeitsplätze geltend machen.

Der ungebremste Anstieg an Werkstattplätzen ist nicht zuletzt darauf zurückzuführen, dass die Arbeit an betrieblichen Arbeitsplätzen durch den Einsatz der EDV und programmgesteuerter Maschinen immer komplizierter geworden ist. Dem haben die Entwickler der Ausbildungsordnungen entsprochen, so dass heute viele Berufe wegen zu hoher intellektueller Anforderungen für Menschen mit einer Behinderung nicht mehr in Frage kommen. Sie sind auf die Arbeitsmöglichkeiten in einer WfbM angewiesen.

> »Befürchtungen, dass die Werkstätten mehr und mehr zu Auffangbecken für behinderte Menschen werden, die angesichts der Anforderungen auf dem allgemeinen Arbeitsmarkt und der Angebote dort keine Chance mehr haben, bestehen durchaus zu Recht« (Finke 2005, S. 17).

4.4 Kliniken zur medizinisch-beruflichen Rehabilitation (mbR)

Medizinisch-berufliche Kliniken bieten einen Übergang von einem Akut-Krankenhaus zu einer Maßnahme der beruflichen Rehabilitation entweder unter dem Dach der Einrichtung oder in einem Berufsförderungswerk. Dabei handelt es sich meist um Unfallopfer, denen eine Rückkehr in eine Berufstätigkeit nur durch ein gezieltes, hochintensives und von einem multiprofessionellen Team begleitetes Training ermöglicht werden kann.

In der Bundesarbeitsgemeinschaft der medizinisch-beruflichen Rehabilitationseinrichtungen sind dreißig Krankenhäuser organisiert. Ihre Aufgaben und ihr Leistungsspektrum seien am Beispiel des HELIOS-Klinikums Geesthacht dargeboten. Das Klinikum ist auf neurologische Erkrankungen spezialisiert. Es bezeichnet sich selbst als »neurologisches Rehabilitationszentrum für Kinder, Jugendliche und junge Erwachsene«. »Die Klinik bietet das gesamte Spektrum der neurologischen Rehabilitation von der Frührehabilitation bis zur schulisch/beruflichen Wiedereingliederung an.« ist auf der Homepage zu lesen. Das Leistungsspektrum ist außerordentlich differenziert:

- Bewegungstherapie
- Ergotherapie
- Logopädie

- Lokomat® Therapie
- Kommunikationshilfsmittel
- Kompetenzbereich »Greifen«
- Pädagogische Frühförderung
- Musiktherapie
- Frühkindliche Ess-Störungen
- Neuropsychologie
- Rehabilitationspädagogik.

(http://www.helios-kliniken.de/klinik/geesthacht.html, Abruf 1.4.2014)

4.5 Berufliche Trainingszentren psychisch behinderter Menschen (Btz)

Btz sind entstanden aus der Erkenntnis, dass konventionelle BFW diesem Personenkreis nicht hinreichend gerecht zu werden vermögen. Die Teilnehmer brauchen keine komplette Umschulung, sondern eine Auffrischung und Ergänzung der vorhandenen Kenntnisse, Fähigkeiten und Fertigkeiten. Insbesondere Sozial- und Selbstkompetenz sind zu fördern. Das geschieht in Maßnahmen von einem halben bis zu einem ganzen Jahr. Wichtig ist die spezielle, unmittelbar arbeitsplatzbezogene Fortbildung in Kombination mit psychologischer Betreuung. Die Einrichtungen sind mit einer Platzkapazität von 50 bis knapp über 100 relativ überschaubar.

Die Leistungspalette sei am Beispiel des BerufsTrainingsZentrums Duisburg vorgestellt (http://www.btz-duisburg.de/ueberblick/ueberblick.php, Abruf 1.4.2014). Dieses Btz wurde 1993 gegründet. Das Training dauert im Regelfall ein Jahr. Dazu dienen Trainingsbetriebe in vier Bereichen:

- Wirtschaft & Verwaltung
- Medien, IT & Druck
- Küche, Cafeteria & Hauswirtschaft
- Individueller Trainingsbetrieb (ITB) für alle anderen Berufsfelder.

Die Maßnahmen werden vom zuständigen Berater der Agentur für Arbeit bewilligt. Dabei stützt er sich auf ein medizinisches und ein psychologisches Gutachten der Ärzte und Psychologen seines Hauses. Die Maßnahme ist recht erfolgreich, wie von der ARGE jährlich ermittelt. Rund 60 % münden in ihre alte Berufstätigkeit. Der Bundesarbeitsgemeinschaft (BAG) Btz gehören 27 Mitgliedseinrichtungen an (Stand 10/2013).

4.6 Rehabilitation psychisch kranker Menschen (RPK)

Es fällt nicht leicht, RPK von Btz zu unterscheiden. Sie nehmen psychisch kranke Menschen auf, die zunächst auf ein Leben in der Gesellschaft vorbereitet werden, wobei die künftige berufliche Orientierung erst noch erschlossen werden muss. Sie sind in der Regel noch kleiner als die Btz, haben zwischen 10 und 50 Plätzen und ihre Leistungen werden noch stärker auch in Richtung Medizin abgeklärt und eingesetzt: »RPK-Maßnahmen sind Komplexleistungen, medizinische und berufliche Leistungen sind nahtlos unter dem Dach einer Einrichtung miteinander verzahnt. Die Angebote sind individuell prozessorientiert ausgerichtet, so beschreibt die Arbeitsgemeinschaft RPK ihren Auftrag.« (BAG RPK 2014). RPK nehmen für sich in Anspruch, regional vernetzt zu sein, »in ihrer Struktur überschaubar und sich durch ein besonderes therapeutisch-rehabilitatives Milieu« auszeichnend. Insofern sind die RPK einem Personenkreis vorbehalten, der – auch gegenüber den Btz – nur mit einem hochintensiven Set an Beratungs- und Unterstützungsleistungen zur Teilhabe am Arbeitsleben gebracht werden kann (vgl. Seyd/Wicher/Bischoff/Firle 2009).

5 Träger der beruflichen Rehabilitation

5.1 Die Bundesagentur für Arbeit (BA)[28]

Nach dem Zweiten Weltkrieg, im Jahre 1952, wurde die Bundesanstalt für Arbeitsvermittlung und Arbeitslosenversicherung als Vorläuferin der heutigen Bundesagentur für Arbeit (BA) gegründet. Damit waren die beiden Hauptfunktionen benannt: Arbeitsvermittlung und Berufsberatung. 1969 erhielt sie den neuen Namen »Bundesanstalt für Arbeit«. Im Zuge massiver organisatorischer Veränderungen im Anschluss an die Vorschläge der HARTZ-Kommission wurde die BA 2004 in *Bundesagentur für Arbeit* umbenannt (BA 2013).

Die BA ist dreistufig aufgestellt: An der Spitze der dreiköpfige Vorstand. Sitz der Bundeszentrale ist Nürnberg. Auf der nächsten Ebene gibt

---

28 Nicht nur für Schulkinder interessant: www.wasistwas.de/Geschichte/die-themen/artikel/link//136a9d4a8f/(Abruf 17.4.2014)

es zehn Regionaldirektionen. Auf der operativen Ebene finden sich 176 regionale Arbeitsagenturen sowie 610 lokale Geschäftsstellen.

Ihre Hauptaufgaben waren und sind:

- Arbeitsvermittlung
- Arbeitsmarktberatung
- Berufsberatung (für Jugendliche und Erwachsene) u. a. in Berufsinformationszentren
- Arbeitsmarktbeobachtung (z. B. Herausgabe des monatlichen Stellenindex BA-X)
- Arbeitsmarkt- und Berufsforschung.

Der Bundesagentur obliegt auch die Bewilligung und Finanzierung von Leistungen zur Aus- und Weiterbildung behinderter Menschen auf der gesetzlichen Grundlage des Sozialgesetzbuches III. Ausdruck einer umfassenden Verantwortung für Maßnahmen zur Aus- und Weiterbildung sowie zur beruflichen Rehabilitation behinderter Menschen wurde im Jahre 1969 das Arbeitsförderungsgesetz. Anlaufstelle für Leistungen zur beruflichen Rehabilitation war immer der Fachreferent des örtlichen Arbeitsamtes. Er bewilligte auf der Grundlage eines oder mehrerer persönlicher Gespräche, aber auch Gutachten seines medizinischen und psychologischen Dienstes die vorliegenden Anträge, nachdem die Zuständigkeit geklärt war, denn die Bundesanstalt war nur für jene Fälle zuständig, die nicht mehr als 180 Beitragsmonate aufwiesen und nicht der Berufsgenossenschaft oder Unfallversicherung unterlagen.

Mit der Zuständigkeitsfestlegung von 1974, betreffend die Erstberatung von Menschen mit einer Behinderung wurde auch darauf reagiert, dass die Zuständigkeitsklärung viel zu lang dauerte. Damit wurde die BA zum Dreh- und Angelpunkt der beruflichen Rehabilitation behinderter Menschen.

Die BA stellt die größte Behörde der Bundesrepublik Deutschland dar. In ihr arbeiteten Ende 2012 108.536 Beschäftigte. Ende der 90er Jahre des vorigen Jahrhunderts wurde die BA einer durchgreifenden Reform unterzogen. Für die berufliche Rehabilitation besonders bedeutsam war die Einrichtung der regionalen Einkaufszentren, die für die Auswahl und Prüfung der Leistungen und ihrer Anbieter zuständig wurden.

Unter die Leistungen der BA fällt die Finanzierung

- im Rahmen der Ausbildungsförderung von u. a.
  – Berufsvorbereitenden Bildungsmaßnahmen (BvB)

- ausbildungsbegleitenden Hilfen (abH), z. B. Volkshochschulkurse, sozialpädagogische Beratung
- Ausbildungen in außerbetrieblichen Einrichtungen (BaE)
- Einstiegsqualifizierungen (EQ) über Praktika von bis zu 12-monatiger Dauer
- im Rahmen der aktiven Arbeitsförderung u. a.
  - Eignungsfeststellung
  - Eingliederungszuschuss
  - Einstiegsgeld (ESG) zur Förderung von Existenzgründung oder Einstieg in sozialversicherungspflichtige Beschäftigung von ALG II-Beziehern
  - Förderung der beruflichen Weiterbildung
  - Lohnkostenzuschüssen
  - Personal Service Agenturen.

Die Leistungen werden zum größten Teil aus den Beiträgen zur Arbeitslosenversicherung finanziert. Der Beitragssatz beträgt derzeit 3,0 % vom Bruttolohn, je zur Hälfte von Arbeitgeber und -nehmer getragen. Der Haushalt beläuft sich auf 47,8 Mrd. € (2012). Die BA finanzierte im Jahre 2011 Leistungen zur beruflichen Rehabilitation im Umfang von ca. 2,34 Mrd. €. (www.bar-frankfurt.de/2820.html,0 Abruf 17.4.2014).

5.2 Die Deutsche Rentenversicherung (DR)

Die beiden Stränge Arbeiterrentenversicherung (mit den 22 Landesversicherungsanstalten; LVA) und Angestelltenrentenversicherung (Bundesversicherungsanstalt für Angestellte; BfA) wurden gemeinsam mit der Knappschaft Bahn-See (in der Bundesbahn-Mitarbeiter und Seeleute versichert sind) zum 1.10.2005 zur Deutschen Rentenversicherung zusammengeführt. Seither gibt es die Deutsche Rentenversicherung Bund mit Sitz in Berlin, die Knappschaft Bahn-See und die Deutsche Rentenversicherung Land mit Sitz in den jeweiligen nunmehr 14 Regionen.

Die DR erwartet von den Berufsförderungswerken eine stark arbeitsplatzbezogene Rehabilitationsgestaltung und meldet ihre entsprechenden Forderungen stets in aller Deutlichkeit an (Reimann 2004). Es gibt 52,2 Mio. Versicherte und 20,6 Mio. Rentnerinnen und Rentner. Beitragszahler sind je zur Hälfte die Versicherten und deren Arbeitgeber. Die Rentenversicherung finanziert sich aus zwei Quellen: Die 260,47 Mrd. € Haushaltsmittel (2012) setzen sich aus Beiträgen (193,69 Mrd. €) und Zuschüssen aus dem Bundeshaushalt (65,57 Mrd. €) zusammen. Die Beitragssätze wurden für das Jahr 2013 von 19,6 % (2012) auf 18,9 % abgesenkt. Die Beiträge werden je zur Hälfte von Arbeitgeber und Arbeitnehmer getragen.

Die Durchschnittsrente beläuft sich auf monatlich 775,00 €; sie ist für Männer mit 982,00 € deutlich höher als für Frauen mit 570,00 €. 29.895 Bildungsleistungen wurden bewilligt, darunter ein gutes Drittel in Berufsförderungswerken (DR 2013).

Die Deutsche Rentenversicherung hat ihren Sitz in Berlin. Die Ausgaben für Leistungen zur Teilhabe am Arbeitsleben beliefen sich im Jahre 2012 auf 5,68 Mrd. €. Das ist sicher ein nicht unerheblicher Betrag, gleichwohl machen die Ausgaben für die medizinische Rehabilitation einen erheblich höheren Anteil aus.

Folgende Leistungen gewährt die Rentenversicherung (DR Reha & Rente 2014):

- Technische Hilfen und persönliche Hilfsmittel
- Kraftfahrzeughilfen (Anschaffung, Ausstattung)
- Vermittlungsunterstützende Leistungen
- Wohnungshilfen (behindertengerechte Umbauten)
- Arbeitsassistenz (für schwerbehinderte Mitglieder, max. 3 Jahre, anschließend ggf. Förderung durch Integrationsamt)
- Gründungszuschuss (bei angestrebter Selbstständigkeit)
- Leistungen in einer anerkannten Werkstatt für behinderte Menschen
- Fort- und Weiterbildung (z. B. Umschulung in einem Berufsförderungswerk)
- Übergangsgeld (während Reha-Maßnahme: 68 % vom letzten Nettoverdienst, wenn kinderlos; bei Kind im Haushalt: 75 %).

5.3 Die Unfallversicherung/Berufsgenossenschaften (UV/BG)

In Deutschland gibt es ein engmaschiges Netz an Vorsorge- und Versorgungsinstanzen bei Unfällen, seien es Arbeits- oder Wegeunfälle, seien es berufsbedingte Erkrankungen. Sie sind gegliedert nach Gefährdungsbereichen und Personengruppen. Für Unternehmen sind die gewerblichen Berufsgenossenschaften zuständig, neun an der Zahl, abgesehen vom öffentlichen Dienst und Unternehmen, die aus dem öffentlichen Dienst hervorgegangen sind (Bahn und Post einschließlich Telekom) und der landwirtschaftlichen Berufsgenossenschaft. Angestellte des öffentlichen Dienstes, der Post und der Bahn sind bei den Unfallkassen versichert. Beiträge werden, anders als bei Renten- und Arbeitslosenversicherung, allein vom Arbeitgeber entrichtet.

Für die Versorgung im akuten Fall sind Berufshelfer (auch: Rehabilitations-Manager oder Reha-Manager) zuständig. Sie profitieren von einem niedrigen Betreuungsschlüssel und können sich somit sehr intensiv um ihre Verletzten oder Erkrankten kümmern (Böhnert 1997; Mehrhoff 2004 u. 2005). Zudem sind Berufsgenossenschaften und Unfallversicherungen damit beauftragt, Gesundheitsgefährdungen in Betrieben aufzuspüren und den Unternehmer zu veranlassen, diese zu beseitigen.

Beschäftigte, die einen Arbeitsunfall erlitten haben oder an einer Berufskrankheit leiden, werden durch die Berufsgenossenschaften medizinisch, beruflich und sozial rehabilitiert. Darüber hinaus obliegt es den Berufsgenossenschaften, die Unfall- und Krankheitsfolgen durch Geldzahlungen finanziell auszugleichen. Im Jahr 2005 waren etwa 46,2 Millionen Personen bei den gewerblichen und landwirtschaftlichen Berufsgenossenschaften »versichert, gemeinsam mit den Unfallkassen sind es 70 Mio. Menschen (Angehörige eingeschlossen; W.S.)... Etwa 3,2 Millionen Unternehmen waren Mitglied einer gewerblichen Berufsgenossenschaft.« (http://de.wikipedia.org/wiki/Berufsgenossenschaft, Aufruf 1.4.2014)

»Die **Deutsche Gesetzliche Unfallversicherung (DGUV)** ist der Spitzenverband der gewerblichen Berufsgenossenschaften und der Unfallkassen. Er entstand am 1. Juni 2007 durch Zusammenlegung des Hauptverbands der gewerblichen Berufsgenossenschaften (HVBG) und des Bundesverbands der Unfallkassen (BUK). Die DGUV ist damit der gemeinsame Dachverband für die neun gewerblichen Berufsgenossenschaften und die siebenundzwanzig Unfallkassen.« Sitz des Dachverbandes ist Berlin (http://de.wikipedia.org/wiki/Deutsche_Gesetzliche_Unfallversicherung, Abruf 17.4.2014).

6 Interessenverbände

6.1 Sozialverband VdK

Der Sozialverband VdK (das K steht für Kriegsopfer, Kriegshinterbliebene und Sozialrentner) ist der mitgliederstärkste Verband nicht nur im Behindertenbereich, sondern insgesamt in Deutschland. Sein Wirken erstreckt sich von der Beratung einzelner Mitglieder bis hin zu politischen Aktivitäten, etwa der Einflussnahme bei Gesetzesvorhaben, die sich auf Rentner und Pensionäre beziehen.

Der Verband zählt über 1,6 Millionen Mitglieder in 13 Landesverbänden mit 9.000 Kreis- und Ortsverbänden. Mitglieder sind Rentnerinnen und Rentner, Menschen mit Behinderung, chronisch Kranke, Pflegebedürftige und deren Angehörige, Familien, ältere Arbeitnehmer und Arbeitslose. Auf der Homepage wirbt der Verband mit folgenden Leistungen:

- »Wir bieten umfassende Fachkompetenz und über 60 Jahre Erfahrung im Sozialrecht
- kompetente Beratung in allen sozialrechtlichen Angelegenheiten
- engagierte Interessenvertretung der Mitglieder gegenüber der Politik, großes Engagement für soziale Gerechtigkeit, für Gleichstellung und gegen soziale Benachteiligung« (http://www.vdk.de/deutschland/ Abruf 1.4.2014).

6.2 Sozialverband Deutschland (SoVD)

Der Verband hat 525.000 Mitglieder. Auch er ist in der Spanne Einzelfallberatung und juristische Vertretung einzelner Mitglieder in Klageverfahren bis hin zur politischen Einflussnahme über Statements, Demonstrationen und parlamentarische Eingaben aktiv. Da lag es nahe, über eine Fusion der beiden Sozialverbände nachzudenken. Dazu ist es allerdings schon wegen der Ungleichheit der Mitgliederzahlen und der bayrischen Dominanz (der Landesverband zählt allein 629.000 Mitglieder) bislang nicht gekommen.

6.3 Bundesarbeitsgemeinschaft für Rehabilitation

Die Bundesarbeitsgemeinschaft für Rehabilitation (BAR) e. V. vertritt die gemeinsamen politischen Interessen der Reha-Träger. Vereinsmitglieder sind denn auch die Deutsche Rentenversicherung Bund, die Bundesagentur für Arbeit, die Deutsche Gesetzliche Unfallversicherung, die gesetzliche Krankenversicherung, der Spitzenverband der landwirtschaftlichen Sozialversicherung, die Bundesländer, die Spitzenverbände der Sozialpartner, die Bundesarbeitsgemeinschaft der Integrationsämter und Hauptfürsorgestellen, die Bundesarbeitsgemeinschaft der überörtlichen Träger der Sozialhilfe sowie die Kassenärztlichen Bundesvereinigung zur Förderung und Koordinierung der Rehabilitation und Teilhabe behinderter Menschen (http://de.

wikipedia.org/wiki/Bundesarbeitsgemeinschaft_f%C3%BCr_Rehabilitation, Abruf 17.4.2014).

Die BAR wurde 1969 auf Initiative der Sozialpartner gegründet. Sie hat ihren Sitz in Frankfurt am Main. Kernaufgabe ist die Sicherstellung und Gestaltung der Rehabilitation im Gesamtsystem der sozialen Sicherung.

Die BAR wirkt darauf hin, dass die Reha-Leistungen nach gleichen Grundsätzen durchgeführt werden. Dazu dienen ihr vor allem Praxishandbücher und Fortbildungen für Mitarbeiter der Reha-Träger. »Die BAR gewährleistet bei enger Kooperation und Koordination der beteiligten Leistungsträger mit einem interdisziplinären Ansatz im Zusammenspiel mit Fachdisziplinen, Berufsgruppen und Betroffenen eine lückenlose und zielgenaue Rehabilitation.« Das SGB IX verlangt in §20 eine gemeinsame Qualitätssicherung, auf deren Grundlage die einzelnen Einrichtungen ihr internes Qualitätssicherungssystem aufbauen. Dazu – wie zu einer Reihe anderer SGB-Anforderungen – hat die BAR eine »Gemeinsame Empfehlung« für alle Reha-Träger herausgegeben. Darin wird u. a. ein unabhängiges Zertifizierungsverfahren begründet.

6.4 Deutsche Vereinigung für Rehabilitation (DVfR)

Die DVfR kann auf eine jahrhundertealte Geschichte zurückblicken. Sie wurde am 14.4.1909 von dem Berliner Orthopäden Konrad Biesalski als »Deutsche Vereinigung für Krüppelfürsorge« gegründet (Schliehe/Schmidt-Ohlemann 2010).

»Die Deutsche Vereinigung für Rehabilitation« versteht sich als interdisziplinäres Forum, in dem sich Fachleute aus Institutionen und Verbänden der Rehabilitation und Teilhabe sowie Menschen mit Behinderungen als ›Experten in eigener Sache‹ gleichberechtigt und konsensorientiert austauschen können. Sie organisiert den Dialog aller gesellschaftlichen Kräfte zur Weiterentwicklung der Rehabilitation in Deutschland mit dem Ziel, durch eine umfassende und individuelle Rehabilitation die Selbstbestimmung und Teilhabe von Menschen mit Behinderungen und chronischen Krankheiten zu fördern. Gleichzeitig wirbt sie für die Anerkennung und Umsetzung einer umfassenden Rehabilitation als grundlegender Teil der gesundheitlichen und sozialen Versorgung« (http://de.wikipedia.org/wiki/Deutsche_Vereinigung_f%C3%BCr_Rehabilitation, Abruf 17.4.2014).

Ein Großteil der Arbeit wird in Arbeitsausschüssen geleistet. Für die berufliche Rehabilitation ist der Ausschuss »Berufliche Rehabilitation und

Teilhabe« zuständig. Er hat eine Reihe von Stellungnahmen formuliert und verabschiedet, so beispielsweise zur Heranziehung der ICF bei der Förderplanung und zur betriebsnahen Gestaltung der beruflichen Rehabilitation in Berufsbildungswerken, Berufsförderungswerken und Beruflichen Trainingszentren.

7 Rechtsgrundlagen der beruflichen Rehabilitation

Das Sozialrecht war bis vor wenigen Jahren auf 800 Einzelgesetze und Verordnungen verstreut. Damit sollte nach einhelliger Juristenmeinung Schluss gemacht werden. Die Gesetze und Verordnungen sollten in den zwölf Büchern eines großen Sozialgesetzbuchs vereinigt werden. Daran wird – angesichts der Größe der Aufgabe wenig verwunderlich – nach wie vor gearbeitet, wenn auch einige Gesetze inzwischen mehr als 20 Jahre alt sind. Die zwölf Bücher des SGB widmen sich den folgenden Themen:

SGB I – Allgemeiner Teil,
SGB II – Grundsicherung für Arbeitsuchende,
SGB III – Arbeitsförderung,
SGB IV – Gemeinsame Vorschriften für die Sozialversicherung,
SGB V – Gesetzliche Krankenversicherung,
SGB VI – Gesetzliche Rentenversicherung,
SGB VII – Gesetzliche Unfallversicherung,
SGB VIII – Kinder- und Jugendhilfe,
SGB IX – Rehabilitation und Teilhabe behinderter Menschen,
SGB X – Verwaltungsverfahren und Sozialdatenschutz,
SGB XI – Soziale Pflegeversicherung und
SGB XII – Sozialhilfe.

Zum 1.7.2001 trat das »Neunte Buch des Sozialgesetzbuchs« in Kraft. Ziel war eine möglichst einheitliche Gestaltung der beruflichen Rehabilitation. Damit wurden auch die Krankenversicherungen in den Kreis der Rehabilitationsträger einbezogen. Allerdings handelt es sich nicht um ein Leistungsgesetz, was in der Praxis bedeutet, dass Leistungen zur beruflichen Rehabilitation von den Fachberatern der jeweils zuständigen Reha-Träger nicht auf der Grundlage des SGB IX, sondern auf der Grundlage ihres jeweils spezifischen Leistungsgesetzes geprüft und bewilligt werden (Otte 2006).

Eine allgemeine Zweckbestimmung des SGB findet sich in § 1, Abs. 1 SGB I:

»Das Recht des Sozialgesetzbuches soll zur Verwirklichung sozialer Gerechtigkeit und sozialer Sicherheit Sozialleistungen einschließlich sozialer und erzieherischer Hilfen gestalten. Es soll dazu beitragen, ein menschenwürdiges Dasein zu sichern, gleiche Voraussetzungen für die freie Entfaltung der Persönlichkeit, insbesondere auch für junge Menschen, zu schaffen, die Familie zu schützen und zu fördern, den Erwerb des Lebensunterhalts durch eine frei gewählte Tätigkeit zu ermöglichen und besondere Belastungen des Lebens, auch durch Hilfe zur Selbsthilfe, abzuwenden oder auszugleichen.«

7.1 Zweites Buch des Sozialgesetzbuchs (SGB II): Grundsicherung für Arbeitsuchende

Die SPD-Regierung schuf unter Kanzler Schröder die AGENDA 2010. Kern war die Zusammenlegung von Arbeitslosenhilfe (für Langzeitarbeitslose) und Sozialhilfe. Die sogenannte Grundsicherung für Arbeitsuchende ist Gegenstand des SGB II, am 1.1.2005 in Kraft getreten. Tenor: die Forderung des Gesetzgebers, der Versicherte möge alle erdenklichen Schritte unternehmen, um auf der Grundlage einer Erwerbstätigkeit seinen Lebensunterhalt in absehbarer Zeit (wieder) selbst zu verdienen.

7.2 Drittes Buch des Sozialgesetzbuchs (SGB III): Arbeitsförderung

In diesem Gesetzbuch geht es um den Einsatz arbeitsmarktpolitischer Instrumente. Dafür ist in erster Linie die Bundesagentur für Arbeit zuständig.

Die Zielrichtung des SGB III erschließt sich aus § 1, Abs. 2:

»Die Leistungen der Arbeitsförderung sollen insbesondere
1. die Transparenz auf dem Ausbildungs- und Arbeitsmarkt erhöhen, die berufliche und regionale Mobilität unterstützen und die zügige Besetzung offener Stellen ermöglichen.
2. die individuelle Beschäftigungsfähigkeit durch Erhalt und Ausbau von Fertigkeiten, Kenntnissen und Fähigkeiten fördern,
3. unterwertiger Beschäftigung entgegenwirken und
4. die berufliche Situation von Frauen verbessern...«

Maßnahmen zur beruflichen Rehabilitation Jugendlicher und Erwachsener werden auf der Grundlage des §102 erbracht:

»Die besonderen Leistungen sind anstelle der allgemeinen Leistungen insbesondere zur Förderung der beruflichen Aus- und Weiterbildung einschließlich Berufsvorbereitung sowie blindentechnischer und vergleichbarer spezieller Grundausbildungen zu erbringen, wenn
1. Art oder Schwere der Behinderung oder die Sicherung der Teilhabe an
    a) einer Maßnahme in einer besonderen Einrichtung für behinderte Menschen oder
    b) einer sonstigen auf die besonderen Bedürfnisse behinderter Menschen ausgerichteten Maßnahme unerlässlich machen oder
2. die allgemeinen Leistungen die wegen Art oder Schwere der Behinderung erforderlichen Leistungen nicht oder nicht im erforderlichen Umfang vorsehen.

In besonderen Einrichtungen für behinderte Menschen können auch Aus- und Weiterbildungen außerhalb des Berufsbildungsgesetzes und der Handwerksordnung gefördert werden.«

Letzteres betrifft insbesondere den Berufsbildungsbereich der WfbM.

Davon deutlich zu trennen sind Leistungen für benachteiligte Jugendliche, die aus strukturellen, nicht in ihrer Person liegenden Gründen nur allgemeine Leistungen erhalten. Personen ohne bescheinigte Schwerbehinderung gelten nicht automatisch als nicht-behindert, können also durchaus auch unter die Regelung des §102 fallen. Die Behinderung wird vom zuständigen Mitarbeiter des Jobcenters der Arbeitsagentur festgestellt. Er wird dann auch eine entsprechende Maßnahme auf der Grundlage des § 102 bewilligen. Diese Leistungen werden nicht ausgeschrieben, sondern freihändig vergeben.

7.3 Fünftes Buch des Sozialgesetzbuches (SGB V): Gesetzliche Krankenversicherung

Zwar sind die Krankenkassen (neuerlich auch als »Gesundheitskassen« bezeichnet) eher ein Neben-Leistungsträger, die berufliche Rehabilitation betreffend, gleichwohl findet sich in § 1 ein deutlicher Hinweis auf die Beteiligung der Kassen, wenngleich nur – siehe § 2 – bezogen auf die medizinische Rehabilitation.

7.4 Sechstes Buch des Sozialgesetzbuches (SGB VI): Gesetzliche Rentenversicherung

Hier ist für uns lediglich der § 16 relevant, in dem auf das SGB IX verwiesen wird:

> »Die Träger der Rentenversicherung erbringen die Leistungen zur Teilhabe am Arbeitsleben nach den §§ 33 bis 38 des Neunten Buches sowie im Eingangsverfahren und im Berufsbildungsbereich der Werkstätten für behinderte Menschen nach § 40 des Neunten Buches.«

Dem ist nichts hinzuzufügen. Allerdings tritt die Rentenversicherung – wie oben schon gesagt – erst in die Leistungsgewährung ein, wenn der Versicherte 180 Beitragsmonate zusammen bekommen hat (§ 11 Abs. 1 spricht von einer »Wartezeit von 15 Jahren«).

7.5 Siebtes Buch des Sozialgesetzbuches (SGB VII): Gesetzliche Unfallversicherung

Die Aufgaben sind in § 1 prägnant zum Ausdruck gebracht.

> »Aufgabe der Unfallversicherung ist es, nach Maßgabe der Vorschriften dieses Buches
> a. mit allen geeigneten Mitteln Arbeitsunfälle und Berufskrankheiten sowie arbeitsbedingte Gesundheitsgefahren zu verhüten.
> b. Nach Eintritt von Arbeitsunfällen oder Berufskrankheiten die Gesundheit und die Leistungsfähigkeit der Versicherten mit allen geeigneten Mitteln wiederherzustellen und sie oder ihre Hinterbliebenen durch Geldleistungen zu entschädigen.«

7.6 Neuntes Buch des Sozialgesetzbuches (SGB IX): Rehabilitation und Teilhabe behinderter Menschen

Mit dem Sozialgesetzbuch IX (Berufliche Rehabilitation) sollte das gesamte Rehabilitationsrecht in einem Gesetz gebündelt werden. Aber es wurde kein Leistungsgesetz daraus. Insofern ist es nicht ganz falsch, wenn das Gesetz von Kritikern gelegentlich als »zahnloser Tiger« bezeichnet wurde.

Wesentliche Inhalte des Gesetzes sind:

- die Definition, was unter einer Behinderung zu verstehen ist, in § 2,

- die Erweiterung des Kreises der Rehabilitationsträger um die Krankenversicherungen in § 6,
- das Wunsch- und Wahlrecht der Leistungsberechtigten in § 9, allerdings mit einem kleinen bürokratischen »Pferdefuß« in Absatz 2:
- »Sachleistungen zur Teilhabe, die nicht in Rehabilitationseinrichtungen auszuführen sind, können auf Antrag der Leistungsberechtigten als Geldleistungen erbracht werden, wenn die Leistungen hierdurch voraussichtlich bei gleicher Wirksamkeit wirtschaftlich zumindest gleichwertig ausgeführt werden können. Für die Beurteilung der Wirksamkeit stellen die Leistungsberechtigten dem Rehabilitationsträger geeignete Unterlagen zur Verfügung. ...«
- die Festlegung von Fristen zwischen Antragstellung und Antragsbearbeitung in § 14; die Zuständigkeitsklärung nahm vordem im Durchschnitt 72 Wochen in Anspruch, eine Zeitspanne, in der die Zeit natürlich gegen die Interessen der Leistungsberechtigten arbeitete. Angestrebt wurde ein Zeitraum von 6 Wochen einschließlich Gutachtenerstellung. Das ist bei weitem nicht erreicht worden.
- Ausführung von Leistungen, persönliches Budget in § 17: Nunmehr können die Versicherten neben Sach- und Dienstleistungen auch Geldleistungen in Anspruch nehmen, womit sie frei über ihre Pfleger und die eingesetzten Hilfsmittel entscheiden können. Aufschlussreiche Fallbeispiele finden sich unter http://www.berlin.de/imperia/md/content/hvp/persbudget/fallbeispiele_persoenliches_budget.pdf?start&ts=1193655232&file=fallbeispiele_persoenliches_budget.pdf.
- die Qualitätssicherung in § 20, wobei von den Leistungserbringern auf der Grundlage einer externen Qualitätssicherung ein internes Qualitätsmanagement eingeführt sein muss.
- gemeinsame Servicestellen zur unabhängigen Beratung in den §§ 22ff. Sie sollten eine interessensneutrale Beratung behinderter Menschen sicherstellen: »Die flächendeckende Einrichtung und der Betrieb Gemeinsamer Servicestellen zielen auf eine trägerübergreifende, anbieterneutrale und verbindliche Information, Beratung und Unterstützung behinderter oder von Behinderung bedrohter Menschen.«

Alle drei Jahre hat das Bundesministerium über die Entwicklung bei den Servicestellen zu berichten, zuletzt für den Zeitraum 2007 bis 2010. In diesem 3. Bericht musste die Reduktion von 563 auf 493 Servicestellen eingeräumt werden. Man zählt durchschnittlich 25 Beratungsfälle pro Servicestelle in drei Jahren, also etwas mehr als acht! Da sich die Servicestellen-Mitarbeiter aus Personal der Reha-Träger zusammensetzen und die Kosten von den verschiedenen Reha-Trägern getragen werden müssen, war schon in dieser Konstruktion ein Gegenbild zur ursprünglichen Absicht entstanden. Zudem besitzen die Servicestellen keine Entscheidungsbefugnis. Sie werden obendrein von behinderten Menschen doch als interessengeleitet empfunden. Beratungsbedarf ist vorhanden, wird aber durch die Reha-Träger selbst und die Behindertenverbände gestillt.

* Benennung der Leistungserbringer Berufsbildungswerk, Berufsförderungswerk und vergleichbarer Einrichtungen in § 35 (1), seit 2001 Zankapfel zwischen BBW- und BFW-Vertretern, die den Kreis naturgemäß möglichst eng gezogen wissen wollte, und Vertretern privater Bildungseinrichtungen, die gern einbezogen werden wollen.
* Forderung, Teile der Ausbildung in Betrieben durchzuführen, in § 35 (2), wobei die Arbeitgeber von Mitarbeitern der Einrichtungen unterstützt und die Leistungsberechtigten weiterhin sozial, psychologisch und ggf. medizinisch und sonderpädagogisch betreut werden sollen.
* Aufnahme der Unterstützten Beschäftigung in den Leistungskatalog in § 38a; Die Einarbeitung und Begleitung sowie nachgehende Betreuung kann bis zu zwei Jahren, in besonderen Fällen um ein Jahr verlängert, erbracht werden.
* Werkstätten für behinderte Menschen in §§ 39ff.
* Beschäftigungspflicht der Arbeitgeber in §§ 71ff. mit Berechnungsgrundlage in § 74 und Ausgleichsabgabe in § 77,
* Integrationsprojekte, bestückt mit mindestens 25 % und höchstens in der Regel 50 % schwerbehinderter Mitarbeiter, in §§ 132ff. Es kann sich dabei um ein Unternehmen, einen öffentlichen Betrieb oder eine Abteilung im Unternehmen handeln.

7.7 Berufsbildungsgesetz (BBiG) und Handwerksordnung (HwO)

Das 1969 nach über 50jährigem Ringen verabschiedete BBiG gilt für alle Aus- und Weiterbildungsverhältnisse, soweit sie nicht staatlich verankert sind oder sich auf Handwerksbetriebe richten. In diesem Fall gilt die Handwerksordnung, die keine Rechtsverordnung ist, sondern ein »Gesetz zur Ordnung des Handwerks«. Die Regelungen des BBiG wurden allerdings unverändert in die HwO übernommen; das gilt auch für die Reformen im Jahre 2005. Gemäß § 4 BBiG und § 25 HwO darf nur in staatlich anerkannten Berufen ausgebildet werden. Verordnungsgeber ist der zuständige Fachminister – in mehr als der Hälfte der Fälle ist das der Wirtschaftsminister im Einvernehmen mit dem Bundesminister für Bildung und Forschung.

Einzige Ausnahme gemäß §§ 64ff. und § 42m HwO: Die Berufsbildungsausschüsse der Wirtschaftskammern können für behinderte Menschen besondere Ausbildungsregelungen treffen. Diese dürfen nur auf der Grundlage eines korrespondierenden anerkannten Ausbildungsberufs beschlossen werden.

Wer ausbilden will, muss seit 1972 die Ausbilder-Eignungsprüfung ablegen. Das gilt auch als Mindestqualifikation für die Ausbilder in den Berufsbildungs- und Berufsförderungswerken. Einzige Ausnahme bilden die Sonderregelungen; hier wird von den Ausbildern eine Rehabilitationspädagogische Zusatzausbildung »ReZA« verlangt (Kurth 2013). Die AEVO setzt im Regelfall den Besuch eines Seminars zur Ausbildung der Ausbilder voraus. In der zugehörigen Rahmenempfehlung des Deutschen Industrie- und Handelskammertages wird von 115 Stunden Dauer ausgegangen, von denen 25 auch zu Hause für bestimmte Aufgaben und Ausarbeitungen genutzt werden können. Die ReZA ist auf 320 Stunden angelegt; das BiBB hat eine entsprechende Rahmenregelung verabschiedet.

8 Didaktische Situation in den Bildungseinrichtungen

Die folgenden Ausführungen greifen die Situation und Entwicklungsperspektiven bei den Berufsbildungs- und Berufsförderungswerken heraus. Darin drückt sich das gesteigerte Interesse an den beiden mit sonderpädagogischem Auftrag versehenen Einrichtungen hinsichtlich ihrer Reformen aus, die durchaus modellhafte Züge auch für Aus- und Fortbildungseinrichtungen außerhalb von Spezialeinrichtungen tragen dürften (vgl. Seyd/Schmidt/Wilhelm 2013).

8.1 Berufsbildungswerke

Die Berufsbildungswerke bieten eine auf den Personenkreis lern- und körperbehinderter sowie sinnesbehinderter Jugendlicher präzise ausgerichtete Didaktik (Seyd 2006b; Ameloh et al. 2008). Das drückt sich zunächst durch günstige, den Lernprozess fördernde Rahmenbedingungen aus:

- Kleine Ausbildungsgruppen mit in der Regel 8 bis 12 Teilnehmern,
- für die Arbeit mit behinderten Jugendlichen spezifisch geschulte Ausbilder, Sozialpädagogen, Sonderpädagogen, Erzieher, Psychologen und medizinische Fachkräfte,
- die Planung und Reflexion der Lehrgangsarbeit in multiprofessionell zusammengesetzten Reha-Teams,
- eine enge Verzahnung zwischen BBW als Ausbildungsbetrieb und zugehöriger Berufsschule, meist unter einem Dach angesiedelt.

Seit 2003 führt die BAG BBW alljährlich eine Teilnehmer-Eingangserhebung durch, an der zwischen 46 und 49 der 52 Mitgliedseinrichtungen teilnehmen. (Seyd/Scharf/Aretz 2004) Die folgenden Ausführungen basieren auf den Daten der Ausbildungsbeginner 2011.

Demnach steigt das Eintrittsalter seit Jahren unentwegt;

- es liegt derzeit im Mittel knapp über 20 Jahren.
- Der Anteil derer, die in einer vollständigen Familie (Mutter und Vater) aufgewachsen sind, ist zwar dominant, hat sich aber in den vergangenen acht Jahren um rund sieben Prozentpunkte verringert. Demgegenüber kommt statt eines Viertels nunmehr jeder dritte aus einer Alleinerziehend-Situation (zum Vergleich: bundesweit ist es »nur« jeder sechste). Der Anteil Heim- oder Wohngruppenkinder hat sich fast verdoppelt.
- Die Ausbildung in einem Berufsbildungswerk kommt nur für behinderte Jugendliche in Frage. Darunter befinden sich psychisch behinderte mit Abitur und Realschule ebenso wie körperbehinderte mit einem Förderschulabschluss. Immer mehr – und darunter zum großen Teil auch lernbehinderte Jugendliche –, kommen aus der Hauptschule, die ihren Status als »Hauptschule« inzwischen weitgehend eingebüßt hat.
- Lernbehinderte Jugendliche bereiten den Ausbildern mehr Schwierigkeiten als Jugendliche mit einem anderen Behinderungsbild (Eser 2005).
- Alleinerzogene sind ihren Altersgenossen aus kompletten Familien nicht in allen Belangen unterlegen. Beispielsweise ist der Anteil derer, die systematisch arbeiten können, höher als bei Jugendlichen aus vollständigen Familien (Seyd et al. 2005).

Wurden vom Beginnjahrgang 2004 noch etwas mehr als die Hälfte nach Sonderregelungen ausgebildet, so ist ihr Anteil inzwischen unter die 50 %-Marke gefallen. Dahinter verbirgt sich auch das politische Interesse, den Anteil Jugendlicher in Sonderregelungen deutlich zu vermindern (siehe § 5 BBiG). Daher wurde mit dem BiBB-Reformgesetz von 2005 den Einrichtungen die Möglichkeit genommen, selbst als Antragsteller aufzutreten; dieses Recht ist nunmehr den Jugendlichen oder ihren gesetzlichen Vertretern überlassen.

Der Anteil psychisch behinderter Jugendlicher hat sich in den vergangenen Jahren drastisch gesteigert, von 35 % auf 55 %! Diese Entwicklung erschwert die Arbeit der BBW-Mitarbeiter in mehrerlei Hinsicht. Zum einen sind die Personen im Regelfall stark mit ihren Einschränkungen beschäftigt und können sich nicht durchgehend auf die Ausbildungsaufgabe konzentrieren. Zum anderen ist ihre Arbeitsmarktprognose alles andere als günstig: Bestenfalls jede zehnte chronisch psychisch kranke Erwerbsperson übt eine sozialversicherungspflichtige Beschäftigung aus (apk 2003, S. 21). Viele Arbeitgeber scheuen die Einstellung psychisch behinderter Bewerber und verweisen auf die steigende Zahl betroffener eigener Beschäftigter.

Bei der Beurteilung dieser Entwicklung ist allerdings Vorsicht geboten! Psychische Erkrankung ist nicht gleich psychischer Erkrankung. Diesen Unterschied erleben die BBW-Mitarbeiter tagtäglich. Insofern lohnt ein genauerer Blick auf die Diagnosegruppen.

- Zahlreiche BBW haben sich der Personengruppe der Autisten verschrieben, offenbar mit guten Erfolgen, was den Rehabilitationsprozess angeht.
- Den stärksten Anstieg verzeichnen die Jugendlichen mit einem Aufmerksamkeits-Defizit-Hypersensibilitäts-Syndrom, kurz ADHS. Dabei handelt es sich um die Folge eines gesellschaftlichen Phänomens. Auch diese Jugendlichen bedürfen einer besonderen Didaktik, wollen sie erfolgreich auf eine Berufstätigkeit vorbereitet werden.

Vom 1.1.2005 bis zum 31.3.2007 wurde ein didaktisches Konzept erprobt, bei dem ein stattlicher Anteil praktischer Ausbildung in Partnerbetriebe verlegt wurde: »Verzahnte Ausbildung METRO Group mit Berufsbildungswerken« (VAMB) (Seyd et al. 2007, S. 5). Eingeschlossen waren darin sechs bis zwölf Monate betrieblicher Ausbildungspraxis. Das Modell erwies sich in Teilnehmer- und Mitarbeiterbefragungen als sehr geeignet, so dass die wissenschaftliche Begleitung mit einem Transferprojekt beauftragt wurde (Seyd et al. 2009, S. 71ff.). Am Ende der Projektlaufzeit (1.4.2007 – 31.3.2009) wurde das Konzept für verbindlich erklärt, zumal inzwischen fast alle Berufsbildungswerke und über 300 Partnerbetriebe involviert waren. Die Bundesagentur für Arbeit als Hauptträgerin der beruflichen Rehabilitation behinderter Jugendlicher geht inzwischen davon aus, dass VAmB (mittlerweile: »Verzahnte Ausbildung mit Berufsbildungswerken«) oder vergleichbare auf Kooperation mit Betrieben gegründete Konzepte verbindlich für alle von ihr finanzierten Maßnahmen in BBW sind. Heute sind alle 52 BAG-Mitglieder mit von der Partie; die Zahlen für den Teilnehmerkreis und die beteiligten Betriebe liegen bei rund 1.000 bzw. ca. 700 (vgl. Seyd/Pechtold/Schulz/Vollmers 2009).

Ein Folgeprojekt ist TrialNet (Galiläer 2009). Es greift die Konstruktion von VAMB auf, ergänzt sie aber um die Einbettung der Lerninhalte in Module. Die wissenschaftliche Begleitung wurde vom Forschungsinstitut betriebliche Bildung (f-bb) mit Sitz in Nürnberg übernommen. Beteiligt wurden sowohl (13) Berufsbildungswerke als auch (9) freie private Einrichtungen, darunter die Fortbildungsakademie der Wirtschaft (FAW) und das Fortbildungszentrum der bayrischen Wirtschaft (Fbz). Während die Praxiszeit bei VAmB zwischen 6 und 12 Monaten liegt, ist sie bei TrialNet offen. Sie darf aber nach Auffassung der BA nicht mehr als die Hälfte der Ausbildungszeit umfassen, da der Verdacht besteht, es könne sich bei überwiegender betrieblicher Einsatzphase nicht um einen Rehabilitationsfall handeln. Dieser Verdacht ist unbegründet.

Nicht übersehen darf man allerdings, dass die Berufsbildungswerke nur einen Teil an beruflicher Rehabilitation bzw. außerbetrieblicher Ausbildung Jugendlicher mit Behinderungen übernehmen. Einflussreiche Träger sind zum Beispiel der Internationale Bund für Sozialarbeit (IB), die Beruflichen Fortbildungszentren der Bayerischen Wirtschaft (bfz), die Fortbildungsakademie der Wirtschaft (FAW) und die Deutsche Angestellten-Akademie (DAA). Hinzu kommt eine Vielfalt regionaler Träger. Die BBW dürften mithin etwa 1/3 der Maßnahmen bei Leistungserbringern abdecken.

Die Leistungsfähigkeit der Einrichtungen wird in der Regel am Eingliederungserfolg gemessen. Hierzu erheben die BBW alle zwei Jahre Daten vermittels schriftlicher Nachbefragung (Eichhorn/Karbach 2007). Meist liegen die Zahlen deutlich über 50%, die Büroberufe ausgenommen. Für die Absolventen 2011 und 2012 wurde eine Integrationsquote von 57,9% ermittelt (http://www.bagbbw.de/w/files/statistiken/13-04_nachbefragung 2011-2012_web.pdf). Die Vermittlungsquote ist allerdings, wie wissenschaftliche Studien mehrfach bewiesen haben (Köster/Fehr/Slesina 2007), in erster Linie von der regionalen Arbeitsmarktsituation abhängig. Das bedeutet, dass BBW-Absolventen in Bayern und Baden-Württemberg erheblich bessere Integrationschancen besitzen als etwa in Mecklenburg-Vorpommern oder Brandenburg. Seit 2006 wurde auch der Verbleib der BvB-Teilnehmer vom Institut für Berufs- und Wirtschaftspädagogik der Universität Hamburg ermittelt. Dabei zeigte sich, dass ca. vier Fünftel der

Absolventen eine sinnvolle Anschlussperspektive gewonnen haben (Seyd/ Schulz 2010).

In einer Untersuchung des Instituts der deutschen Wirtschaft stellte sich heraus, dass sich die Aufwendungen für die Ausbildung in einem Berufsbildungswerk durchschnittlich innerhalb von 10 Jahren amortisieren (Neumann/Werner 2012).

8.2 Berufsförderungswerke

Berufsförderungswerke (hier als Beispiel für Einrichtungen zur beruflichen Rehabilitation behinderter Erwerbspersonen) sind vor vier Jahrzehnten nach dem Muster von Berufsfachschulen konzipiert worden (Beiler 1985). Sie boten jahrzehntelang Umschulung »unter einem Dach«, d.h. praktische Ausbildung und fachtheoretischer Unterricht fanden im BFW statt. Betriebspraktika wurden den Teilnehmern bewusst nicht zugemutet, eine Berufsschule mussten sie nicht besuchen; die Theorie wurde im BFW durch Dozenten vermittelt.

Die Maßnahmen dauerten die Hälfte der regulären Ausbildungszeit – z.B. Industriekaufmann statt 36 nur 18 Monate –, weil davon ausgegangen wurde, dass die Teilnehmer bereits eine längere betriebliche Sozialisation durchlaufen hatten und lediglich in fachlicher Hinsicht geschult oder weitergebildet werden mussten. Die Erfolgsquote bei den Abschlussprüfungen, die von der regulären Kammer abgenommen wurden, lag bei 95%. Es fiel auch nicht schwer, eine betriebliche Anstellung zu finden, jedenfalls nicht bis zum Beginn der 1970er Jahre. Als sich der Arbeitsmarkt verengte und die Zahl offener Stellen deutlich unter die Zahl an Bewerbern sank, zog dieser Trend auch die Absolventen der BFW in Mitleidenschaft. Fortan galt eine Vermittlungsquote von ca. 70% – allerdings nur diejenigen gerechnet, die ihre Maßnahme nicht abgebrochen und ihre Prüfung erfolgreich abgeschlossen hatten – als hervorragendes Ergebnis.

Mit zunehmender Schwierigkeit, Anschlussarbeitsplätze zu besetzen, und eingedenk pädagogischer Diskussion um handlungsorientierte Konzepte, beschlossen auch die Berufsförderungswerke, sich ganzheitlicher, handlungsorientierter und teamgesteuerter Leistungen zu verschreiben. Dazu wurde das Entwicklungsprojekt »gbRE« gestartet, das von 1995 bis 2002 lief und in der Kooperation und Federführung des Instituts für Berufs- und Wirtschaftspädagogik an der Universität Hamburg die Maximen der Handlungsorientierung auf die Berufsförderungswerke zuzuschneiden suchte (Seyd/Brand 2000; Seyd et al. 2002).

Inzwischen gibt es keine Maßnahme mehr ohne einen gewissen Praktikumsanteil, meist mit der Dauer von drei Wochen. Dies dient nicht nur zum Kennenlernen der betrieblichen Praxis und der Prüfung, wie weit die im BFW erworbenen Qualifikationen zur Bewältigung betrieblicher Geschäftsprozesse befähigen, sondern auch der Möglichkeit, dass sich der Praktikumsbetrieb schon im Vorfeld einer Bewerbung ein Bild vom Kandidaten machen kann, ihn gegebenenfalls auch ermuntert, sich nach dem erfolgreichen Abschluss der Umschulung bei ihm zu bewerben.

Stellten in den ersten Jahrzehnten bei den Berufsförderungswerken, von den Spezialeinrichtungen für blinde und sehbehinderte sowie körperlich schwerstbehinderte Erwerbspersonen abgesehen, mit etwa 60 % Anteil die orthopädisch geschädigten Teilnehmer die größte Gruppe, so sind es heute die psychisch chronisch kranken Teilnehmer mit nahezu 50 %. Das ist insofern problematisch, als nach dem bereits erwähnten Bericht der Aktion psychisch Kranke e. V. (APK) zur »Bestandsaufnahme zur Rehabilitation psychisch Kranker« rund 20 % aller der chronisch psychisch kranken Menschen in einer WfbM arbeitet und jede zweite Person »ohne jegliches Arbeits- oder Beschäftigungsangebot« ist (apk 2003, S. 21). Unter diesen Umständen ist es wahrlich nicht leicht, den Teilnehmern eine positive Beschäftigungsperspektive zu vermitteln.

Die Deutsche Rentenversicherung hat einen Erhebungsbogen zur Ermittlung der Prozess- und Ergebnisqualität bei Reha-Leistungen entwickelt, der sich an die Versicherten wendet und diese aus ihrer Sicht einschätzen lässt (sogenannter Berliner Fragebogen). Dabei zeigte sich allerdings, dass die Vorstellung einer handlungsorientierten und ganzheitlichen Leistungserbringung in den Augen der Teilnehmer noch nicht hinreichend umgesetzt worden ist (Hansmeier/Radoschewski 2005). Das betrifft vor allem die Integrationsvorbereitung (nur 24 % der BFW-Absolventen bezeichneten diese als »gut«, für 41 % war sie gar nicht erkennbar (Klosterhuis et al. 2010, S. 363), und den Wiedereingliederungsstatus (nur 31 % waren sechs Monate nach Ende der Maßnahme sozialversicherungspflichtig beschäftigt – ebenda). So kommen die Autoren, Mitarbeiter der Deutschen Rentenversicherung zu dem für Berufsförderungswerke wenig schmeichelhaften Schluss: »Die Maßnahmen werden von den Rehabilitanden insgesamt gut bewertet, jedoch werden die individuelle Förderung durch die Bildungseinrichtung, die Vorbereitung der Integration sowie die Betreuung nach der Maßnahme kritisch gesehen« (ebd.).

Dies suchen nun die Berufsförderungswerke durch ihr Neues Reha-Modell zu korrigieren. Dieses Modell ist selbstverständlich stark auf selbst organisiertes Lernen ausgerichtet und löst die Maximen Handlungsorientierung, Ganzheitlichkeit und Teamsteuerung ein. Wesentliche Impulse erwarten die Befürworter von Strategien innerbetrieblicher Personalentwicklung (Lüdtke/van de Sand 2006).

Von der Universität Hamburg wurde die Umsetzung des Neuen Reha-Modells in der Zeit von Oktober 2008 bis April 2012 wissenschaftlich untersucht. Dabei wurden die folgenden positiven Effekte bei der Implementation des Neuen Reha-Modells festgestellt und im Abschlussbericht ausgeführt:

> »In allen BFW wurde die Steuerung der Reha-Prozesse derart systematisiert, dass sich ein bedeutender Zugewinn an Individualisierung der Leistungen ergeben hat. So ist es möglich geworden, durch regelmäßige Profilings den individuellen Förderbedarf der Teilnehmer/innen zu ermitteln und mit Hilfe individueller Zielvereinbarungen und Ressourcenzuweisungen den Reha-Prozess zu optimieren.
>
> Die Position des Reha- und Integrationsmanagers wurde neu geschaffen. Sie steht im Zentrum der Steuerung aller Leistungskomponenten und hat demzufolge Schnittstellen sowohl zu den Teilnehmer/innen als auch zu den Leistungsträgern und den Mitarbeitern in der Rehabilitation.
>
> Im Einzelnen sind Erfolge bei der Umsetzung des NRM erkennbar
> a. bei der Akzeptanz der TN als Partner der BFW-Fachkräfte bei der Gestaltung der Reha-Maßnahme und der Inanspruchnahme der Reha-Leistungen,
> b. beim Profiling,
> c. bei der Inanspruchnahme der besonderen Hilfen (Sozialberatung, medizinische Beratung, Physiotherapie, psychologische Gespräche etc.; W.S)
> d. bei der Akzeptanz der Bedeutung der Schlüsselkompetenzen und ihrer Förderung in der Reha-Maßnahme,
> e. bei der Wertschätzung des Ziels Erwerb von Gesundheitskompetenz und
> f. ganz besonders beim Einsatz des Rehabilitations- und Integrationsmanagers« (Seyd et al. 2012, S. 9).

Entschieden verfolgt, weil bislang nicht hinreichend eingelöst, werden muss
- »die Förderung von Selbstbestimmung und Selbstverantwortung, auch hinsichtlich der Wahrnehmung von Selbstlernprozessen,
- die Generierung von Wahlmöglichkeiten bei den besonderen Hilfen,
- ein wenigstens in Grundzügen einheitliches didaktisches Konzept für die Reha-Vorbereitung und
- die Verständigung auf einen Mindeststandard bei der Förderung der Gesundheitskompetenz« (ebd., S. 10).

Im Detail noch einen Schritt weiter geht das von den BFW Nürnberg und München erprobte Modell »Individualisierung durch neue Lernortkonzeptionen«. Dieses Modell stellt »kein Gegenmodell zum neuen Reha-Modell der Berufsförderungswerke dar, sondern ergänzt es für einen Personenkreis, der wegen der mitgebrachten Erfahrungen und gegebenenfalls auch seines höheren Lebensalters einer 24-Monats-Maßnahme nicht bedarf oder sie nicht bewilligt bekommt« (Seyd 2011, S. 187). Dazu hilft im Kern die intelligente, modular gestaltete Kombination verschiedener Lernorte: der Lernbetrieb im BFW, der vertiefende theorieorientierte Unterricht und die Ergänzung durch betriebliche Praxisphasen, allesamt gesteuert über systematisches Profiling und dezidierte Förderplanung (Frodien et al. 2011). Dass drei Elemente maßgeblich für erfolgreiche Rehabilitationsprozesse sein dürften, hatte sich schon bei einem Forschungsprojekt zur Rehabilitation psychisch chronisch kranker und behinderter Menschen gezeigt. Die drei Elemente im Zusammenspiel waren

- die koordinierende Bezugsperson (kurz: kB) – vergleichbar dem Rehabilitations- und Integrationsmanager –,
- der Integriertem Behandlungs- und Rehabilitationsplan (standardisierter IBRP) und
- die regelmäßig tagende Hilfeplankonferenz (HPK).

Ohne systematische Fallbearbeitung kann mit diesem Teilnehmerkreis nicht erfolgreich im Sinne einer nachhaltigen (Re-)Integration ins Erwerbsleben gewirkt werden (Seyd 2009).

9 Aktuelle Herausforderungen

Kein Zweifel: Die Arbeitsplatzanforderungen sind insgesamt gestiegen, die internationale Konkurrenzfähigkeit bringt eine gestiegene Bedeutung der Wirtschaftlichkeit in Produktion und Dienstleistung mit sich; die öffentliche Hand und mit ihr die Sozialversicherungsträger müssen verstärkt Anstrengungen unternehmen, knappe Mittel sozialverträglich und effektiv einzusetzen (Wilmerstadt 2004). Das führt auf der anderen Seite bei den Leistungserbringern zu verstärkten Bemühungen, den Anforderungen ihrer »Kunden« – und das sind in erster Linie die Leistungsberechtigten und in zweiter Linie die Rehabilitationsträger – durch innovative Konzepte gerecht zu werden. So finden sich denn auch zahlreiche Ausarbeitungen mit vielfältigen Anregungen im Hinblick auf die zukünftige Gestaltung der beruflichen Rehabilitation (Seyd 1999; Schmidt/Froböse/Schian 2006; Schliehe 2006;).

Literatur

Aktion Psychisch Kranke e. V. (2004): Individuelle Wege ins Arbeitsleben. Abschlussbericht zum Projekt »Bestandsaufnahme zur Rehabilitation psychisch Kranker«. Bonn.

Ameloh, H./Asam, W./Dieterich, K.-H./Dreisbach, D./Krüger, F./Robinson, K.: Bericht des Fachausschusses »Aus der Vergangenheit für die Zukunft lernen« an den Vorstand der BAG BBW, Berlin, Januar 2008 (http://www.bagbbw.de/w/files/pdfs/fachaussch_chronik.pdf).chaussc.

BA (2013): Geschichte. Kurze Chronik der Bundesagentur für Arbeit. Stand: 9.1.2013. http://www.arbeitsagentur.de/web/content/DE/service/Ueberuns/AufbauundOrganisation/Detail/index.htm?dfContentId=L6019022DSTBAI485395 [Abruf 1.4.201].

BAG RPK (2014): Konzept und Ziele. http://www.bagrpk.de/konzept.html [Abruf 1.4.2014].

Beiler, J. (1985): Die Situation der beruflichen Rehabilitation in der Bundesrepublik Deutschland. In: Seyd, W. (Hrsg.): Berufliche Rehabilitation im Umbruch. Situationsanalyse und Reformvorschläge in der Bundesrepublik Deutschland. Hamburg, S. 9–32.

Beiler, J./Reetz, L. (2004): Das didaktische Profil der Berufsförderungswerke. In: Seyd, W./Thrun, M./Wicher, K. (Hrsg.): Die Berufsförderungswerke – Netzwerk Zukunft. Hamburg.

Biermann, H. (2005): Pädagogische Konzeptionen in der Vorbereitung auf Ausbildung und Arbeit. In: Bieker, R. (Hrsg.): Teilhabe am Arbeitsleben. Wege der beruflichen Integration von Menschen mit Behinderung. Stuttgart, S. 167–184.

Biermann, H. (2011): Qualifizierung von Risikogruppen. In: Biermann, H./Bonz, B. (Hrsg.): Inklusive Berufsbildung. Didaktik beruflicher Teilhabe trotz Behinderung und Benachteiligung. Baltmannsweiler. S. 12–35.

BMAS (o. J.): Unser Weg in eine inklusive Gesellschaft. Der Nationale Aktionsplan der Bundesregierung zur Umsetzung der UN-Behindertenrechtskonvention. http://www.bmas.de/SharedDocs/Downloads/DE/PDF-Publikationen/a740-nationaler-aktionsplan-barrierefrei.pdf?__blob=publicationFile.

Bundesminister für Arbeit und Soziales (2011): http://www.bmas.de/SharedDocs/Downloads/DE/PDF-Publikationen/a740-nationaler-aktionsplan-barrierefrei.pdf?__blob=publicationFile.

Clever, P. (2004): Berufliche Rehabilitation aus dem Blickwinkel der Wirtschaft. In: Seyd, W./Thrun, M./Wicher, K. (Hrsg.): Die Berufsförderungswerke – Netzwerk Zukunft. Buchveröffentlichung zum gleichnamigen Kongress der Arbeitsgemeinschaft Deutscher Berufsförderungswerke am 17./18. November 2004 in Hamburg. Hamburg, S. 27–34.

Deutsche Akademie für Rehabilitation e. V., Bonn (Hrsg.) (2009): Stellungnahme der wissenschaftlichen Fachgruppe RehaFutur zur Zukunft der beruflichen Rehabilitation in Deutschland. http://www.bmas.de/SharedDocs/Downloads/DE/PDF-Publikationen/forschungsbericht-f393.pdf.

DIMDI (2005): Deutsches Institut für Medizinische Dokumentation und Information: Endfassung der ICF. www.dimdi.de/dynamic/de/klassi/downloadcenter/icf/endfassung/[Abruf 16.4.2014].

DR (2013): Rentenversicherung in Zahlen 2013. http://www.deutsche-rentenversicherung.de/cae/servlet/contentblob/238692/publicationFile/61815/01_rv_in_zahlen_2013.pdf.

DR (2014): Reha & Rente. http://www.deutsche-rentenversicherung.de/Allgemein/de/Inhalt/2_Rente_Reha/02_reha/02_leistungen/allgemeines/uebergangsgeld_lta.html [Abruf 1.4.2014].

Dreisbach, D. (1986): Berufsbildungswerke. Sozialer Lernort für Behinderte. Freiburg.

Eichhorn, W./Karbach, B. (2007): Statistik der Bundesarbeitsgemeinschaft der Berufsbildungswerke. Belegungs- und Anmeldesituation in den Berufsbildungswerken und Teilnehmer-Nachbefragung 2005. Berlin.

Eser, K.-H. (2005): Lernbehinderung, die Behinderung »auf den zweiten Blick« – oder: sind (junge) Menschen mit Lernbehinderung überhaupt behindert? In: Berufliche Rehabilitation 19 (2005) 4, S. 131–153.

Finke, B. (2005): Bunte Vielfalt unter einem Dach! Verbindungen schaffen – Profil bewahren? Vortrag anlässlich der 4. Fachtagung für Werkstätten für behinderte Menschen, Integrationsprojekte und Tagesförderstätten des Bundesverbandes Ev. Behindertenhilfe am 2. Juni 2005 in Bonn. Münster. http://www.lwl.org/spur-download/bag/finke02062005.pdf. Vgl. a. www.bagwfbm.de/article.346 v. 10.11.2005 [Auszug].

Frodien, C./Gebauer, S./Staab, E./Faßmann, H./Kunert, J. (2011): Prozess-Profiling. In: Staab, E./Frodien, C./Kunert, J./Seyd, W.(Hrsg.): Individualisierung durch neue Lernortkonzeptionen. Nürnberg, S. 93–106.

Galiläer, L. (2009): Behinderte Jugendliche in der Berufsausbildung. Stand und Perspektiven. In: Wirtschaft und Berufserziehung 11.09, S. 25–28.

Hansmeier, T./Radoschewski, M. (2005): Qualitätssicherung bei Leistungen zur Teilhabe am Arbeitsleben – Entwicklung eines Rehabilitandenfragebogens. In: Deutsche Angestelltenversicherung 8/05, S. 371–379.

Klinkhammer, D./Kohl, S./Niehaus, M. (2013): Datenquellen zur inklusiven Gesellschaft – die Konvention zwischen Anspruch und Wirklichkeit. In: Berufliche Rehabilitation 27 (2013) 1, S. 21–30.

Klosterhuis, H./Baumgarten/E./Beckmann, U./Erbstößer, S./Lindow, B./Naumann, B./Widera, T./Zander, J. (2010): Ein aktueller Überblick zur Reha-Qualitätssicherung der Rentenversicherung. Rehabilitation, Jg. 49, H. 6, S. 356–367.

Körner, M. (2005): ICF und sozialmedizinische Beurteilung der Leistungsfähigkeit im Erwerbsleben: Alles klar? – Ein Diskussionsbeitrag. In: Rehabilitation Jg. 44, H. 4, S. 229–237.

Köster, T./Fehr, M./Slesina, W. (2007): Zur Eingliederung von Rehabilitanden in das Erwerbsleben nach Umschulung in Berufsförderungswerken – ein Prognosemodell. In: Rehabilitation Jg. 46 H. 5, S. 258–265.

Kurth, S. (2013): Rehabilitationspädagogische Kompetenz: Neues Rahmencurriculum für die Weiterbildung von (betrieblichem) Personal zu Ausbildung junger Menschen mit Behinderung in Fachpraktiker-Berufen. In: Berufliche Rehabilitation Jg. 27, H. 2, S. 80–91.

Lüdtke, J./van de Sand, W. (2006): Personalentwicklung in Berufsförderungswerken. In: Brand, W./Schulz, R. (Hrsg.): Berufliche Rehabilitation im Spannungsfeld von Politik, Praxis und Wissenschaft. Hamburg 2006, S. 69–77.

Mehrhoff, F. (Hrsg.) (2004): Disability Management. Strategien zur Integration von behinderten Menschen in das Arbeitsleben. Ein Kursbuch für Unternehmer, Behinderte, Versicherer und Leistungserbringer. Stuttgart.

Neumann, M./Werner, D. (2012): Berufliche Rehabilitation behinderter Jugendlicher. IW-Analysen Nr. 81, Köln.

Oelkers, J. (2013): Allgemeine Pädagogik und Sonderpädagogik. In: Müller, H.-R./ Bohne, S./Thole, W. (Hrsg.): Erziehungswissenschaftliche Grenzgänge. Markierungen und Vermessungen. Beiträge zum 23. Kongress der Deutschen Gesellschaft für Erziehungswissenschaft. Opladen, Berlin, Toronto, S. 219–240.

Otte, W. (2006): Rehabilitation und Teilhabe behinderter Menschen in Berufsförderungswerken unter dem Gesichtspunkte des Sozialgesetzbuches »Neuntes Buch«. In: Brand, W./Schulz, R. (Hrsg.): Berufliche Rehabilitation im Spannungsfeld von Politik, Praxis und Wissenschaft. Hamburg 2006, S. 32–43.

Pätzold, G./Lang, M. (2005): Selbstgesteuertes Lernen in der Aus- und Weiterbildung. In: Berufsbildung Jg. 59, H. 94/95, S. 3–6.

Reimann, A. (2004): Der Bedeutungswandel der beruflichen Rehabilitation aus der Sicht der Rentenversicherungsträger. In: Seyd, W./Thrun, M./Wicher, K. (Hrsg.): Die Berufsförderungswerke – Netzwerk Zukunft. Buchveröffentlichung zum gleichnamigen Kongress der Arbeitsgemeinschaft Deutscher Berufsförderungswerke am 17./18. November 2004 in Hamburg. Hamburg, S. 59–66.

Schliehe, F. (2006): Das Klassifikationssystem der ICF. Eine problemorientierte Bestandsaufnahme im Auftrag der Deutschen Gesellschaft für Rehabilitationswissenschaften. In: Rehabilitation Jg. 45, S. 258–271.

Schliehe, F./Schmidt-Ohlemann, M. (Hrsg.) (2010): Rehabilitation zwischen Tradition und Innovation: Bericht über den Jubiläumskongress – 100 Jahre DVfR – der Deutschen Vereinigung für Rehabilitation e. V. Berlin, 23. bis 24. April 2009. Stuttgart (Interdisziplinäre Schriften z. Rehabilitation, Bd. 17).

Schmidt, C./Froböse, I./Schian, H.-M. (2006): Berufliche Rehabilitation in Bewegung – Herausforderungen und Perspektiven. In: Rehabilitation Jg. 45 H. 4, S. 194–202.

Schröder, U. (2005): Lernbehindertenpädagogik. Grundlagen und Perspektiven sonderpädagogischer Lernhilfe. 2. ü. Aufl. Stuttgart.

Schuntermann, M. (2008): Grundzüge der Internationalen Klassifikation der Funktionsfähigkeit, Behinderung und Gesundheit (ICF). In: Der Medizinische Sachverständige Jg. 104, H. 2, S. 6–9.
Selbsthilfegruppe. de-wikipedia.or/wiki/Selbsthilfegruppe [Abruf 16.4.2014].
Seyd, W. (1999): Das System beruflicher Rehabilitation. Kritik und Anstöße. In: Blumenthal, W./Seyd, W. (Hrsg.): Zukunft der beruflichen Rehabilitation und Integration in das Arbeitsleben. Arbeitstagung der Deutschen Vereinigung für die Rehabilitation Behinderter, Bd. 8, Ulm, S. 35–45.
Seyd, W. (2005): Verbundmodelle in der beruflichen Rehabilitation – der Modellversuch V.A.M.B. (Verzahnte Ausbildung METRO mit Berufsbildungswerken): In: berufsbildung Jg. 19, H. 2, S. 5–21.
Seyd, W. (2006a): Berufsbildung – lernend handeln, handelnd lernen. 2. Aufl. Hamburg.
Seyd, W. (2006b): Berufsbildungswerke. Stichwort in Kaiser, F.-J./Pätzold, G. (Hrsg.): Wörterbuch Berufs- und Wirtschaftspädagogik. 2. Auf. Bad Heilbrunn, S. 141-143.
Seyd, W./Brand, W. u. Mitarb. v. Aretz, H./Diettrich, U./Keller, A./Lönne, F./Meinass-Tausendpfund, S./Müting, I./Warnke, M. /Eggerer, R. (2002): Ganzheitliche Rehabilitation in Berufsförderungswerken. Abschlussbericht über das Transferprojekt. Hamburg.
Seyd, W./Brand, W./Aretz, H./Lönne, F./Meinass-Tausendpfund, S./Mentz, M./Naust-Lühr, A. (2000): Ganzheitlich rehabilitieren, Lernsituationen handlungsorientiert gestalten. Der Abschlussbericht über das Forschungs- und Entwicklungsprojekt »ganzheitliche berufliche Rehabilitation Erwachsener – handlungsorientierte Gestaltung von Lernsituationen in Berufsförderungswerken (gbRE)«, durchgeführt von der Universität Hamburg im Auftrag der Arbeitsgemeinschaft Deutscher Berufsförderungswerke. Hamburg.
Seyd, W./Brand, W./Vollmers, B./Kindervater, A./Saidie, J. (2012): Die Konkretisierung und Umsetzung des NEUEN REHA-MODELLs der Berufsförderungswerke. Ergebnisbericht der wissenschaftlichen Begleitung durch die Universität Hamburg.
Seyd, W./Naust-Lühr, A./Mentz, M. (2005): Die Voraussetzungen der Teilnehmer an Förderlehrgängen, BvB-Maßnahmen und Ausbildungen in Berufsbildungswerken. Untersuchung im Auftrage der Bundesarbeitsgemeinschaft der Berufsbildungswerke. Abschlussbericht. Hamburg.
Seyd, W./Pechtold, T./Schulz, K./Vollmers, B. (Hrsg.) (2009): Durch Kooperation zum Erfolg. Erkenntnisse und Perspektiven für die Verzahnte Ausbildung. Hamburg.
Seyd, W./Scharf, S. Aretz, H. (2004): Entwicklungstendenzen beim Teilnehmerkreis der Berufsbildungswerke. In: Berufliche Rehabilitation Jg. 18 H. 3, S. 113–144.
Seyd, W./Schmidt, E.-H./Wilhelm, W. (2013): Der Aus- und Weiterbildungspädagoge. 2 Bde., Hamburg.
Seyd, W./Schulz, K. (2010): Verbleib der Teilnehmenden an Berufsvorbereitenden Bildungsmaßnahmen in Berufsbildungswerken 2009, in: Berufliche Rehabilitation Jg. 24, H. 3, S. 231–235.
Seyd, W./Schulz, K./Vollmers, B. (2007): VAMB I: Erfahrungen und Erkenntnisse aus dem Modellversuch Verzahnte Ausbildung METRO Group mit Berufsbildungswerken. In: Seyd, W./Vollmers, B./Schulz, K. (Hrsg.) 2007: Verzahnte Ausbildung – Erkenntnisse und Perspektiven für die berufliche Rehabilitation. Hamburg, S. 60–78.

Seyd. W./Staab, E./Kunert, J. (2011): Projektinhalte und Ziele. In: Staab, E./Frodien, C./ Kunert, J./Seyd, W. (Hrsg.): Individualisierung durch neue Lernortkonzeptionen. Qualitätsstandards für die berufliche Rehabilitation heute. Nürnberg, S. 27–40.

Seyd, W./Wicher, K./Bischoff, J./Firle, M. (Hrsg.) (2009): Individuelle Integrationspfade für psychisch kranke und behinderte Menschen. Wege zur Teilhabe am Arbeitsleben. Hamburg.

Thomann, K.-D. (2012): Von der Kriegsbeschädigtenfürsorge zum SGB IX – Anmerkungen zur Geschichte des Rechts für Menschen mit schweren Behinderungen. http://www.schwbv.de/pdf/Geschichte_des_Behindertenrechts.pdf.

Wilmerstadt, R. (2004): Perspektiven der Berufsförderungswerke vor dem Hintergrund gewandelter sozialpolitischer und wirtschaftlicher Rahmenbedingungen. In: Seyd, W./Thrun, M./Wicher, K. (Hrsg.): Die Berufsförderungswerke – Netzwerk Zukunft. Buchveröffentlichung zum gleichnamigen Kongress der Arbeitsgemeinschaft Deutscher Berufsförderungswerke am 17./18. November 2004 in Hamburg. Hamburg, S. 105–112.

Wittwer, U. (2003): Die Einlösung der SGB IX-Forderungen durch die Berufsförderungswerke. In: Gramlinger, F./Büchter, K./Tramm, T./Seyd, W. (Hrsg.): Festschrift für Willi Brand zum 60. Geburtstag. www.ibw-hamburg.de.

Betriebliche Inklusion auf dem Ausbildungs- und Arbeitsmarkt

Dennis Klinkhammer/Mathilde Niehaus

1 Zielgruppenbestimmung

1.1 Junge Menschen mit Förderbedarf vor Eintritt in den Ausbildungs- und Arbeitsmarkt

Ein erster wichtiger Baustein der Bildungs- und Erwerbsbiographien von Menschen mit Behinderung stellt sich in der Regel mit Abschluss der allgemeinbildenden Schulzeit ein. Statistiken der Kultusministerkonferenz (KMK) legen nahe, dass viele der jungen Menschen mit Behinderung in Deutschland eine Förderschule besuchen. So besuchen insgesamt 121.999 Schülerinnen und Schüler mit einem anerkannten sonderpädagogischen Förderbedarf im Schuljahr 2011/2012 die allgemeinen Schulen und 365.719 besuchen die Förderschulen (vgl. KMK 2012a, KMK 2012b).

Damit werden ca. 25 % aller Schülerinnen und Schüler mit einem anerkannten sonderpädagogischen Förderbedarf an den allgemeinen Schulen integrativ beschult. Entgegen der Konvention über die Rechte von Menschen mit Behinderung der Vereinten Nationen, die in diesem Zusammenhang von einer inklusiven Beschulung spricht, hat sich in Deutschland zumindest sprachlich die integrative Beschulung durchgesetzt. Im Schuljahr 2007/2008 waren es noch insgesamt 84.689 Schülerinnen und Schüler mit einem anerkannten sonderpädagogischen Förderbedarf in den allgemeinen Schulen und 400.399 an den Förderschulen (vgl. KMK 2009a, KMK 2009b). Somit ist die Quote der integrativ beschulten Schülerinnen und Schüler seit der Ratifizierung der Konvention über die Rechte von Menschen mit Behinderung der Vereinten Nationen von ursprünglich ca. 17 % um ca. 8 % angestiegen.

Davon haben im Schuljahr 2009/2010 insgesamt 40.226 Schülerinnen und Schüler die Förderschulen als Abgänger oder Absolventen verlassen. Abgänger verlassen das allgemeinbildende Schulsystem ohne einen dem Hauptschulabschluss entsprechenden berufsqualifizierenden Abschluss. Absolventen verlassen das allgemeinbildende Schulsystem hingegen mit einem berufsqualifizierenden Abschluss. Insgesamt ca. 75 % der Schülerinnen und Schüler haben keinen berufsqualifizierenden Abschluss und können folglich nicht unmittelbar in den Ausbildungs- und Arbeitsmarkt übergehen. Die nachfolgende Tabelle gliedert dieses Verhältnis nach den Bundesländern. Bedingt durch die unterschiedliche Konzentration der Förderschwerpunkte in den einzelnen Bundesländern sind generelle Rückschlüsse auf die Bildungspolitik der einzelnen Bundesländer nur bedingt möglich.

Tab. 1: Abgänger und Absolventen von Förderschulen nach Bundesländern

		Abgänger und Absolventen	*Abgänger ohne Hauptschulabschluss*	*Quote ohne Hauptschulabschluss*
Insgesamt		40.226	30.306	75 %
nach Bundesland	Baden-Württemberg	4.902	3.950	80 %
	Bayern	4.925	4.135	84 %
	Berlin	1.173	758	64 %
	Brandenburg	1.161	1.089	94 %
	Bremen	307	234	76 %
	Hamburg	809	700	86 %
	Hessen	2.761	2.277	82 %
	Mecklenburg-Vorpommern	1.222	1.054	86 %

		Abgänger und Absolventen	Abgänger ohne Hauptschulabschluss	Quote ohne Hauptschulabschluss
	Nordrhein-Westfalen	4.192	2.842	67 %
	Niedersachsen	10.088	6.584	65 %
	Rheinland-Pfalz	2.038	1.479	73 %
	Saarland	522	335	64 %
	Sachsen	1.916	1.597	83 %
	Sachsen-Anhalt	1.641	1.319	80 %
	Schleswig-Holstein	1.212	1.174	97 %
	Thüringen	1.357	779	57 %

Quelle: Eigene Darstellung (2013). Statistische Veröffentlichungen der Kultusministerkonferenz. Dokumentation Nr. 169. Sonderpädagogische Förderung in Schulen 2001 bis 2010. Kultusministerkonferenz (Hrsg.). Berlin.

Die Anzahl an Abgängern und Absolventen richtet sich nicht nach der Größe und Bevölkerungsdichte der Bundesländer. So liegen Niedersachsen, Baden-Württemberg und Bayern mit ihrer Anzahl an Abgängern und Absolventen noch vor Nordrhein-Westfalen. Thüringen (mit ca. 57 %), das Saarland (mit ca. 64 %) und Niedersachsen (mit ca. 65 %) weisen dabei mit Abstand die geringste Quote an Abgängern ohne einen berufsqualifizierenden Abschluss auf. Die höchsten Quoten verzeichnen Brandenburg (mit ca. 94 %) und Schleswig-Holstein (mit ca. 97 %). Dies mag vereinzelt auf die entsprechenden Förderschwerpunkte in diesen Bundesländern zurückzuführen sein. Nicht selten besuchen Schülerinnen und Schüler mit einem anerkannten sonderpädagogischen Förderbedarf eine Förderschule mit ihrem Förderschwerpunkt in einem anderen Bundesland.

Sowohl in den allgemeinen Schulen als auch in den Förderschulen stellen die Schülerinnen und Schüler mit dem sonderpädagogischen Förderbedarf »Lernen« den größten Anteil. An den allgemeinen Schulen liegt deren Quote im Schuljahr 2011/2012 mit insgesamt 53.334 Schülerinnen und Schülern bei ca. 44 % und an den Förderschulen liegt er mit insgesamt 145.383 Schülerinnen und Schülern bei ca. 40 %. Die anderen Förderschwerpunkte »Sehen« (mit ca. 1 %), »Hören« (mit ca. 3 %), »Sprache« (mit ca. 10 %), »körperliche und motorische Entwicklung« (mit ca. 7 %), »geistige Entwicklung« (mit ca. 20 %), »emotionale und soziale Entwicklung« (mit ca. 10 %), »Kranke« (mit ca. 3 %) und »Sonstige« (mit ca. 6 %) stellen wesentlich geringere Anteile unter den Schülerinnen und Schülern mit einem anerkannten sonderpädagogischen Förderbedarf an den Förderschulen (vgl. KMK 2012b). Für die allgemeinen Schulen fallen die Anteile wie folgt aus (vgl. KMK 2012a): »Sehen« (mit ca. 2 %), »Hören« (mit ca. 5 %), »Sprache« (mit ca. 16 %), »körperliche und motorische Entwicklung« (mit ca. 6 %), »geistige Entwicklung« (mit ca. 3 %), »soziale und emotionale Entwicklung« (mit ca. 23 %), »Kranke« (mit ca. 0,4 %) und »Sonstige« (mit ca. 0,6 %).

Dabei zeigt sich, dass insbesondere die Zielgruppe der Schülerinnen und Schüler mit dem Förderschwerpunkt »geistige Entwicklung« besondere Herausforderungen in der integrativen Beschulung zu haben scheint. Diese sind, verglichen mit allen anderen Förderschwerpunkten, unterrepräsentiert. Der Förderschwerpunkt »soziale und emotionale Entwicklung« hingegen findet sich vornehmlich in den allgemeinen Schulen in einer integrativen Beschulung wieder. Diesen Zielgruppen gilt es im anschließenden System der beruflichen Rehabilitation sowie dem Ausbildungs- und Arbeitsmarkt zielgruppenspezifisch zu begegnen.

1.2 Junge Menschen mit Behinderung/Schwerbehinderung als Auszubildende

Die Situation nach Verlassen des allgemeinbildenden Schulsystems scheint für viele Jugendliche mit Behinderung oder Schwerbehinderung in Deutschland auf den ersten Blick zufriedenstellend zu sein. Viele der ehemaligen Schülerinnen und Schüler mit einem anerkannten sonderpädagogischen Förderbedarf münden als Rehabilitandinnen und Rehabilitanden in das berufsbildende System der beruflichen Rehabilitation oder aber mit einer entsprechenden Förderung auf den Ausbildungs- und Arbeitsmarkt ein. Folglich scheinen die meisten Bewerberinnen und Bewerber mit Behinderung einen Ausbildungsplatz zu erhalten oder an einer berufsfördernden Maßnahme mit dem Ziel eines Berufsabschlusses teilzunehmen. Dabei ist es das Verhältnis zwischen den Maßnahmen im berufsbildenden System der beruflichen Rehabilitation und den Maßnahmen in Anbindung an den Ausbildungs- und Arbeitsmarkt, welches die Herausforderungen für die potentiellen Auszubildenden mit Behinderung oder Schwerbehinderung darlegt. Schließlich erhält nur ein geringer Anteil der jungen Menschen mit Behinderung oder Schwerbehinderung die Chance auf eine vollwertige betriebliche Ausbildung in einem Betrieb auf dem ersten Arbeitsmarkt. Der Verbleib auf dem zweiten Arbeitsmarkt, also dem Berufsbildungsbereich der Werkstätten für behinderte Menschen sowie in den berufsbildenden Einrichtungen für behinderte Menschen im System der beruflichen Rehabilitation, scheint viel wahrscheinlicher für diese Zielgruppe. So wurden von den annähernd 1,5 Millionen Ausbildungsplätzen auf dem Ausbildungs- und Arbeitsmarkt in Deutschland im Berichtsjahr 2010 nur annähernd 6.100 mit schwerbehinderten Jugendlichen besetzt (vgl. Bundesagentur für Arbeit 2010; DESTATIS 2011b). Insbesondere bei den jungen Frauen mit Behinderungen oder Schwerbehinderung zeichnet sich durch ein eingeschränktes Berufswahlspektrum diese Form der sozialen Ungleichheit ab. Diese befinden sich seltener in der regulären Berufsausbildung als Männer ihrer Vergleichsgruppe (vgl. Bundesagentur für Arbeit 2012b).

Dabei hat die Bundesregierung die Situation behinderter oder schwerbehinderter Frauen und Männer auf dem Ausbildungs- und Arbeitsmarkt vor acht Jahren, also vor der Ratifizierung der Konvention über die Rechte von Menschen mit Behinderung der Vereinten Nationen, noch wie folgt beschrieben: »Die Versorgung behinderter Jugendlicher mit Berufsausbildungsstellen in Deutschland ist sehr gut: [...] Das führt zu einer sehr hohen Versorgungsquote der behinderten Bewerber von 97,4 Prozent. [...] Das gute Ergebnis bei der Versorgung behinderter Bewerber ist nicht zuletzt darauf zurückzuführen, dass es diese außerbetrieblichen Ausbildungsmöglichkeiten gibt« (BMAS 2005, S. 3). Damit scheint der in Artikel 24 Absatz 4 der Konvention über die Rechte von Menschen mit Behinderung der Vereinten Nationen geforderte gleichberechtigte Zugang zur Berufsausbildung für junge Menschen mit Behinderung oder Schwerbehinderung noch nicht hinreichend realisiert, wie die nachfolgenden Kapitel zeigen werden.

1.3 Menschen mit Behinderung/Schwerbehinderung im erwerbsfähigen Alter

Für ein besseres Verständnis der Situation von Menschen mit einer amtlich anerkannten Behinderung oder Schwerbehinderung als Arbeitnehmer empfiehlt sich zunächst ein Blick auf die Verteilung der verschiedenen Behinderungsarten in Deutschland sowie deren Prävalenz. Entsprechend dem Mikrozensus von 2009 haben ca. 9,6 Millionen Bundesbürgerinnen und Bundesbürger eine amtlich anerkannte Behinderung. Mit ca. 7,1 Millionen Bundesbürgerinnen und Bundesbürgern entfällt davon ein Großteil auf die amtlich anerkannten Schwerbehinderungen.

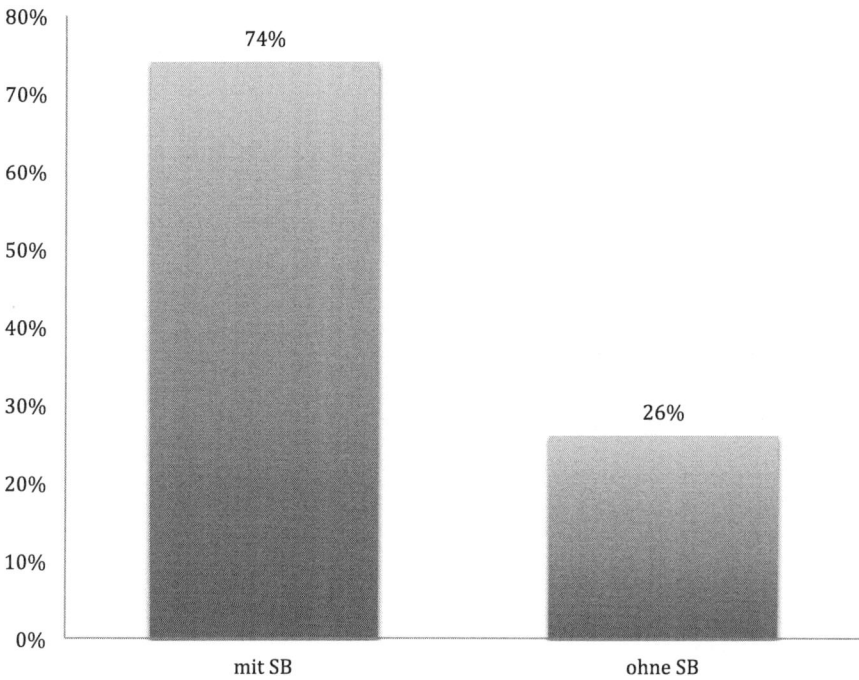

Abb. 1: Anteil an Schwerbehinderungen unter allen Behinderungen in Deutschland (Berichtsjahr 2009)
Quelle: Eigene Darstellung (2013). Mikrozensus 2009.

Entsprechend der Statistik der schwerbehinderten Menschen, welche alle zwei Jahre von dem statistischen Bundesamt veröffentlicht wird (vgl. DESTATIS 2011a), entspricht dies einem Gesamtanteil von ca. 8,9 % an Menschen mit einer amtlich anerkannten Schwerbehinderung in der Gesellschaft. Von allen amtlich anerkannten Behinderungen findet eine deutliche Konzentration in den höheren Altersklassen statt. Beispielsweise befinden sich nach dem Mikrozensus 2009 nur knapp die Hälfte der Bundesbürgerinnen und Bundesbürger mit einer amtlich anerkannten Behinderung im erwerbsfähigen Alter von 15 bis 65 Jahren (vgl. GBE 2013). Die Statistik der schwerbehinderten Menschen verzeichnet hier insgesamt ca. 3,3 Millionen Bundesbürgerinnen und Bundesbürger mit einer amtlich anerkannten Schwerbehinderung, wobei insgesamt ca. 1,5 Millionen zwischen 55 und 65 Jahren alt waren (vgl. DESTATIS 2011a).

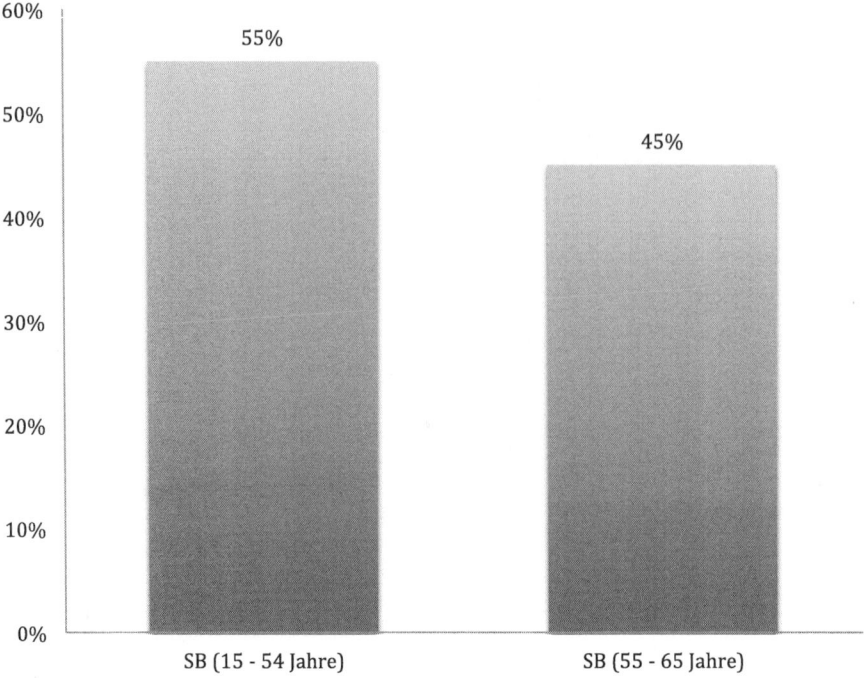

Abb.2: Verteilung der Menschen mit einer amtlich anerkannten Schwerbehinderung im erwerbsfähigen Alter (Berichtsjahr 2011)
Quelle: Eigene Darstellung (2013). Statistik der schwerbehinderten Menschen. Statistisches Bundesamt [Hrsg.]. DESTATIS (2011). Berlin.

Unabhängig der Erwerbsfähigkeit waren ca. 72 % der Menschen mit einer amtlich anerkannten Behinderung 55 Jahre oder älter. Dies deutet an, dass es sich vornehmlich nicht um angeborene Behinderungsarten handelt, sondern dass diese erst im weiteren Lebensverlauf eingetreten sind (siehe hierzu den nächsten Abschnitt über leistungsgewandelte Arbeitnehmerinnen und Arbeitnehmer). In Anlehnung an den vorherigen Abschnitt hält der Mikrozensus von 2009 fest, dass Menschen mit einer amtlich anerkannten Behinderung oder Schwerbehinderung in Deutschland weniger häufig einen Schul- oder Ausbildungsabschluss erreichen als Menschen ohne eine amtlich anerkannte Behinderung oder Schwerbehinderung. Darüber hinaus verzeichnet der Mikrozensus von 2009 eine Zunahme der absoluten Fallzahlen an Bundesbürgerinnen und Bundesbürgern mit einer amtlich anerkannten Behinderung oder Schwerbehinderung um ca. 11 % seit dem Mikrozensus von 2005 (Pfaff 2012). Dieser Anstieg kann als mittelbare Folge des demografischen Wandels gesehen werden.

1.4 Leistungsgewandelte Arbeitnehmerinnen und Arbeitnehmer im betrieblichen Kontext

Bei leistungsgewandelten Arbeitnehmerinnen und Arbeitnehmern handelt es sich um Menschen mit einer amtlich anerkannten Behinderung, welche auf einen Unfall oder eine Erkrankung im Laufe des sozialen Lebens oder des Erwerbslebens zurückzuführen ist. Leistungsgewandelte Arbeitnehmerinnen und Arbeitnehmer stehen neben den behinderungsbedingten Herausforderungen in der Teilhabe am Leben in der Gesellschaft in der Regel vor der zusätzlichen Herausforderung, dass sie sich mit ihrer veränderten körperlichen, geistigen oder seelischen Leistungsfähigkeit konfrontiert sehen und auseinandersetzen müssen. Die meisten Leistungswandlungen manifestieren sich dabei als eine amtlich anerkannte Schwerbehinderung und basieren eher auf einer zugrundeliegenden Erkrankung, als auf einem vorhergehenden Unfall (vgl. Adenauer 2004). Die Statistik der schwerbehinderten Menschen weist aus, dass insgesamt ca. 81,2 % der amtlich anerkannten Behinderungen durch eine Erkrankung verursacht sind (vgl. DESTATIS 2011a). Häufig treten hier abnutzungs- sowie altersbedingte Erkrankungen des Skelettsystems sowie Herzkreislauferkrankungen auf. Entsprechend häufig liegen Körperbehinderungen in ca. 62 % der Fälle vor (vgl. DESTATIS 2011a).

1.5 Rehabilitandinnen und Rehabilitanden im System der beruflichen Rehabilitation

Menschen mit einer anerkannten Behinderung oder Schwerbehinderung können prinzipiell in allen Lebensphasen des erwerbsfähigen Alters als Rehabilitandinnen und Rehabilitanden in das System der beruflichen Rehabilitation einmünden. Somit steht dieses System sowohl den Abgängerinnen und Abgängern ohne Schulabschluss, als auch den Absolventinnen und Absolventen mit Schulabschluss zur Verfügung. Gleichermaßen bietet dieses System Maßnahmen für im Laufe ihres Erwerbslebens leistungsgewandelte Arbeitnehmerinnen und Arbeitnehmer. Ziel des Systems der beruflichen Rehabilitation ist eine möglichst dauerhafte Eingliederung auf den ersten Arbeitsmarkt. Den heterogenen Zielgruppen des Systems der beruflichen Rehabilitation entsprechend sind auch die Maßnahmenziele breit aufgestellt. Die Bundesagentur für Arbeit legt hierzu fest, dass die Erwerbsfähigkeit über die zur Verfügung stehenden Maßnahmen erhalten, verbessert, hergestellt oder wieder hergestellt werden soll. Dazu sollen die

Eignung, die Neigung sowie die bisher erbrachte Leistung der Rehabilitandinnen und Rehabilitanden unter Berücksichtigung der Situation auf dem ersten Arbeitsmarkt zur adäquaten Auswahl der Maßnahmen beitragen. Als mögliche Maßnahmen listet die Bundesagentur für Arbeit auf (vgl. Bundesagentur für Arbeit 2013a):

- Vermittlung und Hilfen zur Erhaltung oder Erlangung eines Arbeitsplatzes
- Berufsvorbereitung /Grundausbildung
- Berufliche Ausbildung, Anpassung und Weiterbildung
- Gründungszuschuss
- Sonstige Hilfen

Mit diesem Maßnahmenspektrum werden sowohl die vermittelnden und auf dem ersten Arbeitsmarkt platzierenden Dienste abgedeckt, als auch die berufsqualifizierenden und auf eine Selbstständigkeit hinwirkenden Förderleistungen. In der Regel ist auch die Bundesagentur für Arbeit selbst, noch vor der Deutschen Rentenversicherung (DRV), der Deutschen Gesetzlichen Unfallversicherung (DGUV) und der Gesetzlichen Krankenversicherung (GKV), der zuständige Rehabilitationsträger. Die nachfolgenden Abschnitte geben einen Einblick in die Häufigkeit der Nutzung und die erreichten Zielgruppen dieser Maßnahmen.

2 Bedingungen auf dem Ausbildungs- und Arbeitsmarkt

2.1 Menschen mit Behinderung/Schwerbehinderung zur Sicherung des zukünftigen Fachkräftepotentials

Der Ausbildungs- und Arbeitsmarkt der Bundesrepublik Deutschland sieht sich zunehmend mit den Herausforderungen der sinkenden Geburtenraten und des demographischen Wandels konfrontiert. So basieren das deutliche Absinken der Geburtenrate in der Mitte der 1960er Jahre auf den Gebieten der Bundesrepublik Deutschland und der Deutschen Demokratischen Republik sowie das neuerlich konstante Absinken seit 1998 auf dem Gebiet der alten Bundesländer, hauptsächlich auf der Einführung der Antibaby-Pille und den sich kontinuierlich vollziehenden Wandel der sozialen Einstellungen und Identitäten. Damit liegt die Geburtenrate der Bundesrepublik Deutschland im Jahr 2010 etwa bei der Hälfte der 1,4 Millionen Lebendgeburten aus der Zeit des Baby-Booms und des wirtschaftlichen Aufschwungs in den alten Bundesländern im Jahr 1964 (DESTATIS 2012, S. 6). Als Folge stehen dem Ausbildungs- und Arbeitsmarkt weniger junge Menschen als potentielle Fachkräfte zur Verfügung.

Der demographische Wandel hingegen bewirkt in der Bundesrepublik Deutschland nicht nur eine immer älter werdende Belegschaft in den Betrieben, sondern führt darüber hinaus mit den möglichen Folgen von zunehmenden Arbeitsfehlzeiten und dem krankheitsbedingten Wegfall von Fachkräften bereits heute zu branchenspezifischen Fachkräfteengpässen. Diese Fachkräfteengpässe könnten sich langfristig zu einem umfassenden Fachkräftemangel ausweiten. In Angesicht dessen verfassten Politik und Wirtschaft bereits eine »Gemeinsame Erklärung zur Sicherung der Fachkräftebasis in Deutschland« (Vgl. Bundesregierung 2011). Demnach sollen insbesondere die inländischen Fachkräftepotentiale der Bundesrepublik Deutschland gefördert und nachhaltig ausgeschöpft werden, zu denen explizit auch Menschen mit Behinderung /Schwerbehinderung gezählt werden.

Betrachtet man die Menschen mit einer anerkannten Schwerbehinderung, die arbeitslos gemeldet sind, so zeigt sich, dass deren Fachkräftepotential leicht über dem Fachkräftepotential der nicht-schwerbehinderten Arbeitslosen liegt. Die nachfolgende Abbildung stellt diese Zielgruppen gegenüber und unterscheidet dabei in akademischer und betrieblicher Qualifikation. Erwartungsgemäß fällt der Anteil der Arbeitslosen ohne eine solche Berufsausbildung entsprechend hoch aus.

Die akademisch qualifizierten Fachkräfte stellen den geringsten Anteil unter den Arbeitslosen im Berichtsjahr 2012. Die schwerbehinderten Arbeitslosen liegen dabei mit ca. 4 % nur knapp unter den nicht-schwerbehinderten Arbeitslosen mit 6 %. Betrachtet man die betriebliche Qualifikation, so überwiegt der Anteil der betrieblich qualifizierten schwerbehinderten Arbeitslosen den der nicht-schwerbehinderten Arbeitslosen um ca. 7 %. Damit sind insgesamt ca. 5 % mehr Arbeitslose mit einer anerkannten Schwerbehinderung fachlich qualifiziert, als es bei den nicht-schwerbehinderten Arbeitslosen der Fall ist. Von den schwerbehinderten Arbeitslosen weisen lediglich ca. 40 % keine Berufsausbildung auf und bei den nicht-schwerbehinderten Arbeitslosen sind es 45 %.

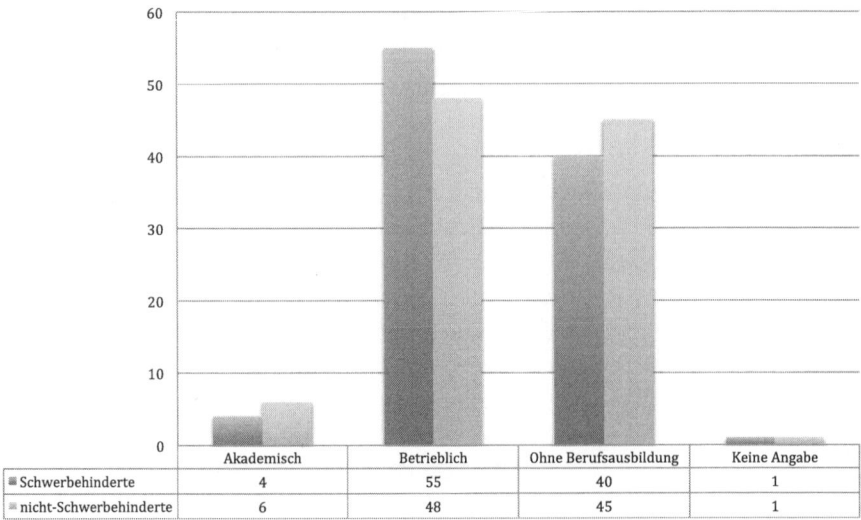

Abb. 3: Fachkräftepotential bei Arbeitslosen mit und ohne Schwerbehinderung (Berichtsjahr 2012)
Quelle: Eigene Darstellung (2013). Der Arbeitsmarkt in Deutschland. Der Arbeitsmarkt für schwerbehinderte Menschen. Mai 2013. Bundesagentur für Arbeit [Hrsg.]. Nürnberg.

2.2 Junge Menschen mit Behinderung/Schwerbehinderung in der Berufsausbildung

Junge Menschen mit einer anerkannten Schwerbehinderung, die gerade eine Berufsausbildung durchlaufen, werden von der Bundesagentur für Arbeit mit der Statistik über »Schwerbehinderte Menschen in Beschäftigung (Anzeigeverfahren SGB IX)« auf Grundlage der Beschäftigungsstatistik ausgewiesen. Diese Statistik wird jährlich retrospektiv publiziert und liegt derzeit für das Berichtsjahr 2011 in der aktuellsten Fassung vor. Für einen zeitlichen Vergleich wird das Berichtsjahr 2008 vor Gültigkeit der Konvention über die Rechte von Menschen mit Behinderung der Vereinten Nationen auf dem Gebiet der Bundesrepublik Deutschland herangezogen. Der Fokus dieser Statistiken liegt insbesondere auf den Menschen mit einer anerkannten Schwerbehinderung, einer Gleichstellung oder sonstigen Anrechnungsgrundlage. Bei den Auszubildenden liegt diese Ausdifferenzierung jedoch nicht vor.

Diese Statistik basiert dabei auf den Daten, die von der Bundesagentur für Arbeit gemäß dem Anzeigeverfahren (§ 80 Abs. 2 SGB IX) erhoben werden. Auf Grundlage dieser Daten entscheidet die Bundesagentur für

Arbeit, ob in einem Betrieb eine Beschäftigungspflicht für Menschen mit einer anerkannten Schwerbehinderung besteht, wie dieser nachgegangen wird oder ob alternativ die Ausgleichsabgabe entrichtet wird. Im SGB IX ist mit den §§ 71 Abs. 1, 73 und 80 festgelegt, dass Betriebe, sofern sie im Gesamtjahresdurchschnitt monatlich mindestens 20 Arbeitsplätze aufweisen, dazu verpflichtet sind, mindestens 5 % dieser Arbeitsplätze mit Menschen mit einer anerkannten Schwerbehinderung zu besetzen. Dafür übermitteln die unter diese Paragraphen fallenden Betriebe ihre Beschäftigungsdaten einmal jährlich an die für sie zuständige Agentur für Arbeit. Dabei liegen für mehrere Betriebe, die sich in der Hand eines einzelnen Arbeitgebers befinden, jeweils gesonderte Beschäftigungsdaten vor.

Die nachfolgende Tabelle gibt einen Überblick über die Anzahl an Auszubildenden mit einer anerkannten Schwerbehinderung auf dem Ausbildungs- und Arbeitsmarkt in Relation zu der Gesamtanzahl an Menschen mit einer anerkannten Schwerbehinderung, einer Gleichstellung oder einer sonstigen Anerkennungsgrundlage zwischen 15 und 25 Jahren. Dabei wird für die Berichtsjahre 2011 und 2008 zwischen der Gesamtanzahl aus dieser Zielgruppe zwischen 15 und 25 Jahren und der Gesamtanzahl an gleichaltrigen Frauen differenziert. Die Gesamtanzahl an gleichaltrigen Männern ergibt sich entsprechend der mathematischen Differenz.

Tab. 2: Auszubildende mit einer anerkannten Schwerbehinderung auf dem Ausbildungs- und Arbeitsmarkt (2011 und 2008 im Vergleich)

		Insgesamt (2011)	Insgesamt (2008)	Frauen (2011)	Frauen (2008)
Insgesamt (zwischen 15 und 25 Jahren)		12.446	12.821	5.250	5.372
nach Personengruppe	Auszubildende	6.191	5.994	2.539	2.462

Quelle: Eigene Darstellung (2013). Schwerbehinderte Menschen in Beschäftigung (Anzeigeverfahren SGB IX). Deutschland 2011 (2008). Bundesagentur für Arbeit [Hrsg.]. Nürnberg.

Zunächst bleibt festzuhalten, dass bei den jungen Menschen zwischen 15 und 25 Jahren aus dieser Zielgruppe ein schwacher Rückgang von ca. − 3 % (− 375 Personen) insgesamt und ca. − 2 % (− 122 Personen) für die Frauen zwischen den Berichtsjahren 2011 und 2008 vorliegt. Allerdings ist die Anzahl an Auszubildenden im gleichen Zeitraum insgesamt von 5.994 Personen auf 6.191 Personen angestiegen. Dies entspricht einem Zuwachs an Auszubildenden von ca. 3 %. Bei den Frauen fällt der Zuwachs von

2.462 Personen auf 2.539 Personen mit ca. 3 % entsprechend aus. Diese marginalen Schwankungen können mit der gegebenen Datengrundlage der Bundesagentur für Arbeit jedoch nicht weiter spezifiziert werden. Möglicherweise handelt es sich um natürliche Schwankungen und keinen positiven Ausbildungseffekt aufgrund der Konvention über die Rechte von Menschen mit Behinderung der Vereinten Nationen. Es zeigt sich, dass Frauen als Auszubildende mit einem Anteil von ca. 42 % (5.250 Personen) von insgesamt 12.446 Personen im Berichtsjahr 2011 und einem Anteil von ca. 43 % (2.462 Personen) von insgesamt 12.821 Personen im Berichtsjahr 2008 weniger häufig erfasst werden. Dies mag darauf zurückzuführen sein, dass bereits in den frühen Lebensphasen der behinderungsspezifische Anteil unter den Männern deutlich höher ausfällt. Dies belegen zum Beispiel die statistischen Daten der Kultusministerkonferenz zu den Förderschülerinnen und -schülern.

Details zu der Förderung der Auszubildenden mit einer anerkannten Schwerbehinderung oder Behinderung sind der nachfolgenden Tabelle zu entnehmen. Diese basiert auf den Statistiken »Förderung der Rehabilitation« bzw. der später umbenannten Statistik »Förderung der Teilhabe behinderter Menschen am Arbeitsleben« sowie der Statistik über die »Eingliederungs-, Ausbildungs- und Arbeitgeberzuschüsse für schwerbehinderte Menschen« der Bundesagentur für Arbeit. Hier kann aktuell für die Berichtsjahre 2012 und 2008 zwischen den jährlichen Zugangs-, Abgangs- und Bestandszahlen sowie der Maßnahmeart differenziert werden. Im Bereich der Berufsausbildung kommen die ausbildungsbegleitenden Hilfen (abH), die finanziellen Ausbildungszuschüsse an Arbeitgeber sowie eine finanziell geförderte Probebeschäftigung in den Betrieben in Frage. Neben diesen finanziellen Förderungen ist das Ziel der ausbildungsbegleitenden Hilfen (abH) insbesondere die fachlich begleitete und unterstützte Aufnahme einer erstmaligen betrieblichen Berufsausbildung für junge Menschen mit Behinderung. Darüber hinaus können die ausbildungsbegleitenden Hilfen (abH) auch zur Förderung einer betrieblichen Zweitausbildung in einem anerkannten Ausbildungsberuf aufgewendet werden, sofern dies einer dauerhaften Eingliederung in den Arbeitsmarkt zuträglich ist.

Tab. 3: Zugang, Abgang und Bestand an Auszubildenden nach Maßnahmeart (2012 und 2008 im Vergleich)

		Zugang (2012)	Abgang (2012)	Bestand (2012)	Zugang (2008)	Abgang (2008)	Bestand (2008)
Insgesamt		9.627	10.137	9.687	9.413	10.286	10.571
nach Maßnahmeart	abH	2.302	2.495	3.071	4.087	4.360	3.082
	Ausbildungszuschüsse	3.094	3.375	5.900	3.141	3.754	7.095
	Probebeschäftigung	4.231	4.267	716*	2.185	2.172	394*

* Geringe Jahresfallzahlen u. a. aufgrund der oftmals kurzen Maßnahmendauer
Quelle: Eigene Darstellung (2013). Förderung der Rehabilitation. Deutschland 2008. Bundesagentur für Arbeit [Hrsg.]. Nürnberg. Förderung der Teilhabe behinderter Menschen am Arbeitsleben. Deutschland 2012. Bundesagentur für Arbeit [Hrsg]. Nürnberg. Eingliederungs-, Ausbildungs- und Arbeitgeberzuschüsse für schwerbehinderte Menschen. Deutschland 2008 (2012). Bundesagentur für Arbeit (Hrsg). Nürnberg.

Die Tabelle offenbart, dass sich zwischen den Zugängen und Abgängen an geförderten Auszubildenden zwischen den Berichtsjahren 2012 und 2008 nur wenig verändert hat. Lagen die jährlichen Zugänge im Berichtsjahr 2012 bei insgesamt 9.627 Personen, so lagen sie im Berichtsjahr 2008 mit insgesamt 9.413 Personen nur unwesentlich darunter. Auch die Abgangszahlen für das Berichtsjahr 2012 (insgesamt 10.137 Personen) und das Berichtsjahr 2008 (insgesamt 10.286 Personen) liegen annähernd gleichauf. Insgesamt entspricht dies einem Zuwachs der jährlichen Zugangszahlen um ca. 2 % und einem Rückgang der jährlichen Abgangszahlen um ca. 1 %. Durch diese geringen Veränderungen liegt der Jahresbestand von insgesamt 10.571 Personen im Berichtsjahr 2008 weitestgehend bei den 9.687 Personen im Berichtsjahr 2012. Damit wurden im Berichtsjahr 2008 annähernd ca. 85 % der Auszubildenden mit einer anerkannten Schwerbehinderung oder Behinderung aus der vorhergegangenen Tabelle auf dem Ausbildungs- und Arbeitsmarkt öffentlich durch ausbildungsbegleitende Hilfen (abH) oder Ausbildungszuschüsse gefördert. In den aktuellen Berichtsjahren 2012 und 2011 liegt der Anteil schätzungsweise bei ca. 75 %.

Die Zahl der Probebeschäftigten im Zu- und Abgang, als auch im Jahresbestand hat sich im Vergleich zum Berichtsjahr 2008 verdoppelt, diese tragen aber aufgrund der geringen Maßnahmendauer kaum zum summierten Jahresbestand für das Berichtsjahr 2012 bei. Dieser Zuwachs kann ein wichtiger Hinweis auf die Vermittlungsbemühungen der Bundesagentur für Arbeit seit der Konvention über die Rechte von Menschen mit Behinderung der Vereinten Nationen sein. Bei den gewährten Ausbildungszuschüssen ist die Anzahl der verzeichneten Zu- und Abgänge zwischen den Berichtsjahren 2012 und 2008 weitestgehend identisch, aber der Jahresbestand ist von 7.095 Personen auf 5.900 Personen um ca. 20 % gesunken.

Wenn eine reguläre Berufsausbildung für die jungen Menschen mit Behinderung oder Schwerbehinderung nicht möglich scheint, kann nach einer Eignungsuntersuchung auf die besonderen Ausbildungsregelungen gemäß § 66 des Berufsbildungsgesetzes (BBiG) und § 42m der Handwerksordnung (HwO) zurückgegriffen werden. Diese legen fest, dass die Ausbildungsinhalte »[...] unter Berücksichtigung von Lage und Entwicklung des allgemeinen Arbeitsmarktes aus den Inhalten anerkannter Ausbildungsberufe entwickelt werden« (BBiG § 66), sodass eine möglichst anwendungsorientierte und an ihren Bedürfnissen ausgerichtete Ausbildung für Menschen mit Behinderung ermöglicht wird. Das BBiG und die HwO enthalten ebenfalls Regelungen für die Räume, die Ausstattung und das Personal in den Ausbildungseinrichtungen für die Berufsausbildung von jungen Menschen mit Behinderung oder Schwerbehinderung (§ 27 BBiG und § 21 HwO). Entsprechend dem aktuellen Teilhabebericht der Bundesregierung über die Lebenslagen von Menschen mit Beeinträchtigungen ist bei dieser Form der Berufsausbildung ein rückläufiger Trend zu verzeichnen: »Gegenüber 2007 ist die absolute Zahl der Neuabschlüsse in Ausbildungsberufen für Menschen mit Behinderung rückläufig, ihre relative Bedeutung, gemessen an ihrem Anteil an allen neu abgeschlossenen Ausbildungsverträgen, geht erstmalig zum Jahr 2010 zurück. Ob dieser Rückgang auf eine möglicherweise verstärkte Nutzung des regulären Ausbildungsangebots zurückzuführen ist, ist den Daten nicht zu entnehmen« (BMAS 2013, S. 102). Dabei greifen mehr Männer als Frauen auf das Angebot eines Ausbildungsberufes für Menschen mit Behinderung zurück. Darüber hinaus liegt der Anteil der neu abgeschlossenen Ausbildungsverträge in Ausbildungsberufen für Menschen mit Behinderung in Ostdeutschland (ca. 4,6 %) mehr als doppelt so hoch als in Westdeutschland (ca. 1,8 %) und diese lassen sich häufig den Branchen Hauswirtschaft und Landwirtschaft zuordnen. Das Bundesministerium für Arbeit und Soziales hält hierzu fest, dass die »[..] Konzentration auf Berufsfelder mit eher praktischen Anforderungen [..] auch dadurch zu erklären [ist], dass diese Ausbildungsgänge Menschen vorbehalten sind, für die eine Ausbildung in einem anerkannten Ausbildungsberuf aufgrund von Art oder Schwere ihrer Beeinträchtigung nicht in Betracht kommt« (BMAS 2013, S. 103).

Ausgehend von den genannten Herausforderungen für junge Menschen mit Behinderung oder Schwerbehinderung empfiehlt sich nachfolgend ein Blick auf die Situationen im System der beruflichen Rehabilitation und auf dem regulären Arbeitsmarkt.

2.3 Menschen mit Behinderung im System der beruflichen Rehabilitation

Die Förderstatistik der Bundesagentur für Arbeit informiert in ihrem Bericht »Teilhabe behinderter Menschen am Arbeitsleben – Rehabilitanden« über Menschen mit Behinderung im Sinne des § 19 SGB III. Demnach gelten Menschen als behindert, wenn deren Aussichten, am Arbeitsleben teilzuhaben oder weiter teilzuhaben, wegen Art oder Schwere ihrer Behinderung im Sinne von § 2 Abs. 1 SGB IX nicht nur vorübergehend wesentlich gemindert sind und deshalb Hilfen zur Teilhabe am Arbeitsleben benötigt werden. Dies gilt ebenfalls für lernbehinderte Menschen oder Menschen, denen eine Behinderung mit vergleichbaren Folgen droht. Diese Statistiken liegen in der aktuellsten Fassung für das Berichtsjahr 2012 vor. Für einen zeitlichen Vergleich wird erneut auf das Berichtsjahr 2008 verwiesen.

Die Statistik »Teilhabe behinderter Menschen am Arbeitsleben – Rehabilitanden« differenziert nach monatlichen/jährlichen Zugängen, monatlichen/jährlichen Abgängen und den monatlichen/jährlichen Bestandszahlen. Ein monatlicher Zugang oder Abgang wird beispielsweise dann verzeichnet, wenn die Entscheidung über die Aufnahme oder Beendigung eines Rehabilitationsfalles zwischen dem Zähltag des Vormonats und dem aktuellen Zähltag getroffen wird. Entsprechend wird die Jahressumme über alle Monate eines Jahres gebildet. In den jährlichen Bestandszahlen sind alle Fälle berücksichtigt, bei denen die Entscheidung über die Aufnahme eines Rehabilitationsfalles positiv getroffen wurde und die bis zum aktuellen Zähltag des Folgejahres noch nicht beendet sind.

Darüber hinaus wird in Rehabilitanden in der Ersteingliederung und der Wiedereingliederung unterschieden. Bei den Rehabilitandinnen und Rehabilitanden in der Ersteingliederung handelt es sich in der Regel um junge Menschen mit Behinderung oder um junge Menschen, die von einer Behinderung bedroht sind, deren möglichst vollständige und dauerhafte Eingliederung in den ersten Arbeitsmarkt erreicht werden soll. Die Wiedereingliederung betrifft Menschen mit Behinderung oder von einer Behinderung bedrohte Menschen, die nach einer ersten Phase der Beschäftigung auf dem ersten Arbeitsmarkt wegen einer gesundheitlichen Schädigung oder den Auswirkungen einer Behinderung nicht mehr in der Lage sind, ihren erlernten Beruf oder ihre bisherige Tätigkeit auszuüben.

Die nachfolgende Tabelle strukturiert die Rehabilitandinnen und Rehabilitanden nach den jährlichen Zugangs-, Abgangs-, und Bestandszahlen in der Erst- und Wiedereingliederung und differenziert darüber hi-

195

naus nach deren Rechtskreisen. Menschen mit Behinderung ohne bisherige Beschäftigung auf dem ersten Arbeitsmarkt oder deren Beschäftigung mehr als 12 Monate zurück liegt, gehören in der Regel zum Rechtskreis SGB II. Alle anderen Rehabilitandinnen und Rehabilitanden gehören in der Regel zum Rechtskreis SGB III.

Tab. 4: Zugang, Abgang und Bestand an Rehabilitanden in der Erst- und Wiedereingliederung (2012 und 2008 im Vergleich)

		Zugang (2012)	Abgang (2012)	Bestand (2012)	Zugang (2008)	Abgang (2008)	Bestand (2008)
Insgesamt		65.861	77.499	181.764	69.018	66.187	267.347
nach Eingliederungsart	Ersteingliederung	43.117	50.988	130.831	46.640	36.616	169.664
	Wiedereingliederung	22.744	26.511	50.933	22.377	29.570	97.677
nach Rechtskreis	SGB III (insgesamt)	46.310	50.795	125.057	46.815	39.386	154.737
	SGB II (insgesamt)	19.551	26.704	57.707	22.203	26.801	112.610

Quelle: Eigene Darstellung (2013). Teilhabe behinderter Menschen am Arbeitsleben – Rehabilitanden. Deutschland 2012 (2008). Bundesagentur für Arbeit [Hrsg.]. Nürnberg.

Die Tabelle verdeutlicht einige der in den vergangenen Jahren stattfindenden Veränderungsprozesse im System der beruflichen Rehabilitation, ohne alle dazwischen liegenden Berichtsjahre ausweisen zu können. Bis einschließlich zum Berichtsjahr 2008 lag die Zahl der Zugänge in das System der beruflichen Rehabilitation jeweils leicht über den Abgangszahlen. Dies führte im Berichtsjahr 2008 zu einem Bestand von 267.347 Rehabilitandinnen und Rehabilitanden. Dieser Bestand hat sich in den nachfolgenden Jahren jeweils um rund 20.000 Rehabilitandinnen und Rehabilitanden dezimiert. Folglich weist das Berichtsjahr 2012 einen Bestand an 181.764 Rehabilitandinnen und Rehabilitanden aus, wobei die Anzahl der Abgänger die der Zugänge auch in diesem Jahr noch um ca. 18 % übersteigt. Hier ist demnach ein anhaltender Abwärtstrend zu verzeichnen, der möglicherweise auf das inzwischen erreichte Berufsaustrittsalter der einstigen Baby-Boom-Generation zurückzuführen ist.

Im Berichtsjahr 2012 liegt der sich im Zu- (43.117 Personen) oder Abgang (50.988 Personen) befindliche Anteil der Rehabilitandinnen und Rehabilitanden in der Ersteingliederung bei ca. 65 %. Bei den Bestandszahlen (130.831) entfallen im Berichtsjahr 2012 ca. 72 % der Rehabilitandinnen und Rehabilitanden auf die Ersteingliederung. Der Anteil in der Wiedereingliederung liegt entsprechend bei ca. 35 % im Zu- oder Abgang und bei ca. 28 % bei den Bestandszahlen. Eine ähnliche Verteilung findet sich für das Berichtsjahr 2012 in der Unterscheidung nach Rehabilitandinnen und Rehabilitanden aus den Rechtskreisen SGB II oder SGB III. Annähernd zwei Drittel aller Rehabilitandinnen und Rehabilitanden sind demnach dem Rechtskreis SGB III zuzuordnen und etwa ein Drittel aller Rehabilitandinnen und Rehabilitanden gehört zu dem Rechtskreis SGB II. Dieses ungefähre 2/3 zu 1/3 Verhältnis, bezogen auf das Verhältnis von Erst- zu Wiedereingliederung und Rechtskreis SGB III zu SGB II, scheint seit dem Berichtsjahr 2008 unverändert.

Einen differenzierteren Blick auf die Maßnahmen im System der beruflichen Rehabilitation gewährt die Statistik »Förderung der Teilhabe behinderter Menschen am Arbeitsleben« der Bundesagentur für Arbeit. So gibt die nachfolgende Tabelle für die Berichtsjahre 2012 und 2008 einen Überblick über die Entwicklung der Zugänge, Abgänge und Bestandszahlen im System der beruflichen Rehabilitation und differenziert darüber hinaus nach den häufigsten Maßnahmen. Diese sind beispielsweise die allgemeinen Berufsvorbereitenden Bildungsmaßnahmen (BvB-A), die rehaspezifischen Berufsvorbereitenden Bildungsmaßnahmen (BvB-R), die Berufsausbildung in außerbetrieblichen Einrichtungen (BaE) sowie die besonderen Maßnahmen zur Ausbildungsförderung (Reha-bMA). Die Berufsausbildung in außerbetrieblichen Einrichtungen (BaE) richtet sich an lernbeeinträchtigte und sozial benachteiligte junge Menschen, die auch mit den ausbildungsbegleitenden Hilfen (abH) nicht in einem Betrieb ausgebildet werden könne. Ziel der Berufsausbildung in außerbetrieblichen Einrichtungen (BaE) sind ein entsprechender Ausbildungsabschluss sowie ein möglichst frühzeitiger Wechsel in eine betriebliche Ausbildungsform. Sowohl die Berufsvorbereitenden Bildungsmaßnahmen (BvB) als auch die besonderen Maßnahmen zur Ausbildungsförderung (Reha-bMA) finden in der Regel ohne eine direkte Anbindung an einen Betrieb statt. Darüber hinaus werden die Rehabilitandinnen und Rehabilitanden im Eingangsverfahren (EV) und im Berufsbildungsbereich (BBB) der Werkstätten für behinderte Menschen (WfbM) ausgewiesen.

Tab. 5: Zugang, Abgang und Bestand an Rehabilitanden nach Maßnahmeart (2012 und 2008 im Vergleich)

		Zugang (2012)	Abgang (2012)	Bestand (2012)	Zugang (2008)	Abgang (2008)	Bestand (2008)
Insgesamt		53.300	57.685	80.421	66.096	70.334	98.036
nach Maßnahmeart	BvB-A	5.709	6.379	4.087	11.228	12.494	7.453
	BvB-R	15.180	15.465	10.594	15.176	14.147	9.941
	BaE	1.774	2.849	4.5283	3.764	5.908	9.887
nach WfbM	RehabMA	16.094	18.401	6.398	19.517	21.117	43.405
	EV /BBB	14.543	14.591	24.814	16.411	16.668	27.350

Quelle: Eigene Darstellung (2013). Förderung der Rehabilitation. Deutschland 2008. Bundesagentur für Arbeit (Hrsg.). Nürnberg. Förderung der Teilhabe behinderter Menschen am Arbeitsleben. Deutschland 2012. Bundesagentur für Arbeit (Hrsg.). Nürnberg.

Die Differenzierung des Systems der beruflichen Rehabilitation nach der Maßnahmeart legt nahe, dass die meisten Rehabilitandinnen und Rehabilitanden in berufsvorbereitenden, ausbildungsfördernden oder alternativ beschäftigenden Maßnahmen teilnehmen, so dass sie nicht direkt in einen Betrieb auf dem ersten Arbeitsmarkt beschäftigt sein müssen. So lag der Anteil der Rehabilitandinnen und Rehabilitanden auf dem zweiten Arbeitsmarkt in den Werkstätten für behinderte Menschen (WfbM) zwischen ca. 27 % im Berichtsjahr 2008 und ca. 30 % im Berichtsjahr 2012. Dabei ist insgesamt erneut ein Rückgang um ca. 22 % in den Jahresbestandszahlen festzustellen. Auch dieser Rückgang kann unter Umständen auf die demographiebedingten Veränderungen des Ausbildungs- und Arbeitsmarktes zurückzuführen sein. Darüber hinaus ist ein deutlicher Rückgang der Rehabilitandinnen und Rehabilitanden in den allgemeinen Berufsvorbereitenden Bildungsmaßnahmen (BvB-A) um ca. 55 % zu verzeichnen, während die Bestandszahl in den rehaspezifischen Berufsvorbereitenden Bildungsmaßnahmen (BvB-R) von 9.941 Personen im Berichtsjahr 2008 auf 10.541 Personen im Berichtsjahr 2012 um ca. 7 % zugelegt haben. Dadurch erfolgt eine Verlagerung von den allgemeinen Maßnahmen hin zu den reha- und behinderungsspezifischen Maßnahmen. Die Konvention über die Rechte von Menschen mit Behinderung der Vereinten Nationen spräche hingegen für eine Verlagerung zu den allgemeinen Maßnahmen.

Auch die Berufsausbildung in außerbetrieblichen Einrichtungen (BaE) und die besonderen Maßnahmen zur Ausbildungsförderung (Reha-bMA) verzeichnen einen deutlichen Rückgang, sowohl in den Zu- und Abgangszahlen als auch in den Jahresbeständen. Dies spricht erneut für die geringer werdende Anzahl an jungen Rehabilitandinnen und Rehabilitanden in der Ersteingliederung.

2.4 Menschen mit Behinderung/Schwerbehinderung auf dem Arbeitsmarkt

Einen quantitativen Überblick über die Situation der Menschen mit Behinderung/Schwerbehinderung auf dem Arbeitsmarkt der Bundesrepublik Deutschland ermöglichen ebenfalls die Statistiken über »Schwerbehinderte Menschen in Beschäftigung (Anzeigeverfahren SGB IX)« auf Grundlage der jährlichen Beschäftigungsstatistik der Bundesagentur für Arbeit. Die nachfolgende Tabelle gibt einen Überblick über die Anzahl an Menschen mit einer anerkannten Schwerbehinderung, einer Gleichstellung oder sonstigen Anrechnungsgrundlage, gestaffelt nach verschiedenen Alters- und Personengruppen. Dabei wird zwischen der Gesamtanzahl und der Gesamtanzahl an Frauen für die Berichtsjahre 2011 und 2008 differenziert. Die Gesamtzahl an Männern ergibt sich erneut aus der mathematischen Differenz.

Tab. 6: Menschen mit einer anerkannten Schwerbehinderung, einer Gleichstellung oder einer sonstigen Anrechnungsgrundlage in Beschäftigung auf dem Arbeitsmarkt (2011 und 2008 im Vergleich)

			Insgesamt (2011)	Insgesamt (2008)	Frauen (2011)	Frauen (2008)
Insgesamt			932.156	846.166	404.910	359.268
nach Altersgruppe		15 bis unter 20 Jahre	1.860	2.696	691	1.074
		20 bis unter 25 Jahre	10.586	10.126	4.559	4.298
		25 bis unter 30 Jahre	18.777	17.943	8.503	8.148
		30 bis unter 35 Jahre	29.226	27.670	13.646	12.532
		35 bis unter 40 Jahre	43.516	54.241	19.713	23.865
		40 bis unter 45 Jahre	90.339	98.798	41.220	43.409
		45 bis unter 50 Jahre	151.159	144.263	67.318	62.499
		50 bis unter 55 Jahre	198.655	179.751	88.613	79.407
		55 bis unter 60 Jahre	242.441	219.467	105.930	92.490
		60 Jahre und älter	145.434	90.900	54.659	31.430

		Insgesamt (2011)	Insgesamt (2008)	Frauen (2011)	Frauen (2008)
nach Personengruppe	Schwerbehinderte	780.017	708.571	342.381	303.757
	Gleichgestellte	141.352	126.655	59.971	53.045
	Sonstige	4.550	4.945	5	3

Quelle: Eigene Darstellung (2013). Schwerbehinderte Menschen in Beschäftigung (Anzeigeverfahren SGB IX). Deutschland 2011 (2008). Bundesagentur für Arbeit [Hrsg.]. Nürnberg.

So waren im Berichtsjahr 2011 insgesamt 932.156 Menschen mit einer anerkannten Schwerbehinderung, einer Gleichstellung oder einer sonstigen Anrechnungsgrundlage als Beschäftigte bei den zuständigen Agenturen für Arbeit gemeldet. Damit ist seit 2008 ein Zuwachs der Anzahl an Beschäftigten dieser Zielgruppe von ca. 10 % (85.990 Personen) verzeichnet worden. Bei den Frauen ist die Gesamtanzahl von 359.268 Beschäftigten im Berichtsjahr 2008 auf insgesamt 404.910 Beschäftigte im Berichtsjahr 2011 angestiegen. Dies entspricht einem Anstieg von ca. 13 % (45.642 Personen). Dass dieser Anstieg weniger auf eine möglicherweise mit der Konvention über die Rechte von Menschen mit Behinderung der Vereinten Nationen einhergegangene Veränderung in der Vermittlungssystematik des Systems der beruflichen Rehabilitation zurückzuführen ist, verdeutlicht ein Blick auf die gegebenen Altersgruppen in den Berichtsjahren 2011 und 2008. Hier konzentrieren sich die stärksten Zuwächse in den Altersgruppen zwischen 45 und mehr als 60 Jahren sowohl insgesamt als auch für die Frauen gleichermaßen. In den jüngeren Altersgruppen überwiegen hingegen die Rückgänge der Beschäftigtenzahlen. Dieser Effekt ist dadurch zu erklären, dass demographiebedingt einige der Menschen mit einer anerkannten Schwerbehinderung, einer Gleichstellung oder einer sonstigen Anrechnungsgrundlage zwischen den Berichtsjahren 2011 und 2008 in die nächsthöhere Altersgruppe vorgerückt sind und dass die Anzahl der im Laufe des Erwerbslebens Leistungsgewandelten in den höheren Altersgruppen am höchsten ausfallen mag.

Der Anteil der Menschen mit einer Gleichstellung liegt in den Berichtsjahren 2011 und 2008 insgesamt (141.352 Personen) als auch in der Gruppe der Frauen (59.971 Personen) bei ca. 15 %. Den geringsten Anteil stellt die Gruppe der Menschen mit einer sonstigen Anrechnungsgrundlage. Dieser liegt bei den Männern bei ca. 0,5 % im Berichtsjahr 2011 und bei ca. 0,6 % im Berichtsjahr 2008 (4.945 Personen). Da die sonstigen Anrechnungsgrundlagen nicht von der Bundesagentur für Arbeit ausgewiesen werden, sind keine Rückschlüsse auf die zu vernachlässigenden geringen Anteile in der Gruppe der Frauen möglich.

Darüber hinaus differenziert die Statistik über »Schwerbehinderte Menschen in Beschäftigung (Anzeigeverfahren SGB IX)« nach den ausgewiesenen Arbeitgebern mit einer amtlich anerkannten Schwerbehinderung. Diese sind in der zuvor genannten Tabelle nicht ausgewiesen. Deren Anzahl liegt aber im Berichtsjahr 2011 bei 152 Personen und im Berichtsjahr 2008 bei 176 Personen. Dies entspricht einem Rückgang von ca. 16 % seit bundesdeutscher Einführung der Konvention über die Rechte von Menschen mit Behinderung der Vereinten Nationen. Dieser Rückgang kann möglicherweise mit der in diesem Zeitraum stattfindenden Wirtschaftskrise in Verbindung gebracht werden. Die Statistik über »Schwerbehinderte Menschen in Beschäftigung (Anzeigeverfahren SGB IX)« ermöglicht diesbezüglich aber keine weiteren Rückschlüsse und dieser Effekt lässt sich für nicht-behinderte Arbeitgeber nicht nachzeichnen. So wird beispielsweise ausgewiesen, dass die Anzahl an gemeldeten Betrieben mit 20 und mehr Beschäftigten zwischen den Berichtsjahren 2011 und 2008 zugelegt hat. So stieg die Anzahl der privaten Arbeitgeber um ca. 5 % von 124.789 auf 131.635 und die der öffentlichen Arbeitgeber um ca. 4 % von 10.736 auf 11.212.

Mit der Differenzierung in private und öffentliche Arbeitgeber kann ebenfalls in deren Beschäftigungsquoten von Menschen mit einer anerkannten Schwerbehinderung differenziert werden. Bei den privaten Arbeitgebern stieg die Beschäftigungsquote zwischen den Berichtsjahren 2011 und 2008 von 3,7 % auf 4,0 %. Dies entspricht einem Zuwachs von insgesamt 0,3 %. Bei den öffentlichen Arbeitgebern betrug der Zuwachs insgesamt 0,4 % und veränderte die Beschäftigungsquote von 6,1 % im Berichtsjahr 2008 auf 6,5 % im Berichtsjahr 2011. Die höchste Beschäftigungsquote erreichen die Bundesbehörden, deren Wert sich zwischen den Berichtsjahren bei 9 % bis 10 % einpendelt.

Die nachfolgende Tabelle basiert auf der Statistik über die »Eingliederungs-, Ausbildungs- und Arbeitgeberzuschüsse für schwerbehinderte Menschen« der Bundesagentur für Arbeit. Darin ausgewiesen sind die Zugänge, Abgänge und der Bestand an gewährten Eingliederungszuschüssen für schwerbehinderte Menschen (EGZ-SB) in den Berichtsjahren 2011 und 2008. Eingliederungszuschüsse können von Arbeitgebern für die Einstellung von förderungsbedürftigen Arbeitnehmern in Form von finanziellen Zuschüssen zu den Arbeitsentgelten bei der Bundesagentur für Arbeit geltend gemacht werden. Dadurch soll die durch eine amtlich anerkannte Schwebehinderung eines potentiellen Arbeitnehmers erwartete Minderleistung kompensiert werden.

Tab. 7: Zugang, Abgang und Bestand an geförderten Arbeitsplätzen nach Rechtskreisen (2011 und 2008 im Vergleich)

		Zugang (2011)	Abgang (2011)	Bestand (2011)	Zugang (2008)	Abgang (2008)	Bestand (2008)
Insgesamt	EGZ-SB	**11.875**	**12.044**	**12.802**	**11.928**	**11.390**	**12.908**
nach Rechtskreis	§ 219 § 421f	8.293 2.582	9.102 2.942	9.138 3.664	9.102 2.826	10.306 1.084	10.502 2.406

*Geringe Jahresfallzahlen u. a. aufgrund der oftmals kurzen Maßnahmendauer
Quelle: Eigene Darstellung (2013). Eingliederungs-, Ausbildungs- und Arbeitgeberzuschüsse für schwerbehinderte Menschen. Deutschland 2008 (2011). Bundesagentur für Arbeit [Hrsg.]. Nürnberg.

Es zeigt sich, dass die Summe der Jahresbestandszahlen an beantragten oder gewährten Eingliederungszuschüssen für schwerbehinderte Menschen (EGZ-SB) zwischen den Berichtsjahren 2012 und 2008 von insgesamt 12.908 Personen um lediglich ca. 1 % auf 12.802 Personen gesunken ist. Die Zugangszahlen sind im gleichen Zeitraum hingegen um ca. 15 % und die Abgangszahlen um ca. 7 % gesunken. Dieser Rückgang bezieht sich sowohl auf die Eingliederungszuschüsse für schwerbehinderte Menschen (EGZ-SB) nach § 219 SGB III als auch nach § 421f SGB III. Gemäß § 219 (1) SGB III bezieht sich diese Art des Eingliederungszuschusses auf »[...] schwerbehinderte Menschen im Sinne des § 104 Abs. 1 Nr. 3 Buchstabe a bis d des Neunten Buches und ihnen nach § 2 Abs. 3 des Neunten Buches von den Agenturen für Arbeit gleichgestellte behinderte Menschen, die wegen in ihrer Person liegender Umstände nur erschwert vermittelbar sind«. Dabei darf die Förderung in der Regel nicht 70 Prozent des berücksichtigungsfähigen Arbeitsentgelts sowie eine 36 monatige Förderdauer überschreiten. Bei älteren schwerbehinderten Menschen kann die Förderdauer hingegen bis zu 96 Monaten betragen. »Nach Ablauf von zwölf Monaten ist der Eingliederungszuschuss entsprechend der zu erwartenden Zunahme der Leistungsfähigkeit des Arbeitnehmers und den abnehmenden Eingliederungserfordernissen gegenüber der bisherigen Förderhöhe, mindestens aber um zehn Prozentpunkte jährlich, zu vermindern« (§ 219 (3) SGB III). Dabei sollen in der Regel mindestens 30 % Eingliederungszuschuss bestehen bleiben und ältere schwerbehinderte Menschen können über einen Zeitraum von 24 Monaten ohne Minderung gefördert werden. Diejenigen, die zum Zeitpunkt der Förderleistung das 50. Lebensjahr überschritten haben, werden in der Tabelle gesondert über den § 421f SGB III ausgewiesen.

So zeigt sich, dass schwerpunktmäßig über den § 219 SGB III Arbeitsplätze für Personen unter 50 Jahren bezuschusst werden. Im Berichtsjahr 2011 lag das Verhältnis der Jahresbestandszahlen bei 9.138 Personen im Rechtskreis § 219 SGB III zu 3.664 Personen im Rechtskreis § 421f SGB III. Dabei hat die Förderung für Personen über 50 Jahren zwischen den Berichtsjahren 2011 und 2008 um ca. 52 % zugelegt. Dieser Trend einer Verlagerung auf die höheren Altersklassen findet sich ebenfalls in der Tabelle über die Menschen mit einer anerkannten Schwerbehinderung, einer Gleichstellung oder einer sonstigen Anrechnungsgrundlage in Beschäftigung auf dem Arbeitsmarkt wieder, so dass sich die demographiebedingten Folgen bereits in der Förderstatistik niederzuschlagen scheinen.

2.5 Darstellung der Arbeitslosigkeit von Menschen mit Behinderung/Schwerbehinderung

Die Bundesagentur für Arbeit verweist auf die Arbeitslosigkeit von Menschen mit einer anerkannten Schwerbehinderung in ihrer Statistik »Arbeitsmarkt in Zahlen«, wobei ein gesonderter Bericht zu den »Arbeitslosen nach Personengruppen – Arbeitslose Schwerbehinderte« für Juli 2013 vorliegt. Darin werden Menschen mit einer anerkannten Behinderung oder Gleichstellung nicht gesondert aufgelistet (vgl. Bundesagentur für Arbeit 2013c).

Als Arbeitslose gelten in dieser Statistik alle Menschen mit einer anerkannten Schwerbehinderung, die zwischen dem 15. und bis zur Vollendung ihres 65. Lebensjahres arbeitsuchend gemeldet sind und nicht oder weniger als 15 Stunden pro Woche arbeiten. Teilnehmer im allgemeinen und darüber hinaus qualifizierenden Bildungssystem sowie Teilnehmer an Maßnahmen der beruflichen Weiterbildung sind demnach keine Arbeitslosen. Auch zählen erkrankte Personen, sowie solche mit Altersrentenbezügen, die nicht für eine sofortige Arbeitsaufnahme als Arbeitnehmer zur Verfügung stehen, nicht zu dem Personenkreis der Arbeitslosen.

Die Arbeitslosigkeit von Menschen mit einer anerkannten Schwerbehinderung hatte ihren niedrigsten bei der Bundesagentur für Arbeit verzeichneten Wert im Berichtsjahr 2008, dieser lag bei 163.854 Personen im Berichtsmonat Juli. Generell verdeutlicht der Berichtsmonat Juli in der Tabelle über die dargestellten Jahre die konjunkturellen Schwankungen auf dem Arbeitsmarkt. In dem Wintermonat Januar liegt die Arbeitslosigkeit prinzipiell über der Arbeitslosigkeit in den Sommermonaten. Für die Jahresbestandszahlen ist zwischen den Berichtsjahren 2013 und 2010 kein eindeutiger Trend feststellbar. So steigt die Arbeitslosigkeit unter den Menschen mit einer anerkannten Schwerbehinderung zwischen Januar 2010 und Januar 2013 um ca. 4 % von 177.443 Personen auf 183.084 Personen an. Zwischenzeitlich wurde ebenfalls ein Höchstwert von insgesamt 189.226 im Berichtsmonat Januar 2011 verzeichnet. Insbesondere bei den Zu- und Abgangszahlen wird deutlich, dass die Zugangszahlen die Abgangszahlen in den Wintermonaten immer wieder um ca. 10.000 Personen übertreffen. Die verzeichneten Abgänge aus der Arbeitslosigkeit in den Sommermonaten liegt hingegen nur leicht über den in den Sommermonaten verzeichneten Zugängen.

Tab. 8: Zugang, Abgang und Bestand an Arbeitslosen mit einer amtlich anerkannten Schwerbehinderung (Konjunkturvergleich 2010 bis 2013, Referenzwert aus 2008)

		Zugang	Abgang	Bestand
Referenz (2008)				163.854
nach Berichtsmonat	Januar 2010	36.802	27.557	177.443
	Juli 2010	32.802	34.191	174.297
	Januar 2011	40.068	29.013	189.226
	Juli 2011	31.079	32.992	179.844
	Januar 2012	37.632	28.830	182.679
	Juli 2012	30.233	30.672	175.789
	Januar 2013	35.260	26.601	183.034
	Juli 2013	30.069	31.054	176.973

Quelle: Eigene Darstellung (2013). Arbeitslose nach Personengruppen. Arbeitslose Schwerbehinderte. Deutschland 2013. Bundesagentur für Arbeit [Hrsg.]. Nürnberg.

Die Bundesagentur für Arbeit weist in ihren Erörterungen darauf hin, dass mit den zur Verfügung stehenden Daten insbesondere die Abnahme der mittleren Altersgruppe zwischen 25 und 55 Jahren sowie die Zunahme der Altersgruppe ab 55 Jahren verzeichnet werden kann. Darüber hinaus habe das Auslaufen der Vorruhestandsregelung zu einer Verschärfung der Situation für älterer Menschen mit einer anerkannten Schwerbehinderung beigetragen (vgl. Bundesagentur für Arbeit 2013b: 6). Darüber hinaus sei die Zahl der Arbeitslosen Menschen mit einer anerkannten Schwerbehinderung weniger den Folgen der seit 2008 einsetzenden Wirtschaftskrise ausgesetzt gewesen, als die Zahl der nicht-behinderten Arbeitslosen. Dies sei auf die besonderen Schutzvorschriften für Menschen mit einer anerkannten Schwerbehinderung oder Gleichstellung zurückzuführen.

Die Arbeitslosenquote von Menschen mit einer anerkannten Schwerbehinderung kann mit den vorliegenden Daten nicht mit der Arbeitslosenquote von Menschen ohne eine Behinderung verglichen werden. Als Vergleichsgröße seien hier lediglich die ca. 2,72 Millionen nicht-schwerbehinderten Arbeitslosen genannt. Stattdessen kann aber die prozentuale Veränderung der Jahresbestandszahlen für die verschiedenen Altersgruppen von den Menschen mit und ohne Behinderung nachgezeichnet werden. Hier kann beispielhaft auf die Arbeitslosigkeit für beide Personengruppen aus dem Berichtsjahr 2007 als Referenzwert zurückgegriffen werden.

Tab. 9: Prozentuale Veränderung der Arbeitslosigkeit von Schwerbehinderten und nicht-Behinderten (2012 und 2007 im Vergleich)

		Prozentuale Veränderung zum Berichtsjahr 2008 (Schwerbehinderung)	Prozentuale Veränderung zum Berichtsjahr 2008 (ohne Behinderung)
Insgesamt		- 1 %	- 23 %
nach Altersgruppen	15 bis 25 Jahre	- 14 %	- 32 %
	25 bis 55 Jahre	- 17 %	- 28 %
	> 55 Jahre	+ 44 %	+ 15 %

Quelle: Eigene Darstellung (2013). Der Arbeitsmarkt in Deutschland. Der Arbeitsmarkt für schwerbehinderte Menschen. Mai 2013. Bundesagentur für Arbeit [Hrsg.]. Nürnberg.

Die Tabelle zeigt deutlich, dass die Arbeitslosigkeit von Menschen ohne Behinderung seit 2007 deutlicher abgenommen hat als die Arbeitslosigkeit von Menschen mit einer anerkannten Schwerbehinderung. Die Werte liegen insgesamt für Menschen mit einer anerkannten Schwerbehinderung bei − 1 % und für Menschen ohne eine Behinderung bei − 23 %. Auch in den Altersgruppen zwischen 15 bis 25 Jahre und 25 bis 55 Jahre fällt der Rückgang der Arbeitslosigkeit für Menschen ohne Behinderung deutlicher aus. Dass sich in der vorhergehenden Tabelle bei diesem Rückgang keine größeren Schwankungen der Jahresbestandszahlen einstellen, ist auf den deutlichen Zuwachs der Arbeitslosigkeit in der Altersgruppe ab 55 Jahren zurückzuführen. Während bei den Menschen ohne Behinderung der Zuwachs bei 15 % liegt, fällt er für die Menschen mit einer anerkannten Schwerbehinderung mit 44 % deutlich höher aus. Hier zeigen sich zum einen die demographiebedingte Verlagerung der Altersstrukturen und zum anderen die Herausforderungen in der Partizipation am Erwerbsleben für die höheren Altersgruppen.

3 Barrieren und Förderungsmöglichkeiten im betrieblichen Kontext

3.1 Barrieren und Lösungsstrategien bei der Rekrutierung und Einstellung von Menschen mit Behinderung/Schwerbehinderung

Menschen mit Behinderung können auf dem Ausbildungs- und Arbeitsmarkt besonderen Schwierigkeiten begegnen, die unmittelbar ihre Chancen auf eine Partizipation am Erwerbsleben betreffen. Obwohl die betrieblichen Rekrutierungsprozesse über objektive Kriterien eine Chancengerechtigkeit für alle Bewerberinnen und Bewerber anzustreben versuchen, können insbesondere Menschen mit Behinderung den verschiedensten behinderungsspezifischen Barrieren innerhalb der einzelnen Rekrutierungsphasen begegnen. Diese Barrieren können sich dabei bereits in den grundlegenden Rekrutierungsphasen manifestieren. Auf Basis von explorativen Interviews mit 55 am Rekrutierungsprozess beteiligten Akteuren und sieben Auszubildenden mit Behinderung aus unterschiedlichen Unternehmen, sollen nachfolgend einige der möglichen Barrieren nachgezeichnet werden. Nähere Details hierzu finden sich in dem durch die Initiative »job – Jobs ohne Barrieren« geförderten Projektbericht »Automobil – Ausbildung ohne Barrieren« der Universität zu Köln (vgl. Niehaus et al. 2011a).

Eine mehrfach genannte Barriere zielt beispielsweise auf die Vorstellungen über die körperliche Belastbarkeit der Bewerberinnen und Bewerber sowie deren kognitive Leistungsfähigkeit ab. Grund hierfür ist die oftmals mangelnde Kenntnis des tatsächlichen Leistungspotentials der Bewerberinnen und Bewerber mit Behinderung: »*Wenn ich jetzt an Behinderung denke, denke ich eigentlich in erster Linie an körperliche Behinderungen oder an geistige Schwerbehinderungen.*« Als mögliche Folge können Arbeitgeber zu dem Schluss kommen, dass sich »*[...] manche Schwerbehinderungen einfach nicht für eine Berufsausbildung eignen*«. Hier gilt es aber einer behinderungsspezifischen Verallgemeinerung entgegenzuwirken. Sowohl die körperliche Belastbarkeit als auch die kognitive Leistungsfähigkeit können schließlich selbst innerhalb einer Behinderungsart teilweise erheblich variieren. Über flexibel angelegte Auswahlverfahren können sich die Arbeitgeber neben den standardmäßig erhobenen Rekrutierungskriterien einen Überblick über die tatsächliche körperliche Belastbarkeit und das kognitive Leistungsniveau einer Bewerberin oder eines Bewerbers verschaffen. Bei den standardmäßig erhobenen Rekrutierungskriterien können insbesondere ehemalige Schülerinnen und Schüler von Förderschulen oftmals die erforderte Qualifikation nicht nachweisen, obwohl sie den im Betrieb anfallenden Tätigkeiten gewachsen wären: »*Also Noten sind für mich das Hauptkriterium.*« Daher ist es nicht nur wichtig, mögliche Lösungsstrategien für diese Barrieren zu kommunizieren, sondern darüber hinaus auf eine distanzierte und vorurteilsfreie Atmosphäre bei den am Rekrutierungsprozess beteiligten Akteuren hinzuarbeiten.

Nicht zuletzt bedarf es eines kontinuierlichen Empowerments der Menschen mit Behinderung, da insbesondere viele junge Menschen nach Verlassen der Förderschule an ihren Chancen auf eine Beschäftigung auf dem ersten Arbeitsmarkt Zweifel zu haben scheinen: »*[...] Von vorneherein [sind] diese Jugendlichen schon benachteiligt.*« Beispielsweise können sie sowohl aus dem familialen Umfeld als auch von den professionellen Akteuren zu hören bekommen, dass ihre Bewerbung keinen Erfolg haben wird: »*Also Du kriegst doch sowieso keine Lehrstelle.*« Als Folge bewerben sich einige gar nicht erst auf dem ersten Arbeitsmarkt und münden direkt in den zweiten Arbeitsmarkt ein: »*Aber es bewerben sich ja keine bei uns.*«

Somit gilt es, die möglichen Barrieren sowohl auf dem Ausbildungs- und Arbeitsmarkt als auch zusammen mit den Menschen mit Behinderung zu erörtern und individuelle Lösungsstrategien daraus abzuleiten. Entsprechende Empfehlungen an die Arbeitgeber hält die Universität zu Köln mit einem projektbezogenen Flyer bereit (Niehaus et al. 2011b).

3.2 Darstellung des Quotensystems und der betrieblichen Ausgleichsabgabe

Private und öffentliche Arbeitgeber haben die Ausgleichsabgabe zu entrichten, wenn sie dem gesetzlichen Auftrag zur Beschäftigung schwerbehinderter Arbeitnehmer nicht nachkommen. Dieser gesetzliche Auftrag besteht in der Regel immer dann, wenn mindestens 20 sozialversicherungspflichtige Arbeitsplätze bei den privaten oder öffentlichen Arbeitgebern vorhanden sind. Die Rechtsgrundlagen zur Beschäftigung sind mit dem § 71 SGB IX und die Ausgleichsabgabe mit dem § 77 SGB IX geregelt. In diesen Rechtsgrundlagen wird eine Quote von mindestens 5 % aus diesen 20 oder mehr Arbeitsplätzen für Menschen mit einer anerkannten Schwerbehinderung oder Gleichstellung vorgesehen.

Die alternativ entrichtete Ausgleichsabgabe wird von den regionalen Integrationsämtern erhoben. Die Höhe der Ausgleichsabgabe bemisst sich dabei auf Grundlage der von dem privaten oder öffentlichen Arbeitgeber erreichten Beschäftigungsquote. Wenn beispielsweise nur 3 % bis unter 5 % der Arbeitnehmer eine anerkannte Schwerbehinderung oder Gleichstellung aufweisen, so hat der Arbeitgeber monatlich 115,00 Euro pro unbesetztem Arbeitsplatz zu entrichten. Bei einer Quote von 2 % bis unter 3 % steigt die Ausgleichsabgabe auf monatlich 200,00 Euro pro unbesetztem Arbeitsplatz an. Der Höchstsatz von derzeit 290,00 Euro ist bei einer Quote von unter 2 % zu entrichten.

Im Jahr 2010 beliefen sich die Gesamteinnahmen auf 466,5 Millionen Euro. Das sind rund zehn Prozent weniger als im Vorjahr (BIH 2011, S. 14). Im Jahr 2009 betrugen die Gesamteinnahmen beispielsweise noch 519,5 Millionen Euro (vgl. BIH 2009). Von den Gesamteinnahmen werden entsprechend § 78 SGB IX insgesamt 20 % an den Ausgleichsfonds beim Bundesministerium für Arbeit und Soziales abgeführt. Der Ausgleichsfonds stellt die finanziellen Mitteln für die Leistungen zur Teilhabe von schwerbehinderten Menschen am Arbeitsleben und fördert darüber hinaus entsprechende Modellprojekte in Deutschland.

Damit verblieben 2010 insgesamt 372,2 Millionen Euro bei den Integrationsämtern, welche einen großen Teil für die Erfüllung ihrer behinderungsspezifischen Aufgaben aufwenden. Diese Aufgaben beziehen sich ausschließlich auf die Teilhabe von Menschen mit einer anerkannten Schwerbehinderung oder Gleichstellung am Arbeitsleben. Finanzielle Unterstützungsleistungen an Menschen mit einer anerkannten Schwerbehinderung oder Gleichstellung (ca. 30,9 Millionen Euro) sowie an deren Arbeitgeber (ca. 139,2 Millionen Euro) bilden entsprechende Schwerpunkte in der Arbeit der Integrationsämter. Ein weiterer Großteil der behinderungsspezifischen Maßnahmen wird dabei den freien Trägern der Integrationsfachdienste (ca. 67,9 Millionen Euro) zur Verfügung gestellt.

Entgegen der Kritik aus den Reihen der Wirtschaftswissenschaften (Eekhoff 2008) gilt die Ausgleichsabgabe politisch als notwendige und rechtlich als legitimierte Form der Sonderabgabe, da sie neben ihrem Anreiz zur Beschäftigung insbesondere eine Finanzierungsgrundlage für die verschiedenen Maßnahmen darstellt.

3.3 Das Instrument der Integrationsvereinbarung für die Beschäftigung schwerbehinderter Menschen

Das Instrument der Integrationsvereinbarung basiert auf dem § 83 SGB IX und ist ein arbeitsrechtlicher Vertrag zwischen Arbeitgebern, der für den Betrieb zuständigen Schwerbehindertenvertretung sowie dem Betriebsrat bzw. dem Personalrat.

Weil in dem Instrument der Integrationsvereinbarung die Schwerbehindertenvertretung ein zusätzlicher Vertragspartner ist, handelt es sich um einen Sonderfall der Betriebsvereinbarung, über welche die Teilhabe schwerbehinderter Menschen am Arbeitsleben langfristig durch eine organisierte Form der Vertretung unterstützt werden soll. Insgesamt erhalten die Schwerbehindertenvertretung sowie der Betriebsrat bzw. Personalrat dadurch eine normativ manifestierte Argumentationsgrundlage für ihre Arbeit. Die Integration in den Betrieb soll über die in der Integrationsvereinbarung festgelegten Zielparameter ermöglicht werden, welche sich über folgende Bereiche erstrecken können (§ 83 Absatz 2 SGB IX): »Die Vereinbarung enthält Regelungen im Zusammenhang mit der Eingliederung schwerbehinderter Menschen, insbesondere zur Personalplanung, Arbeitsplatzgestaltung, Gestaltung des Arbeitsumfelds, Arbeitsorganisation, Arbeitszeit sowie Regelungen über die Durchführung in den Betrieben und Dienststellen. Bei der Personalplanung werden besondere Regelungen zur Beschäftigung eines angemessenen Anteils von schwerbehinderten Frauen vorgesehen.« Für die Integration in den Betrieb von jungen Menschen mit Behinderung können darüber hinaus Ausbildungsregelungen und Zielquoten festgelegt werden (§ 83 Absatz 2a SGB IX).

Es wird argumentiert, dass das Instrument der Integrationsvereinbarung für Arbeitgeber klare Richtlinien für eine betriebliche Integrationspolitik bereitstellt, welche eine langfristige Planungssicherheit, Nachhaltigkeit und Wirtschaftlichkeit ermöglichen können (vgl. Feldes 2003). Dies ermöglicht darüber hinaus eine vereinfachte Abstimmung zwischen den Zielen der Integrationspolitik mit den betriebswirtschaftlichen Zielen eines Unternehmens, wodurch auch Kostensenkungen durch Präventionsmaßnahmen und eine langfristige Personalpolitik realisiert werden können.

3.4 Betriebliches Eingliederungsmanagement (BEM) in der Praxis

Neben dem Instrument der Integrationsvereinbarung beinhaltet das SGB IX mit dem § 84 Absatz 2 auch die normativen Bestimmungen über das

Betriebliche Eingliederungsmanagement. Diese verpflichten die Arbeitgeber unabhängig der Betriebsgröße immer dann zur Durchführung eines Betrieblichen Eingliederungsmanagements, wenn ein Arbeitnehmer für einen Zeitraum ab sechs Wochen innerhalb eines Jahres ununterbrochen oder wiederholt arbeitsunfähig geschrieben wird. Diese gesetzlich geregelte Fürsorgepflicht des Arbeitgebers bezieht sich dabei nicht nur auf Menschen mit einer anerkannten Behinderung oder Schwerbehinderung, sondern gilt auch gleichermaßen für alle Menschen ohne eine anerkannte Behinderung oder Schwerbehinderung. Das Betriebliche Eingliederungsmanagement greift demnach bei allen Beschäftigten und Beamten und soll einer dauerhaften Arbeitsunfähigkeit entgegenwirken (vgl. § 84 Absatz 2 SGB IX): »Sind Beschäftigte innerhalb eines Jahres länger als sechs Wochen ununterbrochen oder wiederholt arbeitsunfähig, klärt der Arbeitgeber mit der zuständigen Interessenvertretung im Sinne des § 93, bei schwerbehinderten Menschen außerdem mit der Schwerbehindertenvertretung, mit Zustimmung und Beteiligung der betroffenen Person die Möglichkeiten, wie die Arbeitsunfähigkeit möglichst überwunden werden und mit welchen Leistungen oder Hilfen erneuter Arbeitsunfähigkeit vorgebeugt und der Arbeitsplatz erhalten werden kann.«

Dazu wird in der Regel zunächst gemeinsam mit den Betroffenen eruiert, mit welchen betrieblichen und außerbetrieblichen Maßnahmen die Arbeitsunfähigkeit überwunden oder aber mögliche Fehlzeiten reduziert werden können (vgl. § 84 Absatz 2 SGB IX): »Die betroffene Person oder ihr gesetzlicher Vertreter ist zuvor auf die Ziele des betrieblichen Eingliederungsmanagements sowie auf Art und Umfang der hierfür erhobenen und verwendeten Daten hinzuweisen.« Darüber hinaus wird geprüft, wie einer erneuten Arbeitsunfähigkeit vorgebeugt werden kann. Dabei kann ebenfalls auch die gemeinsamen Servicestellen und Integrationsämter zurückgegriffen werden (vgl. § 84 Absatz 2 SGB IX): »Kommen Leistungen zur Teilhabe oder begleitende Hilfen im Arbeitsleben in Betracht, werden vom Arbeitgeber die örtlichen gemeinsamen Servicestellen oder bei schwerbehinderten Beschäftigten das Integrationsamt hinzugezogen.« Für die Arbeitgeber sollen diese betriebsexternen Maßnahmen die langfristige Produktivität ihrer Arbeitnehmer wiederherstellen und sichern können.

3.5 Das Instrument der betrieblichen Schwerbehindertenvertretung

Die rechtlichen Grundlagen zum Instrument der betrieblichen Schwerbehindertenvertretung sind in den §§ 93ff. des SGB IX hinterlegt. Sofern ein

Betrieb mindestens fünf Beschäftigte mit einer anerkannten Schwerbehinderung oder eine Gleichstellung aufweist, die sich in einem dauerhaften Beschäftigungsverhältnis befinden, so ist in diesem Betrieb eine örtliche Schwerbehindertenvertretung durch die in diesem Betrieb beschäftigten Arbeitnehmer mit einer amtlich anerkannten Schwerbehinderung gemäß § 94 Absatz 1 SGB IX zu wählen. Gemäß § 93 SGB IX fällt das Hinwirken auf die Wahl einer Schwerbehindertenvertretung in den Zuständigkeitsbereich der durch den Betriebsrat und den Personalrat organisierten Arbeitnehmervertretung. Betriebe, in denen es keine organisierte Arbeitnehmervertretung gibt, können dennoch an der Wahl einer örtlichen Schwerbehindertenvertretung teilnehmen. Genauso können mehrere und räumlich nahe beieinander liegende Betriebe eines Arbeitgebers im Einverständnis mit dem Integrationsamt für die Wahl einer Schwerbehindertenvertretung zusammengefasst oder in Form einer Stufenvertretung wählen (vgl. § 94 Absatz 1 SGB IX; vgl. § 97 SGB IX). In der Regel wird die als Schwerbehindertenvertretung ernannte Vertrauensperson für vier Jahre gewählt. Nach geltendem Recht muss diese nicht selbst schwerbehindert sein, um die vorliegenden Interessen vertreten zu können.

Die Aufgaben der Schwerbehindertenvertretung sind mit dem § 95 Absatz 1 SGB IX wie folgt definiert: »Die Schwerbehindertenvertretung fördert die Eingliederung schwerbehinderter Menschen in den Betrieb oder die Dienststelle, vertritt ihre Interessen in dem Betrieb oder der Dienststelle und steht ihnen beratend und helfend zur Seite.« Im Fokus der Schwerbehindertenvertretung stehen dabei sowohl die Interessen eines einzelnen Angestellten mit einer amtlich anerkannten Schwerbehinderung, als auch die Interessen aller Angestellten mit einer amtlich anerkannten Schwerbehinderung. Dabei wird von der Schwerbehindertenvertretung überprüft, ob die geltenden Rechtsgrundlagen von dem Arbeitgeber eingehalten werden. Zusätzlich kann dabei überprüft werden, ob die Inhalte einer getroffenen Integrationsvereinbarung in dem Betrieb eingehalten werden.

Im Gegenzug entlastet die Schwerbehindertenvertretung den Arbeitgeber mit der Durchführung und Beantragung von behinderungsspezifischen Maßnahmen bei den zuständigen außerbetrieblichen Stellen. Dies bezieht sich sowohl auf die Maßnahmen zur beruflichen Wiedereingliederung als auch auf die Maßnahmen zur Beschäftigung und Weiterbeschäftigung von Arbeitnehmern mit einer anerkannten Schwerbehinderung. Entsprechend fällt die Vermittlung zu entsprechenden Weiterbildungsangeboten sowie gesundheitsfördernden Präventionsmaßnahmen mit in den Zuständigkeitsbereich der Schwerbehindertenvertretung. Eine der zentralsten Aufgaben für die Schwerbehindertenvertretung liegt im Beschwerdemanagement für die Arbeitnehmer mit einer amtlich anerkannten Behinderung sowie die angemessene Vertretung gegenüber dem Arbeitgeber.

3.6 Zusammenfassung und Handlungsempfehlungen

Im allgemeinbindenden Schulsystem, einer der Grundbausteine für den inklusiven Ausbildungs- und Arbeitsmarkt, zeichnen sich mit der Konvention über die Rechte von Menschen mit Behinderung der Vereinten Nationen erste inklusive Veränderungen ab. So ist beispielsweise der Anteil der integrativ beschulten Schülerinnen und Schüler an den allgemeinen Schulen in den letzten Jahren um ca. 8 % gestiegen. Damit werden inzwischen insgesamt 121.999 Schülerinnen und Schüler mit einem anerkannten sonderpädagogischen Förderbedarf integrativ beschult. Die Förderschulen besucht allerdings noch ein Großteil von ca. 75 %. Dies entspricht insgesamt 365.719 Schülerinnen und Schülern.

Die Situation auf dem nachfolgenden Ausbildungsmarkt wird dabei von der Bundesregierung als zufriedenstellend bezeichnet. Hier steht den jungen Menschen mit einer anerkannten Behinderung oder Schwerbehinderung ein bedarfs- und zielgruppenspezifisches Rehabilitationssystem zur Verfügung. Dieses soll eine möglichst dauerhafte Eingliederung auf den ersten Arbeitsmarkt ermöglichen. Erst ein Blick auf das Verhältnis zwischen den Maßnahmen im berufsbildenden System der beruflichen Rehabilitation und den Maßnahmen mit einer tatsächlichen Anbindung an den Ausbildungsmarkt und auch den ersten Arbeitsmarkt legt nahe, dass sich in diesem Bereich noch immer zahlreiche Herausforderungen zu manifestieren scheinen. Beispielsweise werden lediglich 6.100 von den annähernd 1,5 Millionen Ausbildungsplätzen von jungen Menschen mit einer Schwerbehinderung besetzt. Ca. 75 % dieser Auszubildenden werden dabei durch öffentliche Fördermittel- und Maßnahmen gefördert.

Mit insgesamt 3,3 Millionen Bundesbürgerinnen und Bundesbürgern mit einer anerkannten Schwerbehinderung befindet sich annähernd die Hälfte im erwerbsfähigen Alter zwischen 15 und 65 Jahren. Bedingt durch den demografischen Wandel und die Lebensumstände entfällt hier allerdings der Großteil auf die 55- bis 65-Jährigen. Schließlich sind ca. 81,2 % aller Behinderungen auf eine im Laufe des Erwerbslebens erlangte Erkrankung zurückzuführen.

Ein dedizierter Blick auf das Rehabilitationssystem verdeutlicht darüber hinaus möglicherweise das Zusammenspiel des demografischen Wandels mit der Konvention über die Rechte von Menschen mit Behinderung der

Vereinten Nationen. Beispielsweise hat sich der Bestand an Rehabilitandinnen und Rehabilitanden in den vergangen Jahren jeweils um ca. 20.000 Personen jährlich reduziert. Dabei hat das Fördervolumen für Personen über 50 Jahren zwischen den Jahren 2008 und 2011 um ca. 52 % zugenommen. Obwohl hier eine deutliche Verlagerung in die höheren Altersklassen festzustellen ist, verdeutlicht der Schwerpunkt des Rehabilitationssystems auf die berufsvorbereitenden und alternativ beschäftigenden Maßnahmen noch immer den herausfordernden Charakter des ersten Arbeitsmarktes. Schließlich sind mit 932.156 Menschen etwa ein Drittel aller mit einer anerkannten Schwerbehinderung, einer Gleichstellung oder einer sonstigen Anrechnungsgrundlage auf dem ersten Arbeitsmarkt beschäftigt. Dies entspricht einem Zuwachs von ca. 10 % seit dem Jahr 2008, der ebenfalls insbesondere den höheren Altersklassen zuzuordnen ist. Die Beschäftigungsquote ist in den vergangenen Jahren entsprechend angestiegen und liegt inzwischen bei den privaten Arbeitgebern bei ca. 4 % und bei den öffentlichen Arbeitgebern bei ca. 6,5 %.

Die Herausforderungen für die höheren Altersklassen spiegeln sich auch in einem Vergleich der Arbeitslosigkeit von Menschen mit und ohne Behinderung wider. So sind arbeitslos gemeldete Menschen mit einer anerkannten Schwerbehinderung entgegen besonderer Kündigungsvorschriften zum einen ebenfalls von einer saisonbedingten Arbeitslosigkeit betroffen. Zum anderen hat die Arbeitslosigkeit von Menschen ohne Behinderung in den Altersklassen zwischen 15 und 55 Jahren seit 2007 deutlicher abgenommen, als die Arbeitslosigkeit von Menschen mit einer anerkannten Schwerbehinderung. Für die Altersklassen ab 55 Jahren liegt der Zuwachs an arbeitslos gemeldeten Menschen mit einer anerkannten Schwerbehinderung mit ca. 44 % deutlich über dem Zuwachs der Menschen ohne eine Behinderung, deren Zuwachs bei ca. 15 % liegt.

Als Ursache für die Herausforderungen auf dem ersten Arbeitsmarkt gelten oftmals mangelnde Kenntnisse über das tatsächliche Leistungspotential von Menschen mit Behinderung. Hier liegen vielfältig ausgeprägte Berührungsängste vor. Dabei droht das eigentliche Leistungspotential vor den normativ geforderten Qualifikationen der Bewerbungsprozesse unterzugehen. Hier bedarf es weiterhin einer gezielten Aufklärungs- und Vermittlungsarbeit.

Mit dem Instrumentarium der Integrationsvereinbarung, dem betrieblichen Eingliederungsmanagement sowie der betrieblichen Schwerbehindertenvertretung haben sich in den letzten Jahren entsprechende Antworten auf diese Herausforderungen etabliert. Im Sinne der Konvention über die Rechte von Menschen mit Behinderung der Vereinten Nationen ist aber auch hier ein Umdenken der betrieblichen Akteure gefragt. Ein solches kann nur über adäquate Informationskampagnen auf ein inklusives Gesellschaftsverständnis hinwirken.

Literatur

Adenauer, S. (2004): Die (Re-)Integration leistungsgewandelter Mitarbeiter in den Arbeitsprozess. Das Projekt FILM bei FORD Köln. In: Zeitschrift für angewandte Arbeitswissenschaft. Nr. 181, S. 1-18.
BIH (Bundesarbeitsgemeinschaft der Integrationsämter und Hauptfürsorgestellen) (Hrsg.) (2011): Jahresbericht 2010/2011. Hilfen für schwerbehinderte Menschen im Beruf. Köln.
BIH (Bundesarbeitsgemeinschaft der Integrationsämter und Hauptfürsorgestellen) (Hrsg.) (2009): Jahresbericht 2008/2009. Hilfen für schwerbehinderte Menschen im Beruf. Köln.
BMAS (Bundesministerium für Arbeit und Soziales) (Hrsg.) (2005): Bericht der Bundesregierung über die Situation behinderter und schwerbehinderter Frauen und Männer auf dem Ausbildungsstellenmarkt. Berlin.
BMAS (Bundesministerium für Arbeit und Soziales) (Hrsg.) (2013): Teilhabebericht der Bundesregierung über die Lebenslagen von Menschen mit Beeinträchtigungen. Teilhabe – Beeinträchtigung – Behinderung. Berlin.
Bundesagentur für Arbeit (2008a): Schwerbehinderte Menschen in Beschäftigung (Anzeigeverfahren SGB IX). Deutschland. Nürnberg.
Bundesagentur für Arbeit (2008b): Förderung der Rehabilitation. Deutschland. Nürnberg.
Bundesagentur für Arbeit (2008c): Eingliederungs-, Ausbildungs- und Arbeitgeberzuschüsse für schwerbehinderte Menschen. Deutschland. Nürnberg.
Bundesagentur für Arbeit (2008d): Teilhabe behinderter Menschen am Arbeitsleben – Rehabilitanden. Deutschland. Nürnberg.
Bundesagentur für Arbeit (2010): Schwerbehinderte Menschen in Beschäftigung (Anzeigeverfahren SGB IX). Deutschland. Nürnberg.
Bundesagentur für Arbeit (2011a): Schwerbehinderte Menschen in Beschäftigung (Anzeigeverfahren SGB IX). Deutschland. Nürnberg.
Bundesagentur für Arbeit (2011b): Eingliederungs-, Ausbildungs- und Arbeitgeberzuschüsse für schwerbehinderte Menschen. Deutschland. Nürnberg.
Bundesagentur für Arbeit (2012a): Förderung der Teilhabe behinderter Menschen am Arbeitsleben. Deutschland. Nürnberg.
Bundesagentur für Arbeit (2012b): Teilhabe behinderter Menschen am Arbeitsleben – Rehabilitanden. Deutschland. Nürnberg.
Bundesagentur für Arbeit (2013a): Berufliche Rehabilitation. http://www.arbeitsagentur.de/nn_26192/Navigation/zentral/Buerger/Behinderungen/Rehabilitation/Rehabilitation-Nav.html [Abruf 1.10.2013].

Bundesagentur für Arbeit (2013b): Der Arbeitsmarkt in Deutschland. Der Arbeitsmarkt für schwerbehinderte Menschen. Mai 2013. Nürnberg.

Bundesagentur für Arbeit (2013c): Arbeitslose nach Personengruppen. Arbeitslose Schwerbehinderte. Deutschland. Nürnberg.

Bundesregierung (2011): Gemeinsame Erklärung zur Sicherung der Fachkräftebasis in Deutschland. Hrsg. v. Presse und Informationsamt der Bundesregierung. Berlin.

DESTATIS (2012): Geburten in Deutschland. Ausgabe 2012. Statistisches Bundesamt (Hrsg.). Wesbaden.

DESTATIS (2011a): Statistik der schwerbehinderten Menschen. Statistisches Bundesamt (Hrsg.). Berlin.

DESTATIS (2011b): 0,6 % weniger neue Ausbildungsverträge im Jahr 2010. Pressemitteilung Nr. 151 vom 15.04.2011. Statistisches Bundesamt (Hrsg.). Wiesbaden.

Eekhoff, J. (2008): Beschäftigung und Soziale Sicherung. 3. Aufl. Tübingen.

Feldes, W. (2003): Handbuch Integrationsvereinbarung. Regelungsmöglichkeiten nach dem SGB IX. Köln.

GBE (2013): Bevölkerung im erwerbsfähigen Alter. Gesundheitsberichterstattung des Bundes (Hrsg.). www.gbe-bund.de [Abruf 1.9.2013].

KMK (2009a): Sonderpädagogische Förderung in allgemeinen Schulen (ohne Förderschulen). 2011/2012. Berlin.

KMK (2009b): Sonderpädagogische Förderung in Förderschulen (Sonderschulen). 2011/2012. Berlin.

KMK (2010): Statistische Veröffentlichungen der Kultusministerkonferenz. Dokumentation Nr. 169. Sonderpädagogische Förderung in Schulen 2001 bis 2010. Berlin.

KMK (2012a): Sonderpädagogische Förderung in allgemeinen Schulen (ohne Förderschulen). 2011/2012. Berlin.

KMK (2012b): Sonderpädagogische Förderung in Förderschulen (Sonderschulen). 2011/2012. Berlin.

Niehaus, M./Kaul, Th./Menzel, F./Marfels, B. (2011a): Automobil – Ausbildung ohne Barrieren. Ein Projekt im Rahmen der Initiative »job – Jobs ohne Barrieren«. Universität zu Köln (Hrsg.). Köln.

Niehaus, M./Kaul, Th./Menzel, F./Marfels, B. (2011b): Jugendliche mit Behinderung ausbilden. Eine Investition in die Zukunft. Universität zu Köln (Hrsg.). http://automobil.hf.uni-koeln.de/download/Leitfaden.pdf.

Pfaff, H. u. Mitarb. (2012): Lebenslagen der behinderten Menschen. Ergebnisse des Mikrozensus 2009. In: Statistisches Bundesamt (Hrsg.): Wirtschaft und Statistik. Wiesbaden, S. 232-243.

SGB II (2013): Sozialgesetzbuch (SGB) Zweites Buch (II). Grundsicherung für Arbeitsuchende. Bundesministerium der Justiz (Hrsg.). Berlin.

SGB III (2013): Sozialgesetzbuch (SGB) Drittes Buch (III). Arbeitsförderung. Bundesministerium der Justiz (Hrsg.). Berlin.

SGB IX (2012): Sozialgesetzbuch (SGB) Neuntes Buch (IX). Rehabilitation und Teilhabe behinderter Menschen. Bundesministerium der Justiz (Hrsg.). Berlin.

Die Autoren

Biermann, Horst, Prof. i.R. Dr. phil. habil.;
1992-2013 Lehrstuhl für Berufspädagogik und berufliche Rehabilitation der TU (Uni.) Dortmund, Auslandsaufenthalte Chungnam National University 1983-85, Zentralinstitut für Berufsbildung der VR China (1996-2000).

Bühler, Christian, Prof. Dr.-Ing.;
Lehrstuhl für Rehabilitationstechnologie der Fakultät für Rehabilitationswissenschaften der TU Dortmund und Institutsleiter des Forschungsinstituts Technik und Behinderung (FTB) der Ev. Stiftung Volmarstein, Leiter des Aktionsbündnisses für barrierefreie Informationstechnik (Abi), Mitglied des Inklusionsbeirats des Landes NRW, Leiter der Agentur Barrierefrei NRW.

Huisinga, Richard, Prof. i.R. Dr. phil. habil.;
Universität Siegen. Fachbereich Erziehungswissenschaft und Psychologie. Arbeitsbereich Berufs- und Wirtschaftspädagogik.

Klinkhammer, Dennis, Dipl.-Soz.
Freiberufliche Leistungen auf dem Gebiet der Sozial- und Rehabilitationswissenschaften, 2012-2013 Projektmanager »bonnfairbindet«, 2010-2012 WissMa am Lehrstuhl für Arbeit und Berufliche Rehabilitation der Universität zu Köln.

Niehaus, Mathilde, Prof. Dr. rer. nat. Dr. phil. habil. Dipl.-Psychologin;
Lehrstuhl für Arbeit und Berufliche Rehabilitation der Universität zu Köln, zuvor Univ.-Prof. Lehrstuhl Sonder- und Heilpädagogik an der Universität Wien.

Seyd, Wolfgang, Prof. i.R. Dr. phil.; Dipl. Kfm. und Dipl.-Hdl.;
Professor an der Universität Hamburg, Fakultät Erziehungswissenschaften; 1988–90 Geschäftsführer des Berufsbildungswerkes (BBW) Bremen, 1990–92 Projektleiter Aufbau BFW Stralsund, 1994–96 Lehrstuhlvertreter GH-Universität Kassel, 1998–2003 Geschäftsführer BBW Hamburg